防彈成功法則

GAME CHANGERS

WHAT LEADERS, INNOVATORS, AND MAVERICKS DO TO WIN AT LIFE

46個觀念改寫世界規則，由內而外升級身心狀態，

×××讓你更迅捷、更聰明、更快樂×××

《防彈飲食》《防彈腦力》作者

戴夫・亞斯普雷（DAVE ASPREY）——著

王婉卉——譯

獻給比爾．哈里斯（Bill Harris），

最仁慈慷慨、也最顛覆傳統的大腦駭客，

我很榮幸稱他為我的朋友，他於本書寫作期間過世。

目錄

第III部 更快樂

前言

如果你有機會和四百五十位極具影響力的成功人士坐下來對談，請他們根據自身的人生經歷，說明他們是靠什麼樣的祕訣，讓他們在人生各個面向都擁有高水準的表現。然後，花時間統整分析這些回答，你會得到什麼結果？

也許你可以利用這份資料打造出一幅文字圖。字體越大，代表這些專家提到這件事最重要的次數越多。

過去五年來，我和各領域備受矚目的人進行對談，本書便是根據訪談內容及資料成果撰寫而成。

一切始於我的播客節目《防彈電台》（*Bulletproof Radio*）。最初製作這個節目，我的目標是向各專業領域中最優秀的佼佼者學習，通常這些人本身就是領導並開創他們所屬領域的先驅者。此後《防彈電台》逐步發展為屢屢獲獎的播客，iTunes 評比始終在同類型節目中名列前茅，下載次數突破了七千五百萬。

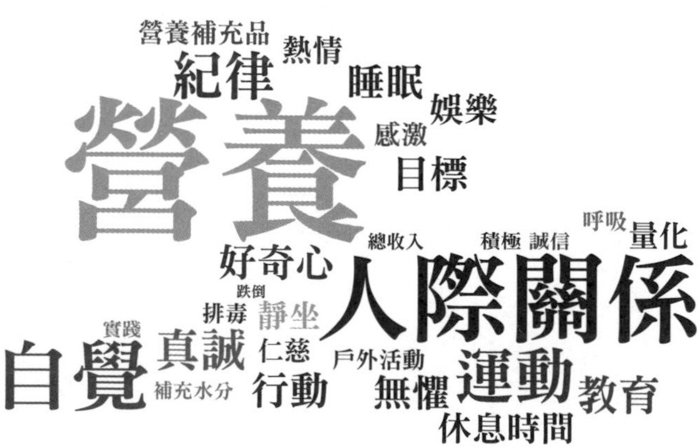

我之所以對訪問專家產生興趣，是因為我想利用現有工具為自己升級，而這場個人運動至今已經邁入第十九個年頭，也花費了數百萬美元。這場旅程帶領我從全球各地的抗老化機構前往神經科學家的辦公室、偏僻的西藏寺廟，以及矽谷。我對這項任務相當執著，千方百計想找到所能採取的最簡單、最有效的方法，讓自己在各方面表現得更好。

顯然，我需要找人幫忙。

因此，我尋求各界高手的指點，包括特立獨行的科學家、世界頂尖的運動員、生化學家、具創新精神的醫師、薩滿巫醫、奧運營養師、靜坐專家、美國海豹部隊、個人發展領域的領導者，以及任何人——只要他具備我所能學習到的獨特能力或知識。

這些人改變了我的一生。運用他們經年累月的智慧，加上我自己進行的研究及無數次實驗，我終於甩掉幾十年來困擾著我的數百磅多餘體重。那些總是籠罩著我的腦霧消散了，我的智商提高了，我這輩子頭一次長出六塊肌——還是在我年屆四十時。我學會保持專注，拋開了隱身在顯眼處（起碼藏得我看不見）而讓我慢下腳步的恐懼、羞恥與憤怒。我變得更年輕了，我從零打造了一間價值數百萬美元的公司，同時出版兩本《紐約時報》暢銷書，身兼忠誠體貼的丈夫與兩名小孩父親的角色。

在學會怎麼做到這些事的過程中，我的運動量比我胖的時候更少，睡得更少但成效更好，吃蔬菜還配了一堆奶油，而且這是我頭一回用前所未有、從未知曉的方式享受人生。我的表現水準達到自己都不知道可以達到的境界，而當我挑戰巨大的任務，竟然比我從前費力進行規模更小的事來得容易。

踏上這趟自我提升之旅時，我的事業已經空前成功，但這份成功耗費了我大量精力，讓我痛苦不已——情況比我願意承認的還要嚴重。對於究竟還有多少提升空間，我毫無頭緒，直到我逐漸體會到處於高水準表現的狀態是什麼感覺，我才有真正所瞭解，而這也成了我公司的名稱：「防彈」（Bulletproof）。

防彈就是你可以掌控自己的生物系統，提升全身心狀態，使兩者彼此協調配合，讓你的各方面表現水準超出預期，而且不會感到筋疲力竭、生病或看起來像個緊張焦慮的混蛋。

以前，要獲得巨大的成就感並且實現熱情，需要花一輩子才能辦到，但現在我們有了重新連結大腦與身體的知識，所有人都能達成這樣劇烈的改變，新科技也讓我們比以往更快見到成效。這實在棒透了！棒到我覺得必須分享我所學到的事。

二〇一〇年，我建立了部落格撰寫文章時，心心念念都是如果在我十六或二十、甚至三十歲時，就有人告訴我這一切，我就能免於往後數年的掙扎過活、省下數十萬美元、減少許多不必要的痛苦。我真的相信就算只有五個人讀到這些內容，體驗到我獲得的成就，我的努力就值得了！我現在依然如此相信。事實上，想為他人提供改變人生的方法，正是我公司所遵循的原則，《防電電台》節目的使命尤其如此。

為了做到這點，我很榮幸訪問到將近五百人，這些人透過他們的發現與創意為全體人類帶來了巨大影響，而數十萬名聽眾則在線上聆聽著我們的對話。你可能聽過其中幾位專家，例如《心靈雞湯》（*Chicken Soup for the Soul*）的作者傑克・坎菲爾（Jack Canfield）、著有《四小時》系列書籍的提摩西・費里斯（Timothy Ferriss）、創辦《哈芬登郵報》的雅莉安娜・哈芬登（Arianna Huffington），以及《男人來自火星，女人來自金星》（*Men Are from Mars, Women Are from Venus*）的作者約翰・葛瑞（John Gray）。但是，我大部分的來賓都不算家喻戶曉的知名人士，他們是新興研究領域的學者、在實驗室進行驚人實驗的特立獨行科學家、建立心理學新觀點的創新家、成功醫好不治之症的醫師，以及作家、藝術家、企業領袖……，這些人將一輩子的心血和經驗去蕪存菁，讓我撰寫成這本改變思考「人之何以為人」方式的優秀著作。

這些專家不只在他們各自所屬的領域挑戰極限，也經常擴大範圍，延伸至具有潛力的其他尖端領域。他們是一群顛覆傳統者，改寫了規則、提高了極限，翻轉了這個世界。

我很幸運有此機會與多位創新家對談，以瞭解他們的想法與發現。你可以想像，只花一個小時就得以學習到這些顛覆傳統者的畢生心血，讓我極為心滿意足。不過，真正寶貴的建議都出現在每次訪談即將結束之際。我會問他們，他們究竟做了什麼事，才能達到讓他們擁有如此高成就的水準表現。問題不是他們達到**什麼**成就，也不是他們**如何**達成，而是讓他們能夠達到成就的**最關鍵事物**。

我向每位來賓提出相同的問題：如果未來有人來請教你，希望尋求一個成功的關鍵，他只要做到這點，就能達到身為人類所能擁有的最佳化程度。根據你的經歷，你會提供哪三個最重要的建議？我是刻意用這種說法提問，我問的是「人類表現」，而不單是「表現」而已。因為我們雖然同為人類，但一定有不同的目標，對成功的定義當然也不同。你可能希望以家長身分表現得更好，也可能希望以藝術家、老師、靜坐者、愛人、科學家、朋友、創業家身分表現得更卓越。我想知道的是，這些專家根據自己**實際的人生經驗**，而非他們的研究範疇，他們認為最重要的事究竟為何。對這種問題會得到什麼樣的回答，我完全沒有心理準備。

如果說，他們的答案極富啟發性，那可就太過輕描淡寫了。沒錯，有的答案令人震驚，有的則在預料之中。但這些答案的真正價值是，我在累積了夠多的樣本數之後（超過四百五十次訪問）進行了統計分析。畢竟我們很容易就能問出某成功人士的成功祕訣，再如法炮製一番，不過當你應用這個人很中意的方法或祕訣，成功的可能性並不高，因為你不是他。

每個人擁有不同的DNA，在不同家庭長大，遇到的困難不同，長處和優勢也不盡相同。然而，在我訪問過上百位顛覆傳統者並詢問他們成功的關鍵之後，我在這些數量驚人的資料中注意到某些模式。當我以統計學方式檢視資料，這些模式浮現出一條明晰的途徑，讓我有更大的機會獲得我想達成的一切。

我的分析顯示，多數建議都落在這三大類：讓你**更聰明**的事物、讓你**更迅速**的事物、讓你**更快樂**的事物。這些創新家之所以能讓成功持續發展下去，是因為他們也把發展自身的能力列為優先事項。

不過，這些表現頂尖人士**沒**說出口的事，就和他們所做的一樣發人深省，他們的答案一致聚焦在**什麼能讓自己對世界做出有意義的貢獻**，而遠非什麼能讓自己獲得任何典型定義上的成功。

在我的來賓中有不少備受讚揚的商務人士、創業家和執行長，但**沒有人**提到金錢、權力或外貌是他們成功的關鍵，然而這三種東西可是多數人花了一輩子汲汲營營追求的東西，這究竟怎麼回事？

如果你讀過我的著作《防彈腦力》，就知道我們的神經元是由製造能量的胞器所組成，這種胞器稱為「**粒線體**」。粒線體很獨特，不像其他的胞器，它源自古老的細菌，總數達數十億之多。我們的粒線體很原始，目標也很單純：讓你活下去，你才能繁衍後代。因此，粒線體會劫持你的神經系統，讓你無意識地專注在三種行為上，而這三種行為在所有生命體都很常見，無論你是否具有智慧。我們稱之為「三個F」：恐懼（fear，逃離、躲避或對抗可怕的東西，以免對你的生存造成威脅）、進食（feed，把視線所及的所有東西都吃下去，你才不會餓死，也能迅速為第一個F提供幫助），以及……第三個F，可以讓種族順利繁衍。

畢竟，老虎能立刻殺掉你；缺乏食物在一兩個月內就能置你於死地；而如果不繁衍，要過一個世代，種族才會滅絕。我們的粒線體指揮著神經系統的控制台——當你放棄某個挑戰、吃得太多，或花太多時間想從他人身上獲得關注和讚美，在背後操控的就是粒線體。在我們停下來思考究竟什麼才能帶來成功或快樂之前，體內已經設定好成自動聽從這些強烈慾望的程式了，如果我們駕馭不了，這些慾望將持續不斷讓我們無法做自己真正想做的事。

從這個角度來看，我們對於成功的典型定義居然代表了這三種受細菌操控的行為，似乎有些可悲。權力會保障一定程度的安全，你才不用逃離或對抗可怕的事物；金錢會保障你永遠有東西吃；而外貌則表示你更可能吸引到伴侶，讓你繁衍後代。

權力、金錢與性，我們多數人依粒線體下達的命令窮其一生追求這三樣事物，雖然單獨的粒線體是相當愚蠢的微小生命型態，小到沒有智慧可言，但它每一秒都遵照這三條規則行事上百萬次，所以當一千兆個粒線體同時奉行這些規則，一個具自身意識的複雜系統就這樣誕生了。

綜觀歷史，人們賦予這種意識各種名稱，你最熟悉的大概就是「自我」了。我的看法是，你的自我源自身體內建本能的生物現象，讓肉身可以存活得夠久，以便繁衍後代，真可悲！好消息是，這些粒線體也提供了動力，讓你得以進行更高層次的思考，以及變得更成功時所做的一切。它們很愚蠢，但也很有用。

那些顛覆傳統規則的人，不會專注在這些受到自我或粒線體所驅使的目標，卻懂得利用來自粒線體的能量。他們能超越並掌控基本本能，因此得以從頭到尾拿出最好的表現，也能專注在為自己和他人帶來重大影響。真正的快樂和成就感——及成功——最終都源自於此。

踏上防彈之旅後，我的人生體驗到這樣的轉變。我年輕時是個杞人憂天卻聰明又成功的胖傢伙，我花了很多年對抗這些本能——努力賺大錢、追求能感到安全的權力、追尋性愛、為體重而煩惱，以及坦白說，老是陷入生氣和不開心的情緒。在善用本書提到的多項技巧之後，我終於可以不用把精力浪費在那些粒線體本能，而放在真正重要的事情上。我親身體會到，當你能做到這點，把自尊放到一旁並追求真正的目標，成功就會以副產物的形式出現。

至於這個目標因人而異，本書不會告訴你該怎麼做，而是提供一個指引，讓你決定行事的優先順序，再來採用書中的技巧。如果你想在做每件熱愛的事物時都表現得更厲害，這些技巧會帶來明顯的效果。按照順序行事很重要，如果你在決定優先事項前先行運用了這些技巧，那麼一定會出錯。不過，研究顛覆傳統者的優先事項，再找出你自己的優先事項，接著從本書的建議中進行挑選，將有助於你在自認最重要的地方產生最大的影響力。

為了讓你方便理解，我將這些選項細分為法則，每個法則都濃縮了那些表現優異者提供的重要建議，加上一些如果你有共鳴可能會嘗試的活動。本書的架構受到羅伯・葛林（Robert Greene）所著《權力世界的叢林法則》（*The 48 Laws of Power*）一書啟發，葛林是我在節目中訪問的傑出人士，他的著作劇烈改變了數百萬人的人生，包括我在內。

這些法則分為三大類，如果你想超越極限，並在擁有絕佳表現的同時愛上生活，就應該把重點放在這三個部分：變得更聰明、更迅速、更快樂。

更聰明之所以排第一，是因為當大腦達到巔峰狀態，你就能輕易做到一切。才不過十年前，多數人還對「人不可能變得更聰明」一事深信不疑，如果你談到自己在吃益智劑（nootropics，亦即「聰明藥」），或說自己靠怎樣的方法提高了記憶力，大家會認為你瘋了。相信我，我知道那是什麼滋味。

自二〇〇〇年起，我就在LinkedIn帳號中列出自己使用的聰明藥，許多人嘲笑了我。如今時代變了，為了增強認知功能而服用微劑量迷幻藥LSD幾乎成了主流。不管你選擇使用藥物來進行實驗，或以視覺化技巧幫助大腦升級，企圖將腦力提升到最高級以拿出最好的表現，這個想法本身沒有問題。這麼做可以讓你有多餘精力去做其他你所在乎的事。

接下來是**更迅速**，自古以來人類一直為這個目標努力。數十萬年前，如果你可以在洞穴中用更快的速度生火，你就贏了，因為你得以活下來。自那之後，人類從未停下讓做事速度更快的腳步。這部分的法則將協助你把身體打造得更有效率，盡可能讓你擁有越多精力。如果你的動作遲緩又身心衰弱，當然很難去顛覆一切，但如果你利用隨手可得的工具，讓力所能及的事提高到極限，就能做到比想像中更多的事。

只有在你多少能控制大腦和身體時，你才能變得**更快樂**，因此這部分放在最後。顛覆傳統者都有某些習慣幫助他們感覺更敏銳、注意力更集中、更有踏實感，以及帶來更高層次的快樂。當我得知擁有這類習慣的顛覆傳統者如此之多，我感到非常驚訝。這些人絕大多數會利用靜坐和呼吸法來達到平靜和靜心狀態，我並沒有在訪問時從他們口中套出這個答案——因為他們實際上早已這麼做了。

請記得，這些人在回答問題時，真的隨便說什麼都很有說服力。有人會說咖啡灌腸是最重要的事！不過，絕大多數的人都深信那些自古流傳下來的方法幫助他們找到真正的快樂。這些顛覆傳統者之所以能取得巨大成功，我毫不懷疑這些習慣扮演了關鍵角色。具有重大影響力的人會把內心的平靜和快樂擺第一，因為他們很清楚，到頭來不管多聰明或多迅速都沒有用，如果你過得很痛苦，就會陷入表現平庸的困境。這就是快樂在本書扮演關鍵角色的原因。

當然，書中所有章節和法則彼此相關。比方說，如果你做了某件讓自己變得更迅速的事，也將獲得專注在工作上的更多精力，同時你感到更快樂，也會因為行動速度變快而不需過得那麼掙扎。又或者，如果你靠練習呼吸運動而增加了大腦和肌肉的氧氣量，那麼就能從身心壓力中更快恢復，同時也改變了你看待和體驗世界的方式，讓你變得快樂。

最後，當你改變了身體內外環境，你就可以掌控自己的生物系統，而不是被基本生物本能牽著走。你的生物系統——你的身、心、甚至靈——就是一切。這正是「**生物駭客**」的核心定義。原來早在我定義這個詞、並為其掀起風潮之前，教授、科學家和修行者已經在做這件事了。

為了成為最棒的你，你要負起規劃周遭環境的責任，才能控制自身整個生物系統。本書提供改變人生的四十六條法則，告訴你從哪裡下手。每次節目訪談前，我大約得準備八個小時。每集八個小時，乘以目前為止四百五十次的訪問，研究時間總共是三千六百個小時，差不多約等同一份全職工作做了整整兩年，才提煉出這些法則。

我真希望自己二十年前就有機會取得這些知識（也明智到能聽取意見），當時的我很不快樂、又胖又慢，一直過得很掙扎，因為我追求著錯誤的目標，還納悶著為何達成目標後依然不快樂。如果我當時就知道這些事，無疑能為自己省下數十萬美元和多年來白費的力氣。不過，我很感激曾經歷的掙扎，因為若非如此，我就無法與你分享一路走來的經驗與教訓。

現在，你有機會把這些經驗分享出去。書中的智慧相當於數十萬男女的長時間研究、實驗、成果，這些真實的秘訣學校不會教你，直接來自各領域大獲成功的人士。

也許你會納悶，就算變得更聰明、更迅速、更快樂，人生會有多大的不同？請相信我，你獲得的力量不只會改變自己的人生，也能為他人帶來重大影響。有越多人這麼做，就越能重新定義何謂「生而為人」。現在，讓我邀你一同加入這個終極顛覆世界的行列吧。

第 I 部

更聰明

- 法則 *1*　好好利用「不」的力量
- 法則 *2*　永遠別去發現自己是誰
- 法則 *3*　當你說：「我會試著努力」，你是在說謊
- 法則 *4*　即便是錯誤信念，也會變成真實
- 法則 *5*　高智商不會讓你變得聰明，你必須靠學習
- 法則 *6*　用圖像記憶，而非文字
- 法則 *7*　聰明藥是未來趨勢
- 法則 *8*　跳脫大腦之外
- 法則 *9*　呼吸是全世界最強大的藥
- 法則 *10*　恐懼是大腦殺手
- 法則 *11*　遵循傳統是阻礙成功的大敵
- 法則 *12*　別把馬牽到河邊，而是讓牠自己感到口渴
- 法則 *13*　別挑戰自己的極限太久
- 法則 *14*　奇蹟只在早上發生

SMARTER

1 專注在弱點上，只會變得更弱

當你思考能量與生物系統的關係，大概會把能量想成身體用來達成任務所需的燃料。雙腿需要能量才能奔跑，雙臂需要能量才能舉重，但你可能會驚訝地發現，大腦每磅所消耗的能量幾乎比身體所有部位消耗的要來得多。大腦需要許多能量才能讓你思考、專心、做決策，並在你決定要做的事情上表現得很厲害。

在我為上一本著作《防彈腦力》進行研究時，學到了許多增加大腦能量供給的方法。不過，顯然最簡單的方法就是別再浪費你已經擁有的大腦能量，才能保留更多能量給對你來說重要的事。這種方法可以歸結為排定事情的優先順序：**把大腦能量集中在你所熱愛、也能發揮影響力的事物上，擺脫那些會耗盡能量的事物**。

換句話說，就是去除讓你感到衰弱的事，增加更多讓你覺得自己很強大的事。在這些事當中，有些與你的生物系統有關，但許多源自你的選擇或信念，可能是你有意識或無意識的舉動。

雖然道理再簡單不過，但一百多名擁有高水準表現的人都提到：決定行動的優先順序，以及專注在自己的優勢，是獲得成功的強大工具，並非沒有原因。本章的法則建立在**保存大腦能量**和**獲得最大生產力**兩大觀念。將這些法則融入生活對我造成了很大的影響，顯然也為許多堪稱各領域翹楚的人士帶來很大的改變。當你專注在自身優勢，不再把能量浪費在無關緊要的事情上，就能花更多時間去做讓你感到快樂、並對世界有貢獻的事。

法則一：好好利用「不」的力量

一天有二十四小時，你可以選擇用這些時間創造你真正在乎的事、應付芝麻蒜皮的小事，或者去做些對你來說艱難的事，努力證明自己的價值。在你覺得最重要的事情上達到精通的程度，用最少的能量創造出最大的活力、熱情和生活品質。更常開口說「不」，只有做更少的決定，才能保留更多精力給自己的使命。

早在我訪問史都華·佛里曼（Stewart Friedman）之前，他已經是我念賓州大學華頓商學院時的教授了。他清楚點明我是如何將精力投注在錯誤的地方，震撼了我的世界。史都華除了教授領導學，也是福特汽車公司百大資深高階主管，負責公司各部門領導人才的培育。他打造「完全領導學程」（Total Leadership Program），專門培訓世界頂尖領袖，教導他們在工作與生活中求取平衡，因為他證明了一件事：無法在公私生活找到平衡的主管，一定是一位很爛的領導者。

《職業婦女》（*Working Mother*）雜誌將史都華選為美國最具影響力的二十五名男性，這些人讓許多職業父母的處境獲得改善，而他廣受徵引的著作和國際認可的專業能力讓「五十大管理思想家」

將他選為全球五十大領導與管理思想家。毫無疑問，他讓包括我在內的數萬人不只藉由他的教導，也透過他的著作《如何過你想要的生活？》（*Leading the Life You Want: Skills for Integrating Work and Life*），打破了每天工作與生活的常規。

我們對談時，史都華解釋，他在檢視成功人士的生活之後發現，當他們的表現達到非常高的水準，全都展現了一個關鍵的觀念：**清楚知道、也坦率承認對他們來說最重要的事是什麼。**

這是很基本的觀念，但通常很難實踐。大部分的人在日常生活中根本不會花時間自問真正支持的理念，這讓我們很難清楚做出與自己目標相符的決定。知道什麼事對自己來說很重要，可以讓你在做決策時思緒清晰，也能讓你採取重要行動，所以，請務必對許多（甚至是大部分）的事說不，集中注意力和精力在你覺得至關要緊的事物上。

要釐清自己的價值觀，史都華建議，試著想想二〇三九年，也就是你讀這本書的二十年後。二〇三九年，你生命中的某一天將過得如何？你會跟誰在一起？你會做什麼？你會帶來什麼影響？把答案寫下來。記住，你不是要訂定一個方案或計畫，而是要想像一個可達成並具有說服力的未來景象，讓你一窺內心真正的價值觀。有了這份資訊，你就能輕易決定要把精力投注到哪些選項，而非讓別人幫你決定，或讓自己因單調乏味的工作而分了心。

一旦你知道**什麼**對你來說最重要，第二步就是決定：**誰**對你來說最重要。這對任何人來說都是很具挑戰性的問題。不過，有實力的領導者會花時間自問：「誰對我來說很重要、這些人想從我身上得到什麼、我又想從他們身上得到什麼？」想想生命中那些影響了你的世界觀的人，他們都應該在你的名單上。

我從與史都華相處的時光中收穫很多，事實上，他讓我意識到某些令人不安的真相，關於我到底把精力花到哪兒去了。我發現我的核心價值觀是持續提升自我，但我卻對此置之不理，反而專注在事業上。所以，我決定**每天**都要做一件讓自己感覺更好的事。這個小小的承諾有助於我明智運用時間與精力，專注在使我成長並挑戰自我的目標。

為了更擅長這個作法，我找來了幾乎將整個人生奉獻給自我提升的托尼．斯塔布爾拜恩（Tony Stubblebine）。托尼的使命，是要讓他的訓練成為各領域佼佼者最快能夠自我提升的方式，無論是商業、教育或健身領域。他是 Coach.me 執行長兼創辦人，這家公司的創立理念來自正向強化和社群支持相輔相成，協助每個人達成目標。

托尼每天為自己設定「決策預算」，只讓自己做出一定數量的決定，不管這些決定是大是小，然後在一天中「花掉」它們。因此，他在早上採取的行動將大幅決定接下來一整天會以多有效率的方式度過。如果他早上就浪費了許多決定，為了控制預算，他接下來一整天可能連最簡單的決定都不做。

不過，他一開始並不是這樣。以前他每天一起床就查看手機和社群媒體帳號。聽起來似曾相識？鬧鐘一響，托尼滿腦子想著他認為他得去做的事，以及「必須」回應的人。隨之而來的每一步都需要他做出決定：他應該先回哪封電子郵件？他應該答應那個機會嗎？他應該幫某個貼文「按讚」嗎？他應該把朋友寄給他的連結打開來看嗎？他發現這些決定都會耗費預算，而他甚至還沒展開當天的重要任務。

隨著時間過去，托尼瞭解到，身為執行長，最重要的日常就是決策習慣，特別是當情況涉及答應或拒絕的機會時。由於他一早就耗盡決策預算，他已經沒辦法做出對公司最有利的決定。領悟到這點後，他開始培養更健全的決策習慣。現在，他會盡可能帶著清醒頭腦展開每一天，他一起床先靜坐，寫下待辦清單。為了排定優先順序，他自問哪些任務可能大幅影響他欲達成的目標與使命。實踐這個習慣一陣子之後，他發現待辦清單上許多事項都不是真正要緊的事。

當他越明白優先事項為何、哪些任務能產生正確而顯著的改變，他越能迅速做出明智的決定，最終，由於他已經非常瞭解什麼對自己和公司最重要，所以一旦有機會出現，他馬上知道應該答應或拒絕，甚至不用透過商談得到答案，或浪費時間去思考。至於出現的某個機會如果不會改變大局或結果，那麼他也會自動回應「不」。

這麼做並不容易，這也是為什麼與一名指導教練合作，以找出阻礙自己的習慣是個好主意。我雇請傑夫・史賓賽（Jeff Spencer）來當我的指導教練。傑夫連續九年擔任多個頂尖環法自行車賽隊伍（包括冠軍車隊）的主績效教練，後來轉而指導企業家。一名好的指導教練會協助你看清自己把精力浪費在哪裡，預測你在更上一層樓時會把精力浪費在哪裡，並讓你負起改變的責任。傑夫對我的影響非常深遠，我在《防彈電台》中也訪問過他！

托尼想出了「決策預算」這個解方，反映了一個我向來最愛的研究。二〇一〇年，以色列研究人員研究了法官如何對「是否准許囚犯假釋」做出決定。[1]這份研究調查了十個月內超過一千件假釋聽證會，發現法官的決定和他們在一天中何時做出判決，有非常有趣的強烈關聯：如果聽證會是在一天中較早的時候舉行，那麼法官有百分之六十五的機會同意予以假釋。隨著一天慢慢結束，同意予以假釋的可能性一路降到零，即便剛吃完午餐後很明顯會突然跳回百分之六十五的機率。這種趨勢在多種變數下始終維持一致，這些變數包括犯罪類型、罪犯的教育程度，以及罪犯在獄中的表現。

所以，在這些法官身上究竟發生了什麼事？原來，要做出囚犯該不該獲得假釋的決定，用光了他們的決策預算（也稱「意志力」）。意志力似乎是個抽象概念，有些人擁有很多意志力，有些人則沒那麼多，對吧？錯！實際上，意志力就像肌肉，你可以鍛鍊它，讓它更強壯，但它也會在使用過度時感到疲乏。當你的意志力肌肉感到疲乏，你會做出糟糕的決定，而你不會意識到。

「意志力肌肉」這個概念，有部分基於我們對前扣帶迴皮質（ACC）的瞭解，這一小塊C形狀的大腦構造位於太陽穴旁邊，被認為是掌管意志力的構造。把ACC想成一個管理精力的銀行帳戶，當你展開一天時，這個帳戶充滿精力，但你每做一個決定或花費一點心力，就等於提領一點存款。早上選擇要穿什麼會花掉一點，決定早餐吃什麼也會用掉一點，而像決定罪犯能不能假釋這種重大決定，則更快用盡存款。如果你用瑣碎的決定透支了精力銀行帳戶，ACC就無法再好好回應，意志力也跟著耗盡。此時你會屈服而開始做出糟糕的決定，這種現象稱為**決策疲勞**：做越多決定，判斷力變得越糟。

早在多年前，許多大企業就注意到決策疲勞的情形，這就是為什麼店家會在結帳櫃檯前擺放包裝鮮豔的糖果。你在購物期間做出一個又一個的決定，等同耗盡了精力銀行帳戶，等到你準備結帳時，非常可能已經決策疲勞，同時渴望快速補充糖分讓大腦獲得更多能量，於是你舉雙手投降，買了一條糖果棒。

法官也無法倖免於這種現象，他們整天聽取個案耗掉了大量意志力，最後當他們 ACC 中的精力餘額不足，他們變得容易駁回假釋申請，而非試著達成更複雜的協議。決策疲勞也解釋了為什麼比起下午時段，這些法官剛吃完午餐之後會同意給予囚犯更多的假釋，因為他們的 ACC 才剛獲得了一股能量。

有人可能會好奇，吃什麼午餐是否是個重要變數。我認為將午餐設計成能提供持續供給的能量，才能讓人做出更好的決定。有一則矽谷傳說是這樣的：多年前一度稱霸業界的昇陽電腦公司（Sun Microsystems）禁止把義大利麵放進現場會議用的午餐菜單中，因為公司高層注意到，員工吃過高碳水化合物的午餐之後，會議品質通常大幅下降。實際情況是，你吃的東西確實會影響你的意志力，不過比起改變吃的東西，別再做無意義的決定似乎容易多了。

好消息是，既然你現在知道了「決策疲勞」現象，就可以很有把握地將所有假釋聽證會排在早上。更棒的是，你可以把更多意志力用在做出更好的決定，那麼一開始就不會落到被判罪的下場！有兩個方法做到這點：增加儲存在 ACC 中的總能量，以及減少一整天的決策數量，以便保留心智能量。

你可以用增強身體肌肉的方式來訓練你的意志力肌肉：做你不想做的困難事情。我採用的方法是，在辦公桌放一個高強度彈簧握力器，我想到它時就持續緊握，直到出現灼痛感，而我的手臂也告訴我要停下來時，**繼續緊握**。另一個方法是屏住呼吸，直到我的肺尖叫著要我呼吸，**然後繼續屏住呼**

吸。當你能成功做到自己不想做的事，其他的事相較下都會容易做到，你的意志力會提升。但當你要做重大決定時，**不要在那天把意志力逼到極限**，在那些日子裡，別在至關重要的會議或簡報前就耗光了保存起來的意志力。

有些顛覆傳統者發現，只要排除越多需要做的決定，就能讓腦袋的思緒越清晰。每少做一個決定，就省下一點意志力，可以將之用在更具影響力的事情上。許多表現高水準的人都會建立起一套每天固定的慣例，分毫不差到他們連想都不用想，因此這些人在工作上只需現身，以高度專注力和充沛精力執行任務。

試著追蹤自己幾天下來所做的決定，然後把浪費精力的決定給「自動化」。例如，決定吃什麼和穿什麼，是所有表現高水準的人往往會先自動化的兩個選項，否則，你覺得賈伯斯為什麼每天都穿黑色高領毛衣和紐巴倫球鞋？祖克柏衣櫃裡有十件一模一樣的短袖上衣，或者大部分企業執行長每星期輪流穿三四套西裝（而你在網路上看到我時，我通常穿著印有「防彈公司」的上衣，以及外觀很醜卻舒適的五趾鞋）？當你打造出每天同一套服裝的某種版本，就再也不用擔心要穿什麼了。這看來可能是個次要決定，但你因此省下的心智能量得以讓你用在更有意義的事情上。

無可否認的是，通常男人比女人更容易實踐這個習慣，但如果你還沒準備好完全仿照賈伯斯，那麼你可以採用「膠囊衣櫥」的方法。打造一個膠囊衣櫥，請先挑出三四件上衣、下半身衣物、外套和鞋子，都以中性色（如灰色和藏青色）為主，這樣衣櫥中所有衣物就能彼此搭配，甚至在黑暗中隨意穿搭也沒問題。接著，把其他衣服都丟了，讓衣櫥只剩二十件左右的衣物。

你可以在網路上找到膠囊衣櫥的相關指南，從中獲得靈感。有些廣受歡迎的服飾品牌甚至會在型錄中加上「膠囊」標示。留下幾件專門穿去社交活動和正式場合的服飾。重點是，當沒有人注意你的服裝是否驚艷時，請避免每天都在決定該穿什麼。

你也可以每幾餐輪流吃相同的食物，打造你的「膠囊飲食」：先找出五六種你會煮、全家也愛吃的美味菜色。接著用自動駕駛模式購買食品並烹煮，而不用做出每週得買什麼或煮什麼的決定。吃膩某一餐後，就把這餐換成新菜色。我的意志力破解法不是別的，正是防彈咖啡。我從不思考早餐要吃什麼，也省下準備餐點的時間。不管是那一種早餐，只要能讓你精力充沛，只需你做最少的決定並花費最少的功夫，你就可以如法炮製。

使用這些技巧來減少決策次數，可以讓你多出隨意使用的心智能量。我建議你把這些多出的能量用來達成最有意義的人生目標。還不太確定你的目標是什麼嗎？提示：由你自己決定。

行動項目

- 深呼吸，然後屏住呼吸，直到你確定得再吸一口氣時，再憋個八秒。（如果你在開車或本身有其他健康問題，別這麼做。）
- 花一週時間，把每次做的決定記錄下來——記在心裡或紙上。你注意到自己正在做決定時，問自己兩個問題：

• 這個決定重要嗎？
• 有沒有辦法可以不用做這個決定，看是要忽略它、讓它自動化，或是請其他喜歡做這種決定人幫你做決定？

現在就開始這麼做。在每天做的決定中，舉出完全不會為生活增添價值的兩個決定。把它們寫下來，你晚點就不用決定要做這些事了。

無用的每日決定一：

無用的每日決定二：

現在就別再做這些決定了。

• 思考一下你的早餐。你可以把這個決定自動化嗎？你的「毋須思考」預設早餐新版本會是什麼樣子？花一個禮拜試試。

• 鉅細靡遺檢查一遍衣櫃，將最搭配得宜的衣物擺在最前面，你就會有幾天在想著要穿什麼時，可以做更少的決定。如果你覺得這樣還不賴，那就試試膠囊衣櫥的方法！

• 考慮與一位經驗老到的績效教練合作。優良的教練訓練課程有數十多種，你要找的是經過國際系統性訓練協會（International Association of Systemic Coaching，簡稱 IASC）認證的訓練員。（我在以「防彈」為概念且受到 IASC 認證的人類潛能訓練課程中，訓練過上千名教練，他們都很樂意協助你！）

◎推薦你聽

- Stew Friedman, "Be Real, Be Whole, Be Innovative," *Bulletproof Radio*, episode 83
- Stew Friedman, "Success, Leadership & Less Work," *Bulletproof Radio*, episode 196
- Jeff Spencer, "Success Intoxication & the Champions Blueprint," *Bulletproof Radio*, episode 213
- Tony Stubblebine, "Getting Out of Your Robot Mindset," *Bulletproof Radio*, episode 296

◎推薦你看

- Stewart D. Friedman, *Leading the Life You Want: Skills for Integrating Work and Life*（史都華・佛里曼，《如何過你想要的生活？華頓商學院最受歡迎的人生整合課》，先覺出版）

法則二：永遠別去發現自己是誰

想要改變世界，就要利用自己的優勢。不要被動地去發現自己是誰，而要主動**決定並打造**自己是個怎樣的人。如果你放棄這個責任，而讓別人告訴你該成為什麼樣的人，你會過得極為掙扎，也無法成就大事。因此，找到熱情所在，追隨這份熱情，但要用自己打造出來的身分這麼做才行。兩者的差別將是充斥悲慘遭遇的平庸人生，或是滿載自由與熱情的人生。

布蘭登・布查德（Brendon Burchard）是高水準表現學院創辦人、播客《充實人生》（*The Charged Life*）主持人，著有暢銷書《自由革命：你要被現實征服，或是活出自我？》（*The Motivation Manifesto: 9 Declarations to Claim Your Personal Power*）、《充實自我：活化讓你感覺活在當下的十個人類天性》（*The Charge: Activating the 10 Human Drives That Make You Feel Alive*）及《致富達人：分享經驗談即可改變世界同時賺大錢》（*The Millionaire Messenger: Make a Difference and a Fortune Sharing Your Advice*）。

布蘭登在YouTube上擁有評價一流的節目，也是臉書追蹤人數名列百大的知名人物。他的教導協助全球數百萬人在商業、行銷、個人發展等領域獲致巨大成功，而他的訓練課程（比方說「專家學院」和「全球最棒的演講者訓練」）則為成千上萬的人提供了幫助——包括我在內。所以，我一定要訪問他！

要請布蘭登騰出時間、約他見面出乎意料地容易，因為他管理時間的方式厲害到不行。當然，我們是朋友這點也幫上不少忙，但比起我曾見過與他達成同等成就的人，他真的擁有大量彈性的空閒時間，因為他有意識地安排他的生活，他真的在各層面親身實踐自己的理念。

布蘭登認為，人類的主要動機就是追尋個人自由，他將此定義為一種能力，我們用這種能力充分表達自己是誰，也追求對我們來說具有意義的事物。但我們每次的追尋會被兩個大敵擋住去路，其一是自我壓抑，也就是我們貶低自己的傾向，另一個則是社會壓抑，這來自批判我們的人。我們在定義自己是誰或想要什麼時，這些人都無法幫上忙。布蘭登建議克服這兩種障礙的方式，是透過建立起他稱為「能力信心的循環」。當你對某事越瞭解，不管別人說什麼，都越有信心繼續下去。當然，你越鑽研某個主題，也會越接近精通的境界。

這個方法與史都華．佛里曼的建議很類似，兩者都需要你知道什麼是對自己來說至關要緊的事。但布蘭登認為，我們應該對自己的抱負展現高度企圖心，而非專注在感覺起來比較可能達成的事物。

他建議你在手機上錄下三個形容詞，描述當你處於最高水準、表現最棒的時刻，是一種怎樣的狀態。這些是你會希望別人用來形容你的詞彙，而這些用詞無論公私層面都能套用在你身上。我從顛覆傳統者身上聽來的幾個形容詞包括：認真投入、滿懷感激、活力十足、溫暖人心、深情、專心致志、具有影響力。挑出三個你認同的形容詞，再設定鬧鐘讓它每天響三次，提醒你這個夢寐以求的自我樣貌。

一旦你的行動不具備意圖，你就會懷疑自己，不過當你整天不斷被提醒想成為什麼樣的人，就可能採取與目標一致的行動。這個過程就像一個永無止盡的循環，讓你能在自己身上找到更多自信，然後變得更有能力。你所做的事如果與你想成為的人想像一致，你的內心就能產生最想感受到的情緒。

布蘭登認為，你應該掌握的技巧中，最重要的就是決定你的意圖，並且採取必要手段成為那樣的人。換句話說，與其**發現**自己是誰，你只有在**決定**自己是誰的時候，才會變得強大。

談到行動必須具備意圖，沒有提到羅伯．葛林的理念就不算完整。羅伯著作等身，包括《權力世界的叢林法則：四十八則顛覆傳統經典的成功祕訣》、《誘惑的藝術》（*The Art of Seduction*）、《人生戰場的三十三大戰略》（*The 33 Strategies of War*）、《第五十條法則》（*The 50th Law*）與《喚醒你心中的大師》（*Mastery*）等。羅伯除了在商界擁有強大的讀者粉絲、在華盛頓特區的政界也有死忠支持者，更受到從戰爭史學家到音樂界大人物（包括饒舌歌手傑斯〔Jay-Z〕和五角）的讚揚，因為他持續不懈地研究全球頂尖人士，以瞭解他們獲得成就的原因。

早在我訪問他之前，羅伯就徹底改變了我的職涯。二十年前我協助成立了坐擁Google早期伺服器的公司，還出席了該公司的董事會，當時與會者的年齡是我的兩倍、經驗比我多了百倍不止。（想當然耳，我是會議室最資淺的人，因此不被允許在會議中發言，但我得以親身見識整個會議的運作過程。）身為一個理工出身並以理性思考的傢伙，我完全搞不懂身旁這些有權有勢的企業高層到底是怎麼想的，他們做的選擇和處理事情的方式讓我覺得毫無道理可言，不是看來不合理，就是瘋狂至極。

然後，我偶然讀到一本改變思考方式的書，書名是《權力世界的叢林法則》。這本經過透徹研究的著作羅列了從古至今許多故事，探究大權在握的人如何崛起並持續掌權，並將歷史教訓濃縮成讓一般人可以實際採取行動的「法則」。讀完那本書的一週之後，我坐在一場公司高層會議之中，發現這些人並沒有瘋。他們很有權力！他們遵循的規則不完全合理，但這套並非黑白分明的程序規則就是一種權力規則。瞭解這點之後，我開始懂得如何在矽谷一步步往上爬、如何在創投公司工作、如何募資、如何與有權有勢的人合作、如何做到我現在每天在防彈公司做的事。如果沒有這些規則讓我學到像西洋棋士那樣思考，我不會達成如今的成就。《權力世界的叢林法則》一書不只改變我的職涯，更啟發我為本書設計的架構。

和羅伯訪談時，我問他怎麼看待「成為自己想成為的人」這件事。他說，大部分的人向來都知道自己想成為什麼樣的人——只是他們忘記了。每個人小時候多半清楚自己的夢想是什麼，你年幼時（即使只有三歲）傾向追求的事物，他稱之為「原始傾向」，就是你的基本優勢，你不該看輕它們，因為你是獨一無二的。過去或未來都不會有人擁有跟你一模一樣的組成分子或DNA。而你獨一無二的大腦在學習讓你感到興奮的事物時，學習速度會更快。當你真心想學，你就會學會。羅伯說，如果你被迫學習你不感興趣的東西，比起你願意全心投入的主題，你吸收的資訊只是後者的十分之一。

然而，多數人在選擇工作時，總是聽從父母和朋友的建議，或是追求賺大錢的目標，而非追求自己真正在乎的事物。這麼做確實可以獲得相當的成就，但你永遠不會在某個你不喜歡的領域中達到真正的精通，因為你的學習速度不是最佳速度。羅伯說，如果每個人都找到自己真正熱愛的事物，把所有時間精力投注其中，自然而然就能變得精通。我可以證明事實如此。

重點在於**你要發揮所長**，這是我希望早點學會的事。

剛展開事業時，我對專案管理完全不在行。我不喜歡那種不夠專業的感覺，決心變得更加精通專案管理。我花費大量心力成為一名取得資格認證的專案管理師，結果在某件耗盡我精力、也有違我天生擅長的事情上，我表現得非常普通。我發覺，當初應該把那些浪費在成為半吊子專案管理師的精力，好好運用在其他能造成重大影響的地方上，因此我刪除了微軟專案管理軟體，改與經驗豐富的專案管理師合作，這些人似乎擁有專案管理的神奇力量。其實他們只是對自己的工作很在行，因為他們熱愛自己的工作，也就精通了必備的技巧。

此後，我把這件事學到的教訓，運用在我就讀華頓商學院時期。華頓商學院的學生各個都很努力想拿到全優成績，而我決定提早學會基礎知識，勉強低空飛過那些肯定會耗盡我精力的課程，確保有多餘的精力深入鑽研某些強烈吸引我的領域。結果，我在好幾堂課都刻意拿了丁的成績，卻和其他全拿優成績的朋友一樣獲得了 MBA 學位，而我一點也不覺自己失敗。專注在熱愛的領域，比起額外花時間在無法讓我樂在其中的領域，對我的職涯顯然有用多了。

在接受來自「策略教練」組織的傳奇企業教練丹．蘇利文（Dan Sullivan）的指導後，我懂得將行動依三大類排定優先順序：會耗盡精力的事、我不介意的重要又有用的事、會讓我精力充沛並感到開心的事。我的目標是要把每天的行動劃分清楚，才不會誤把時間花在第一類事物，把百分之十的時間花在第二類，再把百分之九十的時間花在最後一類，也就是羅伯．葛林稱為「**原始傾向**」的部分。一旦發現偏離目標太遠，我會重新調整行動。

要做到這點，現在的你可能辦不到。多數人都把大部分時間耗在屬於第一類的事物，其實大可不用如此。只要你懂得運用能力信心的循環來創造動機，便能成為你想做的那種人，也能夠把精力投注在你的原始傾向上。

行動項目

- 用三個詞彙描述處於最高水準、表現最棒的你，寫下來放在你一整天都能看到的地方。或者，仿照布蘭登的做法，設定手機每天響三次，提醒你這三個形容詞。把它們寫下來，現在就動手。

第一個詞：__________

第二個詞：__________

第三個詞：__________

- 找到你的原始傾向，也就是你所熱愛的事物，這些事物讓你熱愛到你就是想更深入地瞭解它們。

- 針對你討厭做的事、你不介意的事、你熱衷的事，寫下你各自花了多少百分比的時間在它們身上。在此處寫下來。

耗盡我精力之事所花的時間百分比：

我不介意做之事所花的時間百分比：

讓我感到開心之事——包括我的原始傾向——所花的時間百分比：

- 現在盡你所能，把比例改為0：10：90。

◎推薦你聽

- Brendon Burchard, "Confidence, Drive & Power," *Bulletproof Radio*, episode 190
- Brendon Burchard, "Hacking High Performers & Productivity Tricks," *Bulletproof Radio*, episode 262
- Robert Greene, "The 48 Lawsof Power," *Bulletproof Radio*, episode 380
- Dan Sullivan, "Think About Your Thinking: Lessons in Entrepreneurship," *Bulletproof Radio*, episode 485

◎推薦你看

- Brendon Burchard, *High Performance Habits: How Extraordinary People Become That Way*
- Robert Greene, *The 48 Laws of Power*（羅伯・葛林，《權力世界的叢林法則：四十八則顛覆傳統經典的成功祕訣》，維京出版）

法則三：當你說：「我會試著努力」，你是在說謊

你說話時選用的字眼，比你以為的還重要，它不只對你的談話對象產生影響，也會影響你自己的神經系統。你的措辭會為你設下限制，很大程度也形塑你的命運。當你下意識使用讓你變得軟弱的詞語，你將不再相信自己，並且讓他人質疑你的誠信。顛覆傳統者會刻意選用如實的字眼來建立信任感，擺脫自我設限的困境。所以，別再說試著努力，開始實際動手做吧！

我親愛的朋友Ｊ・Ｊ・維珍（JJ Virgin）是知名的健康專家，她著有四本《紐約時報》暢銷書，在營養方面的研究成果更讓數十萬人受惠。此外，她教導一些醫學界最具創新精神的專家運用知識去找到有需求的人。幾年前，維珍的青少年兒子格蘭特出門去找朋友，途中被一輛車撞上，肇事逃逸的駕駛還將他留在路旁等死。醫生的建議是，把格蘭特空運到唯一一間能動高風險手術的醫院並不值

得，因為格蘭特必須動的這種手術雖能拯救心臟，卻可能造成大腦大量出血。維珍可以選擇救格蘭特的心臟或大腦，但他們說，妳無法顧全兩者。

維珍是個願意為孩子犧牲奉獻的母親，同時也是個勇往直前的狠角色，她一而再再而三地否決了負責治療的醫生意見，讓格蘭特在她的協助之下，化不可能為可能。格蘭特撐過了手術，從昏迷中清醒過來（醫生都說這絕不可能發生），然後開始能讀、能走，還能跑。

維珍認為，格蘭特之所以能突破重重難關活下來有很多原因，從最尖端的療法和良好的營養補充，到技術精良的外科醫生都做出了貢獻。但她深信在兒子康復期間，她所採取的一個行動扮演了要角：她讓自己和他人在格蘭特身邊談話時所用的字眼，都經過刻意挑選。

即便格蘭特處於昏迷狀態，醫生也認為他聽不到維珍的聲音，但她從未在他面前表現出對他的康復有絲毫懷疑，也不讓醫生或護士對此表示懷疑。維珍很清楚人的身體會在不知不覺中傾聽話語。維珍坐在格蘭特床邊反覆告訴他，這會是有史以來發生在他身上最棒的事，他會以百分之一百一十的狀態康復。當一名醫生告訴她：「如果他能清醒，我們會竭盡全力讓他恢復到能夠再次走路，」維珍立刻把這個醫生帶離格蘭特的床邊。她不想讓格蘭特聽到他不會醒來、甚至再也無法走路的可能性。

果然，格蘭特一醒來就已經擁有要恢復到百分之一百一十狀態的企圖心，他從沒想過無法走路的可能性。我毫不懷疑維珍精心挑選的話語在格蘭特難以置信的康復過程中扮演了重要關鍵。言語的力量十分強大，它們會設下期望和限制，向我們的大腦和身體傳遞訊息，暗示我們有多大能耐。語言是心智軟體的一部分，當你用有自覺並精確的方式使用言語，就能達成自己不認為能辦到的事。

言語的力量有多大，也許沒人比傑克．坎菲爾（Jack Canfield）更清楚，他是撰寫《心靈雞湯》的作者，賣出上億本著作，一度有**七本書**同時名列《紐約時報》暢銷書排行榜而打破世界紀錄。傑克把重點放在濃縮「人為什麼成功」的祕訣，集大成之作就是《成功法則：如何從現在的你成為理想中的自己》（*The Success Principles: How to Get from Where You Are to Where You Want to Be*）一書。

他在接受訪問時談到語言如何影響成功，我很驚訝聽到他有一張「設限詞語」的清單，他會教導成功人士不要使用這些詞彙。

我也會這麼做。在利用生物駭客的方法提升自我、留意並專注說出口的話語時，我發現我經常在沒注意到的情況下使用了為自我設限的詞語。即使我使用了神經回饋處於深層意識狀態，還是會因為使用了這些詞語而不知不覺中決定了意圖。我的潛意識選擇了安全詞彙，讓無關緊要的事感覺起來好像很重要，並選用了其他字眼，讓我逃避去做我想做的大事。

我稱這種設限詞語為「推託之詞」。防彈公司的員工都知道，我會在會議中大聲點名某人，因為那個人用了展現懦弱的語言，這是下意識想逃避責任的現象。同樣地，傑克也在辦公室放了幾個空魚缸，如果他團隊的成員說出推託之詞，就得在魚缸裡投入兩塊美金。這不是懲罰，而表示使用這類詞語是要付出代價的。談吐清晰代表你的思維清楚、行動俐落，只要傾聽並分析你自己常用的詞語，你就能知道如何避免在無意間把自己設定成只能拿出受限表現的角色。

有四個特別會暗中破壞表現的推託之詞，你可能一天之內使用了很多次，卻不曾留意。如果你在我面前說了這些詞語，我會提醒你留意以後不要使用它們（前提是我喜歡你這個人！）。

推託之詞一：沒辦法（Can't）

這個詞是傑克清單上的第一個，在我的清單上也是。它大概是你每天會用到的字眼中最沒有幫助的一個。「沒辦法」意味著你完全無法做到某件事。它剝奪了你的力量，摧毀了創意思考。當你說「我沒辦法做到這件事」，真正的意思其實是下列情況：你需要有人幫忙才做得到；你目前無法做到；你純粹不知道怎麼做到；或者你只是不想做；也可能是，見鬼了！從古至今都沒人搞懂要怎麼做到「那件事」。其實，只要有足夠資源和解決問題的創意，不管那是件什麼事情，你都**能**做到。這件事可能值得，也可能不值得你花時間和精力去搞懂，也許它只是個愚蠢的主意，但並非不可能做到。

「沒辦法」的真正含義對意識清楚的大腦來說顯而易懂，但對無意識的大腦來說，就不是那麼清楚了，因為這部分大腦不懂所謂的情境。然而，它還是在傾聽你所用的話語。大腦這兩部分之間的溝通誤差會造成混淆，並隱約產生壓力。如果你開始使用對有意識和無意識大腦來說都代表同樣意思的詞語，就會成為更冷靜、更有能力的人。而因為他人無論是有意還是無意也都聽到了你使用的詞語，所以當你刻意選擇使用的字眼，他們通常也會變得更信任你。

在我撰寫本書期間實際體會到了這個教訓。我當時正趕著飛往紐約的班機去上《奧茲醫生秀》，但在起飛前五十九分鐘才抵達機場，而非起飛前一小時。即便我已經先在線上辦理登機，還是無法在沒有紙本登機證的情況下通過安檢。聯合航空登機櫃台的地勤人員堅持不為我列印登機證，她甚至說：「你沒辦法搭上這班飛機。」

由於我把大腦設定成：聽到「沒辦法」是一種謊言，因此這番話讓我採用了不同角度來思考問題。於是我請另一個樂意提供幫助的航空幫我找到隨便一個目的地的便宜機票，買下機票，這麼一來我就有了珍貴的紙本登機證，讓我能通過安檢，登上原本要搭的飛機。走向聯航登機門，我看到那名地勤人員（說我沒有登機證就無法通過安檢並登上班機的那人）一臉不可置信的表情，感覺很棒。更棒的是，我搭上了飛機，沒有因此缺席承諾現身的活動。

「沒辦法」永遠都是個謊言。學著以這種眼光看待這個詞語，你會用不同方式解決問題。試著一星期內都不要使用「沒辦法」這個詞。我通常會說：「我敢打賭你辦不到這件事」，但老實說，事實應該是「我敢打賭這件事非常困難，除非你有身體力行。」

推託之詞二：需要（NEED）

父母跟小孩講話時，老是用到「需要」這個詞：「我們得走了，你**需要**去穿件外套。」事實上，你不**需要**走，也不**需要**穿件外套。你父母可能**想要**出門，你沒穿外套的話可能會冷。當你告訴自己的原始系統你需要某個東西時，就會把你對某樣事物的渴望變成真實無比的生存問題。你的原始大腦會認為，如果沒得到你說「需要」的東西就會死，儘管大腦有意識的部分很清楚，事情並沒有這麼嚴重。

當然，你也可能在不同情境使用了這個詞。「我需要吃點心」或「我需要一件新大衣」是兩個很好的例子。你並不需要這些東西，對大腦謊稱需要什麼，都會讓你變得衰弱。殘酷的事實是，你真正需要的東西寥寥可數：每分鐘都要有氧氣、每五天要有水、在要進食才不會餓死之前，你可以挨餓好幾個**月**。你需要有地方住，還需要找到方法保暖，其餘的都是你想要的東西，而不是你需要的東西。選用「需要」這個字眼時，要對自己誠實，只有在百分百符合事實時才使用，其他時候則以實話取代這個詞。**你想要。你選擇。你決定。**

如果你位居領導地位，使用正確字眼更為重要。人的生物系統並不擅長區分實際和感知到的威脅。想像一下，如果你的團隊相信，他們不做某件你提議他們「需要」做的事，某種程度上就會死，那他們會陷入怎樣的恐慌、做出多麼糟的決策。身處壓力之下，他們無法好好表現，做出明智的決定。你可以促使他人逃離可怕的事物，也可以促使他們奔向很棒的事物。因此，與其告訴那些在防彈公司的團隊「我們需要準時完成工作」，我反而會說，「這件任務極其重要，我們一定能完成。我能幫你們清除什麼障礙？怎樣才能幫我們完成任務？」

實話實說就代表如果我們真的無法準時完成工作，可以跟彼此坦承這一點。深信「需要」這個謊言的人則會像個瘋子一樣，在明知不可能完工的最後期限拚命趕工，因為人處於生死關頭時就會這樣。所以，別再說你需要什麼，而開始說你想要什麼。你可不會因為這樣就死掉。

挑戰整整一週不要用到「需要」這個字眼，除非那是事實。一旦與實際情況相符，你會非常想用這個詞，但即便是這種情況，也不太可能真的與事實相符。比如你會說：「如果我們想在打烊之前到達那家店，現在就需要走了。」就算加上了這個適當的限定語句，這種說法還是一種受限的思考方式。例如你可以直接打電話給那家店，請店裡的人晚幾分鐘關門？或者拜託一個朋友先過去？當你選用「需要」一詞，就會在解決方案上暗自設限，對潛意識產生壓力，限制了創意。

推託之詞三：糟糕（BAD）

現實中，本質很「糟糕」的事屈指可數；糟糕的概念是你賦予某件事的價值判斷。把事情歸類為「糟糕」的問題在於，你的潛意識會聽信這點，讓你在身心方面準備好對付即將出現的壞事。當你說某件事很糟時，絕大多數都是在表示你不喜歡或你不想要。比如你會說：「我計畫去野餐，但現在下雨了，真糟糕。」事實上，你可以在別處吃午餐，還不會有螞蟻相伴。甚至是你今天居然還有午餐可吃，可說幸運極了。所以，下雨了真的有那麼糟嗎？才怪。

人往往在跟食物有關的話題上用了大量的「糟糕」字眼，也造成了問題。有些食物就是比較適合某人，並沒有所謂的好壞——把它們吃下去的人也沒有好壞之分！就算吃下某種顯然很「糟糕」的東西，例如充滿味精的素食假漢堡，也比餓死要好。

「糟糕」這個詞會產生二分法的假象。世上的一切不會自然而然就分成兩派。確實，有些事相當不幸，例如暴力和自然災害，但如果我們談的是一般人的日常生活，透過不是好就是壞的方式來判斷每件事，就會令人處處受限，產生不必要的障礙和非黑即白的思維。當你把某件事歸類為「糟糕」時，就錯失了探索這件事可以變得多棒的機會。

推託之詞四：試著（TRY）

「試著」多半意味著最後會失敗的可能性。好好想想，如果有人說，他會**試著**在你落地後到機場接你，你會指望他做到嗎？不可能。你很清楚他可能不會出現。不過，如果有人說，他會去接你，你就可以相信他了。如果你跟自己說，你會**試著**持續節食，或者去**試著**讀某本書，你已經下意識打算讓事情失敗了。你不會做到的。

傑克在一場發揮巨大影響力的演講中，實際展現了「試著」這個字眼的力量。他請聽眾在腿上放個東西（筆記本、筆或任何手邊的東西），再舉起來。當聽眾依言做完、把東西放下後，他接著說：「這次，你們只要試著拿起來就好了。」這讓聽眾很困惑，有那麼一會兒大家動也不動，然後，幾個人開始拿起了物品。突然間，沒多久前他們毫不費力舉起的東西，現在卻必須很努力才拿得起來，彷彿那些東西重了好幾磅。這是因為一旦你聽到「試著」這個字眼，就會假設不管你「試著」做什麼，或許都不太可能辦得到。它讓你的大腦有了一個藉口。

重點在於，如果你想成為更好的人，就會逼迫大腦讓自己發揮最好的表現，而不是讓自己有失敗的藉口。這並不表示你得做所有別人拜託你的事。如果你不覺得某件事值得花費你的時間和心力，可以老實清楚（且親切）地拒絕。但如果你決定接受某個挑戰，就要把全副心神投注其中，誠如尤達大師所言「沒有所謂試不試，只有動手去做。」你覺得他光靠試一試就獲得絕地武士的力量嗎？當然不可能，重點是，你同樣無法光靠試一試就會成功。

行動項目

- 請某位同事和某個家人在你使用推託之詞時大聲喊出你的名字，並在你將這些話語說出口時，罰你把一美金投進捐款箱（或辦公室的咖啡錢集資罐）。

- 設定電腦的自動校正功能，讓電腦能自動將推託之詞變成大寫或特別強調，這麼一來，你就得把它們換成更貼近事實的字眼。時不時的自我提醒，可以讓行為改變到什麼程度，真的很驚人！

◎推薦你聽

- JJ Virgin, "Fighting for Miracles," *Bulletproof Radio*, episode 386
- Jack Canfield, "Go Beyond Chicken Soup & Confront Your Fears," *Bulletproof Radio*, episode 471

◎推薦你看

- JJ Virgin, *Miracle Mindset: A Mother, Her Son, and Life.s Hardest Lessons*
- Jack Canfield with Janet Switzer, *The Success Principles: How to Get from Where You Are to Where You Want to Be*

2 養成變得更聰明的習慣

過去醫生和某些科學家相信，我們出生時的大腦只有「具備高功能」和「不具備高功能」這兩種選項。你若非天生聰明、專心致志、輕而易舉學會每件事——否則你就是辦不到。直到二十世紀末，科學家才瞭解神經的「可塑性」，也就是在你的一生中，大腦可以長出新的細胞，建立新的連結。

你可以利用這些新細胞和新形成的連結，來培養新習慣和信念、學得更快、更有效地記憶。這些劇烈的升級可以為你生命各個面向帶來巨大的影響，這也表示，如果你認為自己不夠聰明或不夠好，都沒關係，你可以改變這一點。

在我的播客來賓中，絕大多數人深信要讓自己有更好的表現，養成好的習慣和紀律是最重要的事情。事實上，當他們談到做什麼能提升表現時，這個答案排名**第三**，甚至比教育還要前面。這些創新家很清楚，你的習慣——那些你每天想都不用想就會做的事——很大程度上能夠決定你是誰，以及你有多大的本事。

然而，培養新的習慣，並不像下定決心那麼容易，要把行動轉化為不花腦力就能自動自發的反應，大腦必須建立起新的神經連結。可見為了充分發揮建立這些傳遞途徑的能力，你所能做的一切，都會幫你把有益於表現的習慣內建在大腦之中。習慣之所以行得通，是因為它們讓心智多出空間，可以用在其他重要的事情上。本章建議的習慣和策略法則，都有助於讓錯誤的信念改頭換面，讓你學得快、容易記憶，最終在大腦和生活中騰出多餘的空間，達成你的目標。

法則四：即便是錯誤信念，也會變成真實

你所抱持的信念和你告訴自己的故事，都會形塑你內在的現實模型。當你的模型出錯，你會養成不好的習慣，做出的決定也無法帶來想要的結果，你會因此受苦。一個具有彈性的大腦在蒐集關於現實的資料後，會懂得調整自身相信的事物，建立更好的模型。打造一個有彈性的大腦，其內建的習慣是質疑自己針對現實所做的假設，如此才能有所成長。

維申・拉克亞尼（Vishen Lakhiani）已經教人靜坐長達二十年了，他開辦了全球最大的線上靜坐訓練課程，他也擁有一間多達兩百名員工的公司 Mindvalley，並成為頗具份量的慈善家。他的暢銷書《活出意義：十項讓人生大躍進的卓越思考》（*The Code of the Extraordinary Mind: 10 Unconventional Laws to Redefine Your Life and Succeed on Your Own Terms*）教你如何充分利用大腦，獲得最棒的表現。

維申與我分享當初他是怎麼相信關於自己的虛假事實。他擁有南亞血統，但他成長的環境讓他外表看起來跟其他的小孩非常不一樣。他的鼻子比大部分同學的還大，身上密佈的手毛和腳毛也比他們更明顯。男孩們都叫他大猩猩腳和鷹勾鼻，而維申都把這些訊息內化了。他稱為「意義配對機器」的

大腦試著理解周遭世界，如同每個年輕人的大腦會做的事，結果產生了「他很醜」的這個意義，維申對這個看法深信不疑了好些年。

維申稱像這樣的故事和信念是人的硬體，因為通常七歲以前，它們就逐漸灌輸到我們身上了，就像安裝在電腦中的硬體。我們並沒有刻意選擇這些觀念，那些來自權威人士、社會文化、教育體系的看法以及年幼時我們觀察到的現象，都在我們還很小時就灌輸到腦袋裡，如果我們毫不質疑地接受它們，這些觀念將危害我們的人生。

我們的信念會告訴我們：我們有多重要、具備多大的能耐、在社會中扮演角色為何等。如果這些信念有所受限，就會大幅降低我們的潛能。問題是，我們的信念之所以像事實，是因為在我們沒察覺到它們是假的之前，它們**就是**事實。

好消息是，就像你能升級電腦硬體，只要你開始意識到你所擁有的信念，就能使它升級。維申介紹讀者一種學習與人類發展相關的按部就班方法，他稱為「意識工程」。意識工程的第一個步驟就是：瞭解你的信念並不等於你這個人，它們只不過是很久以前安裝在你身上的硬體，絕對可以升級或汰換。

神經的可塑性告訴我們，人可以把負面或設限的信念，轉換成對自己有用的信念。改變信念後會讓人生改頭換面，因為這些信念展現了他們看待世界的方式。比方說，維申擺脫了他外表很醜的虛假事實，讓他的自信心和觀點都起了變化，促使他的人生和人際關係迅速轉往正向發展。

如果你想從人類 1.0 變成人類 2.0，汰換掉自我設限的信念非常重要，但要做到這點並不容易。人會緊抓著自我設限的信念不放，甚至自己都沒發覺到有這些信念的存在。這些信念對我們來說如此真實，以至於我們未必能意識到它們。對我們而言，它們是一切自然的法則。維申建議的解決方法是催眠療法或靜坐，這些方法可以帶你通往覺醒之路，讓你清楚察覺到自己的信念，然後你就能刻意改變它們。

表現高水準的人，會專注於挖掘並改變那些自我設限的信念，因為他們很清楚，不管這些信念是否奠基於現實，最後都會成真。事實上，協助人找到並改正信念，正是所有人生教練或企業教練的主要任務。舉例來說，如果你在做簡報前，相信這天是你的幸運日，那麼不管到底你是否真的幸運，都沒有差別。相信運氣會讓你更有自信，也讓你在簡報中表現得更好，這就像一種安慰劑效應。

我在靜坐時會告訴我的神經系統，我很感激事情發生就像該發生的一樣、湊巧發生的事情讓我得以成功、整個宇宙都罩著我。（最後一句是受作家伯恩斯坦所啟發，來自她的書名*）。不管這些信念是否符合現實，甚至理性大腦是否認為它們為真，都沒有區別。只要體內那個頭腦簡單的系統相信這些信念是真的，體內的生物系統就不會抗拒它，自動讓一切都成為真實。

你的正面看法確實可以為你帶來成功。你可以告訴自己你很成功，你的大腦就會相信這點，並且按此行動；反之亦然。

塞利格曼（Martin Seligman）博士和他在賓州大學的同事針對一百萬名以上受試者進行長達三十年的研究，發現樂觀的預期態度是獲得成就的重要指標。[1]當一名銷售員相信自己能談成某筆生意，比起悲觀的推銷人員，成功率高了百分之五十五。你的信念會直接影響你努力的成果，因此你必須汰換掉負面信念，才能發揮潛力，或超越你目前堅信的極限。我花了大量精力和時間跟那些眼光比我長遠的人相處，這麼做會修正我對於自身潛力的看法，也讓我的人生和公司以從未預料的方式拓展開來。（我當然沒預期會這麼發展，因為我以前有的是自我設限的故事！）

意識工程的第二個層面，是為生活方式升級你的系統，也就是你的習慣。你的習慣就像手機應用程式，包含飲食、運動、睡眠衛生等構成你每天的日常事務。維中建議我們藉由研究大人物的日常，來找出哪些習慣讓這些人能進入新系統……有點像你現在讀這本書的意義一樣！

為了瞭解如何培養新習慣，我找來神經科學家羅伯特・庫柏（Robert Cooper）訪談，這位暢銷作家為四百萬讀者帶來正面影響。羅伯特有效結合兩個看似不相干的領域——神經科學和企業策略——協助具有菁英表現的人和頂尖領袖充分利用大腦、時間和表現。

我邀請羅伯特在第三屆防彈生物駭客大會針對該主題發表演講，並在演講結束後跟我對談，聊聊駭入人體那些限制我們表現的內建習慣，以及如何建立能把優秀程式烙印在大腦結構的新習慣。

羅伯特說，大腦有一個嵌入式表現編碼，那是針對兩千年前的世界所打造。你可以忽略這個過時的程式，然後盡可能抱持樂觀態度，或者你可以幫大腦升級和重新編碼（神經科學術語就是「重新連結」），讓大腦變得與今日世界的現實相容。

*譯註：伯恩斯坦（Gabby Bernstein）這本知名著作名為*The Universe Has Your Back*，意思是「整個宇宙都罩著你」。

首先，你必須意識到大腦的默認設定。我們的直覺讓我們用一直以來習慣的方法做事。如果是每天都要做的事，這的確管用，比如每天連想都不用想，就循著與往常相同的路線上班。但這種自動自發的行為狀態可能會讓你無法創意思考，羅伯特稱之為「硬接線」。另一方面，你的「活接線」則代表你可以成長和改變的能力，也就是神經的可塑性。

羅伯特表示，即使你仰賴硬接線，你的大腦還是不斷地在改變。那麼問題就是：你是朝哪個方向改變？如果你安於默認模式而變得僵化，就像一個受制於習慣、性情乖戾的人，當有人坐上他心愛的固定位子，他就會發火，這種情形就是「向下接線」。隨著年紀增長，許多人都在向下接線，但情況不必非得如此。如果你內心懷抱著要變得更好的意圖，你會朝各種可能性發展而變成一個不一樣的人，那麼你就是在「向上接線」。

要讓表現升級的關鍵，就在於把多數時間都花在向上（而非向下）接線。然而，為了儲存能量，大腦出於本能會進行向下接線，它喜歡重複以前做過的事，讓你保持不變，一直是同樣一個人。這就是為什麼對許多人來說，維持不變令人心安，也不會覺得可怕。從許多角度來看，你的大腦是個害怕改變的膽小器官（我沒有惡意），向上接線需要花更多心力，冒更多風險，你得致力於讓大腦遠離令人安心的默認模式，使它朝著帶有意圖抉擇的方向前進，而這些選擇將有助於你朝向自己想擁有的成長邁進。

要做到這點，羅伯特鼓勵我們找出某些可以阻止自動反應發生、並引導自己展開往更好方向前進的瞬間。許多正念專家都稱這種瞬間為「微瞬間」，也就是觸發和反應之際的片刻。舉例來說，當有人說了什麼讓你心煩的話，與其跟往常一樣用發怒來回應（向下接線），不如暫停一下思考為什麼對方的意見讓你心煩意亂，再刻意選擇你想要的回應方式（向上接線）。只要不斷實踐，最終找到那個微瞬間就會成為一個習慣了。

知道大腦、信念和現實都很容易改變，的確是件激勵人心的事。你要決定自己是誰，選擇自己相信的真實，這就是強大無比的傳統顛覆法。

行動項目

- 從本法則中挑出一個方法，釐清你自己的哪些信念是真的符合事實。對於任何建議你「應該」當什麼人或做什麼事的信念、任何說你「必須」或「需要」的信念、任何把人或世界以好壞區分開來的信念，抱持懷疑的態度。寫下你最先想到的三個信念：

  信念一：____________________

  信念二：____________________

  信念三：____________________

- 關於你自己和周遭世界，如果你認為哪些看法是正確的，請深入思考。在早上或晚上思考這些事。
- 每週一次，花半個小時記錄你認為是真實的事情。就從今天開始。

- 每個月或每週都安排與教練或治療師見面，他們能在你深信自己所編的故事時，為你指出這些盲點。
- 請花一週時間在靜坐時或起床後重複這段話，並實際喚起感激之情：「我很感激有某股力量讓事情照著本來該有的結果發展。整個宇宙都罩著我。」你不必真的這樣相信，但要盡可能覺得感激，因為你是在哄騙你的神經系統。
- 養成傾聽的習慣。我們多數人具備的程式設計都是想著接下來要說什麼，而非傾聽別人要說什麼。造成這種習慣的原因，是你小時候學到的一件事——大人在講話時，你不馬上開口，就沒人聽你說什麼了。然而，我們現在所處的現實情況是，如果你好好傾聽，再開口，**所有人**都會聽你講話。挑出一個通常會說好話的朋友或同事，下次跟他們聊天時，努力讓自己有意識地**不要**預先設想你接下來要說什麼。你會驚訝自己沒有預先想好要說什麼時，可以從對話中學到什麼，還有自己最終究竟說了什麼。你身旁最值得你傾聽的人是誰？

◎推薦你聽

- Vishen Lakhiani, "10 Laws & Four-Letter Words," *Bulletproof Radio*, episode 309
- Robert Cooper, "Rewiring Your Brain & Creating New Habits," *Bulletproof Radio*, episode 261
- Gabrielle Bernstein, "Detox Your Thoughts to Supercharge Your Life," *Bulletproof Radio*, episode 455

◎推薦你看

- Vishen Lakhiani, *The Code of the Extraordinary Mind: 10 Unconventional Laws to Redefine Your Life and Succeed on Your Own Terms*（維申・拉克亞尼，《活出意義：十項讓人生大躍進的卓越思考》，三采出版）
- Robert K. Cooper, *Get Out of Your Own Way: The 5 Keys to Surpassing Everyone.s Expectations*
- Gabrielle Bernstein, *The Universe Has Your Back: Transform Fear to Faith*

法則五：高智商不會讓你變聰明，你必須靠學習

智商是對你固定智力的測量值，也是你學習與經驗的總和。你可以提高智商，但它的重要性比不上流動記憶，也就是學習和整合新資訊的能力。大部分的科學家都認為流體智力是固定不變的，其實不是。所以來駭入它吧。有特定的技巧可以大幅增加流動記憶，全都等著你去利用。你可以浪費時間慢慢學習，或是藉由改變大腦並升級學習方式來解放自己。

吉姆・奎克（Jim Kwik）是個超級英雄。在速讀、增強記憶、大腦表現、加速學習的領域，他是廣受全球認可的專家。他對自己的成就相當謙虛，但他訓練過無數名《財富》雜誌五百大執行長，以及幾十位一線明星，包括《X戰警》系列電影演員，還訓練過X教授！吉姆通常會上台示範速讀，並

且當場記住上百個人的名字，他這麼做不是為了嘩眾取寵或賣弄，他是為了展現不只他，其他人也可能做到這件事。在我們共進晚餐時，吉姆記住了每位為我們這桌服務的員工名字，因為當你用名字稱呼別人，會讓對方感覺良好。

吉姆並非天生具備這些能力。事實上，他讀幼稚園時曾經歷嚴重事故導致腦部遭受創傷。事故的後遺症讓他的學習出現困難，也很難保持專注，他經常費很大的工夫才能跟上同學的腳步。上大學之後，吉姆受不了老是落於人後，他希望有個全新的開始，好讓家人以他為榮。他非常努力用功唸書，連睡覺、吃飯、運動、人際關係都無暇顧及。結果，他的表現不但沒有提升，反而因為太過勞累而在圖書館昏了過去，他從樓梯上摔下來撞到了頭，兩天後在醫院清醒，體重跌至五十三公斤，身上插了靜脈注射管線，營養失調。他心想：「一定有更好的方法。」

住院期間，一名護士拿著馬克杯走進來，杯上印有愛因斯坦的照片，以及他的名言「用與產生問題同等水平的思考方式，解決不了問題。」那一天，整個宇宙罩著吉姆，因為那個馬克杯讓他領悟到，他一直都認為問題出在他的學習遲緩，所以得把時間花在學習才能解決問題。但那一刻他開始用不同角度思考，與其花更多時間學習，他可不可以找到學得更快的方法？

吉姆回想了他的教育歷程。上學時他的老師總是教他學**什麼**，但從來沒有教過他**如何**學習，發揮創造力、解決問題、讀得更快，以及最重要的，如何增強記憶力。蘇格拉底說：「沒有記憶，何來學習。」吉姆發現，如果能記住更多東西，就能學得更快，因此他開始研究頭腦和記憶方式，希望找到捷徑。

吉姆發展出來的記憶技巧馬上收到成效。他從在課堂上費力學習的中等生搖身一變成為優等生，不久就利用他的技巧來幫助別人，他不希望別人像他那樣受苦或費力掙扎。

二十多年前，吉姆最早教授的學生是一名大一生，她想在三十天內讀完三十本書。運用吉姆的技巧後，她成功做到了。當吉姆問她為什麼想這麼做，才知道她母親被診斷為癌症末期，只剩六十天好活。那名學生讀的書全是關於健康、身心健康、醫學、心理學、自助和心靈——任何她認為能救母親一命的資訊。

六個月後吉姆接到電話，起初他認不出電話另一頭的聲音，只聽到哭聲，最後發現是她的學生。她喜極而泣，因為她母親不僅活了下來，身體也恢復了元氣，連醫生都搞不懂是怎麼回事。但她母親之所以能康復，都多虧了她女兒在短時間內快速地從一大堆書籍中獲得了寶貴的建議。

吉姆就是在這時意識到他的想法能夠改變別人的生命，甚至在某些情況下拯救生命。自此他便肩負使命幫助人改變學習方式，讓他們愛上學習，也讓他們瞭解自身的潛能。他把心力放在閱讀，因為閱讀是一般人學習的基本方式。如果作者把數十年經驗和知識寫成一本書，而你可以花一兩天讀完，下載裡面的資訊，這可是很強大的知識破解法。

吉姆教授的閱讀法與傳統速讀不同，後者是快速瀏覽，掌握閱讀的內容要點，而吉姆的方法則是告訴你如何更專注，讓你不只讀得快，也能以高效方式學習和記憶。他的方法可以細分為名稱很貼切的縮寫：**F-A-S-T**。

F：FORGET（忘記）

談到學習、閱讀和記憶，從「忘記」開始談起也許聽來奇怪，不過吉姆發現許多人之所以無法學新事物，是因為他們覺得早已經了解要學的東西了。假設你是營養學專家，去參加了一場專題研討會，照理說你應該藉此吸收最新資訊，但多數人卻做不到，當他們自認專家時會拒絕學習新事物。你必須暫時忘記自己對某專業多麼瞭解，才能學到新知識，這個論點可能有點陳腔濫調，不過卻是真的：你的腦袋就像降落傘，只有打開時才派得上用場；想打開大腦，就得忘記已知的事物。

你也應該要忘記極限在哪裡。許多人都抱持自我設限的信念，以為自己記憶力有多好或自己多聰明，但就如同維申指出的，這些信念可能會阻礙你前行。人的大腦總是在偷聽主人的自言自語，如果你告訴自己，你不擅長記住別人的名字，就不會有開放的心胸可以盡情學習。正因如此，你的錯誤信念才得以成真。

你必須忘記的最後一件事，就是在身邊所發生的一切，如此你才能專注在正在學習的事物上。吉姆表示，人一次只能專注在七個資訊片段，因此如果你一邊讀書，一邊想著孩子，一邊擔心工作，同時思考是不是該把垃圾拿出去，就只會剩三個可以讓你專心思考的新資訊了。把所有事都放到一旁，你才能專注在書本上，盡可能學到更多東西。

A：ACTIVE（主動）

二十世紀的教育方式，是奠基於死記硬背和重複背誦的模式。老師站在全班學生面前講述內容，學生則不斷覆誦。學生確實能透過這種方式學習，問題是會花很多時間。吉姆把這套方法比作健身：你可以去健身房，每天舉五磅啞鈴一個小時，或者去更少次，但大幅增加啞鈴的重量。密集學習就像密集運動，能讓你在更短的時間內獲得成效。

吉姆表示，二十一世紀的教育應該奠基於創造，而非消費的概念。我們必須主動參與學習，伸手取得知識，而非等人餵進嘴裡。這代表要主動記筆記，跟別人分享所學，這些技巧不只有助於學習，也能讓你記得自己學到了些什麼。

吉姆建議以老派方式做筆記：用紙筆。在紙張的中間畫下一條線。左邊是「獲取筆記」，寫下學習內容的看法和概念；右邊則是「創造筆記」，寫下你對學習內容的感想、看法或疑問。這個策略會動用到整個大腦，你才能學得更快、記得更多。

S：STATE（狀態）

所有的學習都是依個人狀態而定。吉姆把「狀態」定義為大腦**與身體**當下具備的情況或心情。很多人沒有意識到，這是他們能完全掌控的事。多數人認為，會感到無聊是因為周遭環境所致；會情緒低落，是因為有糟糕的事發生在自己身上。但吉姆說，人不是溫度計，而是恆溫器，意味著我們不必只對周圍環境起反應，我們反倒可以為自己設下高標準去再創造和修正環境，使其符合我們的標準。

T：TEACH（教導）

如果你必須看一支影片或讀一本書，隔天要將內容轉達給他人，你的專注程度跟平時比起來是否不一樣？你會不會用不同方式去整理或是取得其中資訊？如果你必須迅速學習一個新主題或新技巧，那請站在一個教授的角度來思考。自問：「我要怎麼教會別人這件事？」突然間，你會發現自己能記住的資訊加倍了，因為你是帶著自己要有辦法向他人解釋的意圖在理解內容。

教導他人這最後一點，威力比你想的還要強大。我剛開始在矽谷展開職涯時，在加州大學兼職教授在職工程師建立網路。在現代網路誕生後，我居然在加州大學聖塔克魯茲分校開設了網路與網際網路工程的課程！這讓我必須每週有好幾個晚上，要對著整間經驗老到的聰明工程師講授兩小時的課程。我得充分吸收教材，才能順利教會他們，我也做到了。

結果不到兩年，二十七歲的我被市值十億美元的公司拔擢為科技策略規劃部門的主任。如果我沒有先接觸過這份工作所需的知識，絕不可能會吸收到更深領域的其他知識。因此，找個理由教別人你想學的東西，你會比想像中更快精通。如果你實際上並沒有要教誰，就假裝你未來會教人！

談論「流體智力」這個主題，沒提到丹．赫利（Dan Hurley）就不算完整。他是獲獎的科學記者，擅長書寫關於「提升智力」這類主題。丹從根本上改變了我們思考學習與智力的方式。他表示，大家在談論所謂的聰明時，通常是指他們已經擁有的知識和資訊。但他們卻沒去研究自己最初是從哪裡獲得這些知識和資訊。如果有群人在教室裡坐了一樣長的時間，也用一樣長的時間研究教授給他們的資訊，他們也不會考一樣的分數，因為他們並非學得一樣好——他們流體智力的程度不一樣。

智商不同於流體智力。多數智商測驗都是針對各式各樣的因素進行評估，其中包括了固定不變的知識，結果比較像呈現出一個人的經驗，而非能力。因此，大部分的智力研究都不著重於智商測驗。科學家關切流體智力已經有一段時間，但心理學家直到最近都還同意人是無法增加流體智力的。科學家嘗試了一百年，做了大量研究，然後在二〇〇八年決定聚焦於如何增強屬於短期記憶的工作記憶。

工作記憶是流體智力不可或缺的一部分，科學家想知道改善工作記憶，是否也會增強流體智力。他們請受試者做一個兩分鐘的測驗，稱為雙 n-back 任務（Dual N-Back），來提高他們的工作記憶。經過每天半小時的五週訓練，這些人的流體智力平均增加了百分之四十。[2]這可是令人瞠目結舌的發現。

然而，這方法有個缺點。雙 n-back 任務的測驗非常惱人，會讓你煩到想把電腦丟到房間另一頭。把這個測驗想成是給大腦的混合健身運動——你就是得一直逼迫它做才行。做測驗時，你會在螢幕上看到類似井字遊戲的棋盤狀畫面。有個方塊會亮起來，然後是另一個，接著又有另一個。一開始，測驗會要求你，每當有個兩次前亮起的方塊再次亮起時，就按一下按鈕。這就是 2-back。接著，你在掌握這個相當簡單的技巧後，就會前進到 3-back。測驗期間，你同時會聽到有個聲音在唸字母，你也得記住字母的特定順序。因此，你必須要記住哪個方塊在三次前亮了起來，以及你在那時聽到了哪個字母。這個測驗迫使你集中注意力，真正地全神貫注。

雖然測驗並不怎麼有趣，但確實能收到成效。自二〇〇八年開創性的研究以來，數十起研究都證實執行工作記憶的任務將不只增加工作記憶，也提升了各種以智力為基礎的技巧，從閱讀理解到數學能力。這還只不過是冰山一角；智力研究的領域正如火如荼展開，對於未來會有什麼發現，我非常期待。

我在二〇一一年建立防彈公司的部落格，使用的是很簡單的開源版 n-back 任務訓練應用程式，在那之後，我做了智商測驗，分數提高了十二分。我在部落格公開這個結果，並分享了這個軟體，結果很多人堅決認為我不可能達到這樣的成果。這是標準的科學酸民論點：「這不可能，因此不是真的。」我只能說，這個訓練方法在當時對我有效，如今已有更多科學證據支持它的功效。

根據丹的說法，即便智商測驗不會測量流體智力，但如果流動記憶獲得改善，智商分數通常也會提高。儘管我的智商分數提高了，但這種訓練實在太過累人又令人洩氣，以至於許多人都沒辦法做完訓練。防彈公司成立初期，我會飛到全球各地，教導避險基金經理人如何駭入他們的大腦。即使是這群極為積極進取的人，也只有為數不多的人完成 n-back 任務的訓練，因為在看到成果以前，這個訓練一再令人受挫。

如果你有興趣嘗試，我建議先利用本書的其他工具來增強大腦和意志力。當你的大腦能全力運作，n-back 任務就不那麼令人頭痛了，如果你有定期活動你的意志力肌肉，就更可能持續訓練下去。

接著，我建議這個訓練大約進行一個月。你的大腦一開始不會喜歡它，你也會感到無聊又受挫，大概還會做奇怪的夢。等你更熟練以後，會發現自己的談吐更加流暢（雙 n-back 任務徹底改善了我的現場演講技巧，讓我經常能在數百萬人前自信從容地演說）、聽力表現更佳、閱讀回想更好等。完成訓練後，你會搞不懂自己以前只有剛才獲得的一半工作記憶，到底是怎麼過活的。它的功效就是那麼強大，就像幫大腦進行了隨機存取記憶體的升級。

n-back 任務訓練最棒的部分，就在於效果似乎永久有效。我完成二十次訓練後，整整八個月完全沒碰，想看看究竟會不會忘掉學到的技巧，而必須頭來過。令人震驚的是，結果與我的預期完全相反。暫停訓練後，我比以往表現得更好，彷彿大腦在那八個月的休息期間更進一步使自己變得更完善了。

行動項目

- 試試吉姆．奎克的課程（https://kwiklearning.com），或是其他的速讀課程，你才能真的學得更快。
- 把本書的重點摘要講解給一位朋友、同事、你的伴侶或孩子聽，你才能記住全部的內容！
- 進行雙 n-back 任務的訓練，增加流體智力。我建議使用在 iTunes 和 Android 商店，由 Mikko Tyrskeranta 公司提供的雙 n-back 任務應用程式。
- 建議事項：
  - 至少要做二十天，但四十天最理想。
  - 至少每週做五天，在你不累的時候進行訓練。

- 你可能會有好幾週都停滯不前，但不管怎樣，做就對了。
- 進行訓練時，不要默唸（亦即對著自己小聲說），才會強化到右腦。
- 每次都逼迫自己進行到一定會失敗才停止，也就是說，就算你在目前的級別只達到七八成的水準，還是要前進到下一個更高的級別。我推薦的這款軟體會自動幫你如此調整。
- 告訴一位朋友或教練你在進行雙 n-back 任務，你跟他們說這個訓練有多煩，他們才能以此取笑你。這個訓練就像一整個月每天都上健身房——你要為這個訓練負起責任，用這個概念去思考會有所幫助。

◎推薦你聽

- Jim Kwik, "Speed Reading, Memory & Superlearning," *Bulletproof Radio*, episode 189
- Jim Kwik, "Boost Brain Power, Upgrade Your Memory," *Bulletproof Radio*, episode 267
- Dan Hurley, "The Science of Smart," *Bulletproof Radio*, episode 104

◎推薦你看

- Dan Hurley, *Smarter: The New Science of Building Brain Power*

法則六：用圖像記憶，而非文字

你的大腦是在充滿感覺、聲音和圖像的世界——而非充滿文字的世界——演化而成。訓練自己從讀到和聽到的事物中建立圖像，徹底讓深植於腦中的內部視覺硬體發揮作用。以文字來記憶會放慢你的速度，並浪費你可以更善加利用的精力。

馬提亞斯・里賓（Mattias Ribbing）的頭銜你大概從未聽過，他是瑞典的一名大腦訓練師，也是三屆瑞典記憶冠軍，世界記憶排名七十五。

實際上，「世界記憶運動協會」授予馬提亞斯「記憶特級大師」（Grand Master of Memory）頭銜，至今只有一百五十四人獲此殊榮。馬提亞斯在二〇〇八年開始駭入他的記憶力。在此之前，他擁有的是平均水準的記憶力，一次只能記住十個左右的數字，現在能熟記高達一千個。

馬提亞斯向來熱愛學習，當他發現記憶力是可以被大幅改善的，便開始訓練大腦，不出幾個月就在瑞典記憶冠軍賽中勝出。他把大腦訓練比作學開車，訓練過程花上數個月，然後下半輩子就擁有了一種新能力。更棒的是，這個技巧會隨著時間提升而變得強大，（希望）就像你的開車技術一樣。

馬提亞斯說駭入記憶力的基本方法，就是教會大腦如何以**圖像**思考，而不是用文字思考。要做到這點，需要訓練你的視覺化技巧。當你用圖像來想像時，資訊會在大腦儲存記憶的地方走捷徑，跳過短期記憶，直接前往長期記憶。人的五感以視覺對大腦最為重要，因為視覺與我們的生存與否最為緊密相連，連結至感官的神經元中，有四分之三與視覺有關。（這是為什麼低品質的光源會消耗如此多的大腦能量，同時也是我們在「禪修四十年」神經回饋課程進行大腦訓練時，會戴上 TrueDark 眼鏡的原因。）

有些人認為，自己透過聽覺或觸覺會學習得更好，但馬提亞斯說，專家都知道我們學得最好的方式就是透過視覺化。藉由實際動手做或教授他人來學習，是記住新資訊的更強大方式，不過這是因為這兩種方法都會用到視覺的感官。

當你一而再、再而三大聲重複資訊，藉由聽覺來學習時，大腦一次只能接受一小部分的內容；而以圖像來學習時，大腦可以更快吸收更多資訊。那麼，這點如何實際運用在日常生活？比方說，你在看報紙，試著在讀的時候將某篇文章的內容視覺化，彷彿是腦中的一段影片。先從相對來說容易視覺化的內容著手，與其挑一篇經濟或國際政治的文章來試驗，不如看看本地的警察局消息專欄，想像一個搶劫案的故事。

想像搶匪在逃亡，他從銀行跑了出來，沿著人行道一路奔走。他的外觀看起來如何？想像他的黑帽、綠夾克、黃色長褲。想像他在奔跑，追在他身後的是兩名掏出手槍的警察。你能確實看見這個畫面嗎？訓練你的大腦停留在這個影像久一點，然後放大。注意到搶匪的眼睛、頭髮。他的臉長得如何？接著用詳盡的方式，想像出人行道的細節。

你可能之前不自覺地就這麼做了，也許是在你讀小說的時候。不過，如果你刻意打造出這樣的影像，可以更清楚記得細節，因為圖像會在腦中留下持久的印象。你越常這麼做，越有可能讓這種視覺化情形自然發生。影像會自動浮現，透過視覺化學習就會成為你的新習慣。

如果你覺得自己「並非視覺學習型的人」，那你就得讓自己變得更擅長視覺化。你可以從簡單的東西著手：閉上眼睛，想像一隻狗。哪個特定種類的狗最先在腦海浮現，就選那一種。想像時，永遠都應該用在腦中最先浮現出來的影像。想像這隻狗就在你面前。現在把這個影像放大，看到更多細節，越清晰越好。重要的是，要確定你所描摩的影像是以三維立體方式呈現。這些三維影像留在腦中的時間，會比一維影像來得久。

你可以從想像狗兒或新聞內容開始進行，但馬提亞斯表示，過了一陣子後你會開始習慣性地把各種資訊都轉換成圖像，甚至包括數字和瘋狂的數學公式。他建議，每次聽到有人在說話，就練習這項技巧。你一邊聽一邊看看腦中浮現出什麼影像，讓影像定格。確實專注在細節上，你才能好好記住。這些影像會像線索一樣，讓大腦可以循線找到最初的資訊。如果多加練習，大腦最終會幾乎像個磁鐵般吸住新的資訊，然後緊抓不放。

當然，視覺化的技巧並非什麼開創性技能，人類利用這個古老概念已有千年之久。我去西藏學習靜坐冥想時，當地和尚指示我在寺廟中坐上好幾個小時，閉上雙眼在腦中想像細節詳盡的圖像。不是「想像佛陀」，而比較是「想像佛陀坐在寶座上，寶座共有三階，每一階都畫上了六瓣花狀的三朵花……」等到他們描述佛陀身上穿的衣物、坐的姿勢時，如果你沒有建立起上述影像，根本不可能記住所有細節。我當時沒意識到這樣的視覺化想像是在訓練我的大腦描繪影像，而非記住文字，但這正是我從訓練中得到的成果。

如果想達到馬提亞斯那樣可以無限儲存資訊的專業程度，就得靠不斷滾動瀏覽自己創造的影像，就好像在智慧型手機上滑過一張張圖片。他再也沒有必要去參考最初的資訊，只需要有腦中的圖像就夠了。他會在安靜的片刻練習視覺化想像，例如等人或者刷牙的時候。他會一次滑過好幾幅影像，以便讓它們保存在記憶之中。

圖像不只能在記住清單時派上用場。事實上，我還是不擅長記住一串落落長的清單，每次要記住一件事，總會讓我變成鬥雞眼。不過，我很感激有視覺化這個方法，因為它讓我能駕馭影像的力量，藉此提升表現。視覺化想像也讓我不用在一無所知的情況下去理解形形色色專家所說的話，並與之互動，因為他們來自各式各樣的背景，涉及領域之廣包括了功能性神經科學、企業領導、荷爾蒙補充、運動表現、抗老等。如果我的大腦內只充滿了文字，就無法把關於每個人和所屬專業領域的所有資訊直接記在腦海，以便進行令人滿意的訪問。事實上，我寫上一本書的時候，就是先為每一章描繪出粒線體途徑，然後再**編織其中的文字**。重點都在於圖像：你在想像某個事物的詳細影像時，將得到某種光靠死記硬背無法獲得的知識。

畢竟，就像馬提亞斯解釋的，語言有其極限，語言就只有那麼多的詞彙，但圖像卻永無止盡。而就像這些圖像，如果你訓練了大腦，將硬體、軟體、接線進行升級，你的本身也將永無極限。

行動項目

- 你下次在聽播客節目或有聲書時，**請閉上雙眼**，看你是否能想像出說話者試著在你腦中描繪的影像。閉起眼睛會讓大腦處於 α 波狀態，這個狀態有助於你發揮創意，並讓視覺硬體騰出多餘的空間。（顯然，你只能在不開車或忙其他事的情況下才能這麼做！）

- 試試心智圖，也就是在紙上繪製筆記，但只用少少的文字，盡量用畫圖的方式說明這些文字之間的關係。
- 考慮參加吉姆・奎克在 www.jimkwik.com 提供的記憶力相關課程。
- 如果記住事情是你的目標，考慮馬提亞斯・里賓在 www.grandmasterofmemory.com 網站上提供的課程（包含了一次免費訓練）。

◎推薦你聽

- Mattias Ribbing, "Mastering Memory," *Bulletproof Radio*, episode 140
- Jim Kwik, "Speed Reading, Memory & Superlearning," *Bulletproof Radio*, episode 189
- Jim Kwik, "Boost Brain Power, Upgrade Your Memory," *Bulletproof Radio*, episode 267

3 跳脫大腦之外，才能窺探其內部

當我訪問那些為世界帶來重大改變的人，他們一再提到：為了獲得成功和幸福，尋求「自覺」相當重要。根據訪問數據分析，如果你想表現得更好，「自覺」是排名第六重要的事。

自覺究竟是什麼？你可以這麼定義：對那些促使你採取行動且通常屬於潛意識的因素，具備深入的瞭解。這些因素不只包括你的熱情與恐懼，也包含自我設限的信念，以及你過去所經歷或大或小的創傷是如何以各種方式影響你的生活。只有當你意識到這些事通常屬於潛意識的一部分，才能採取必要的改變行動，最終不再讓這些負面事物阻礙自己。

有許多方法可以讓你變得更有自覺，從靜坐（將在第十三章探討）到與他人建立親密連結（將在第五章探討）。不過，還有一種效果極為強大——但較不傳統——的方法，可以讓你進入獲得自覺的強化狀態：藥物。

具體來說，是益智劑（nootropics）。這種化合物可以增強大腦功能，也稱「聰明藥」，或是策略性使用且（一般）受到法規管制的物質。雖然沒有受訪來賓公開表示，運用可改變心智的藥物（如死藤水、DMT、迷幻蘑菇、搖頭丸或 LSD 等迷幻劑或幻覺劑）是他們提供給追求表現者的建議，但仔細研究我收集的資料以及我們私下交談的結果，顯然我的來賓中許多人都**偶爾**採用這些方法，作為尋求自覺的手段。

顛覆傳統者之所以尋求生命中的超覺所在並對此表示敬意，是因為如此才能達到高水準表現的極限。你在節目中不會聽到來賓談論這件事，因為微劑量攝取（microdosing，以一定的低劑量攝取這些物質）在多數地區仍屬違法。這麼做確實有風險，但本書如果忽略了這門越來越常見的有效技術，就不算完整了。幾十名來賓問過我這件事，也分享了自身經驗——只是都不在麥克風開啟的時候。

很重要的一點是，有提到幻覺劑的來賓**也**都有在靜坐冥想，或進行其他尋求自覺的方法，同時搭配服用天然或合成藥物。他們不是胡亂服藥或者單純想嗨而已，雖然有一小群人強烈主張只要吃了幻覺劑就能獲得啟發或找到內心的平靜，但這不是我在本書中想談的，這麼做也行不通。生物駭客的概念要表達的是：盡你所能達成你想讓自己生物系統做得到的目標，而要怎麼定義風險對報酬比，取決於你自己。

多年來我一直公開談論自己的目標——至少活到一百八十歲，將潛能發揮到極限，並且散發能量——也公開表示我偶爾會使用謹慎挑選的草藥和藥品來達成目標。由於某些原因，使用大腦功能增強劑被認為具有爭議性，有些人把服用藥物視為「作弊」，但化學藥品只是工具，它們會帶來好處還是壞處，端看你怎麼使用。就我來看，使用藥物讓我能變得更有自覺、讓注意力集中，與喝咖啡讓我比較不疲累、戴閱讀眼鏡讓我可以把文字看得更清楚，或是吞下止痛藥泰諾（Tylenol）可以減緩干擾我工作的頭痛症狀等，並無二致。每個行為都有風險——咖啡可能影響睡眠、閱讀眼鏡會讓視力衰退、泰諾對肝臟有不良影響。然而，當我們**根據自己的目標**判斷好處會大過風險時，便毋須太過排斥這些工具。

現在是時候考慮所有能幫助我們瞭解自己的可行選項了。承認吧，你要花一輩子努力不擋自己的路，完全算不上尊重你很幸運才能擁有的人生，對所有因你腦中所發生的一切、而沒有對其表示同情或敬意的人也很失禮。就我看來，如果在合法安全的環境下偶爾服用幻覺劑有用，那就值得考慮。這麼做就對我有用。

很少有人知道美國的開國元勛之一是位名叫班傑明・羅許（Benjamin Rush）的醫師。他遊說其他議員把醫療自由納入基本權利，並警告大家，如果不保障人民擁有自行選擇服藥的權利，將可能出現「醫療暴政」的危險。羅許醫師是最早出現的生物駭客之一。兩百年前他就認為統整所有醫學知識，是為了解釋人為何會生病，而非如何治療他們；同時為了理解環境和大腦對健康的重要性，他開創了美國的精神病學領域。

他的專業知識簡直大錯特錯（實際上，誘使病人出現嘔吐、流血、起水泡等情形對人體並不好，儘管兩百年前這些是常見療法，但那是在我們知道有微生物存在以前的事），然而如果他今日還活著，基於他所帶來的改變，羅許醫師會在我訪問的名單中名列前茅。

談到醫療自由，我支持羅許醫師的看法。無論你是否認同使用認知功能增強劑——包括迷幻藥——我們都擁有把什麼放進自己體內的基本選擇權。我的身體和我的生物化學由我自己決定，所以來談談這件事吧。

法則七：聰明藥是未來趨勢

當你的大腦全力運作，你做什麼事都會比較不費力，包括變得更有自覺所需花費的功夫。益智劑（或稱聰明藥）就能做到這點，它們會讓你變得更聰明。這類藥物中有些是合法的，有些則否。如果你沒有善盡手段主動支援你的認知功能，就不可能在任何對你來說最重要的事情上好好發揮。

文獻中，可以增強認知功能的化合物實際上有數百種，較多是來自植物，而非出自藥廠。過去二十年間我試過每種我所能找到的藥物，有些對我幾乎沒有影響（除了頭痛和噁心），有些則達到驚人效果，從這些實驗獲得的回饋讓我在防彈公司研發出以多種草藥為基礎的益智劑配方。但我在此想探討的，是你在營養補充品公司的產品中**不會**找到的強效益智劑。

一九四三年，瑞士化學家艾伯特．霍夫曼（Albert Hofmann）在實驗室不小心吞服了一些 LSD，首次發現了高劑量 LSD 的效果。一開始他很怕被毒死，但他的助手檢查了生命徵象並且保證他沒事之後，他改變了對 LSD 的觀點，甚至發現 LSD 強化了他的情感。他看出 LSD 具有療效。

幾年後，擁有「超個人心理學之父」之稱的史坦尼斯拉弗．葛羅夫（Stanislav Grof）以精神科醫師身分在當時仍稱捷克斯洛伐克的國家合法使用 LSD 治療上千名病患，而且大獲成功。如今 LSD 可能是最知名的迷幻藥，但在過去幾年間，主流趨勢從在火人祭（Burning Man）嗑 LSD 逐漸轉變為以一定微劑量攝取益智劑。對於矽谷科技員工和許多高水準表現人士（包括超耐力運動員）來說，微劑量攝取LSD司空慣見（某精英運動員跟我透露，參加一百哩長跑賽的**大多數人**都有微劑量攝取LSD）。

這個想法也許沒有像聽起來得瘋狂。LSD無疑是一種能產生幻覺的藥物，要把它當作益智劑來使用，關鍵在於服用很少的劑量——完整劑量的二十分之一到十分之一之間。對某些人來說，這個劑量能提高積極性、創造力、注意力和同理心，而且不會產生迷幻藥的副作用。幾位創意領導人使用如LSD的藥物已經很多年，但不是頻繁地服用。賈伯斯就認為LSD促使了蘋果公司大獲成功。他說服用了完整劑量的LSD是一次深刻的體驗，也是他一生中做過最重要的事情之一。[1]

LSD會讓大腦中與內省相關區域與感知外界區域這兩部分的交流更為活躍。[2]這解釋了為什麼許多人在使用LSD時會感到與宇宙合而為一，得以把自我放到一邊。LSD也會和大腦神經迴路交互影響，這種神經迴路使用的是「感覺良好」神經傳導物質血清素，而LSD則會偽裝成血清素。[3]儘管有些人擔心這可能造成上癮，但研究顯示LSD的使用風險遠低於坊間盛傳的危險性。

即便是一次服用完整劑量（微劑量的十到二十倍），研究人員還是把LSD列為危險娛樂性用藥的倒數第四名——遠低於酒精和尼古丁[4]——歷史上也沒有人死於服用過量LSD。[5]不過，**確實**很多人死於享用LSD後幹下的蠢事，也有些服用LSD的人精神狀況最終比服用之前還要糟。長期服用可能是個爛主意。

在一項研究中，研究人員在九十天內每隔一天就給老鼠服用完整劑量，結果發現老鼠出現過動情形、社交互動減少、掌管能量代謝的基因改變了。[6]服用藥物並非毫無風險，特別是當你只是為了好玩，而非為了個人成長。同時，在你服用時，身邊必須有受過訓練、經驗豐富專家從旁協助。此外，如果你的大腦還沒發育完成（二十歲出頭），服用藥物更會帶來危險。

不過，使用 LSD 有好處是真的。在雙盲試驗中，患有致命疾病的受試者在接受 LSD 輔助治療後焦慮情形大幅減少，也沒有出現其他負面副作用或安全問題。[7]針對一九五〇和六〇年代（這種藥物被列為非法前）的相關研究，對五百三十六名受試者進行整合分析，發現單一劑量的 LSD 可大幅降低酗酒的情形，[8]服用單一劑量的效果會維持好幾個月。更近期二〇〇六年的研究發現，LSD 可以減輕叢發性頭痛的症狀，減少發作頻率。[9]

LSD 與本書內容相關的成效是它確實可以讓大腦發揮潛能。LSD 能製造更多腦衍生神經滋養因子（簡稱 BDNF），這是一種強大的蛋白質，可以刺激大腦細胞的生成，並強化現有的細胞。[10]研究發現，迷幻藥能讓兔子更快學會新任務。[11]我們無法確定這個結果是否能套用在人類的學習，但看來頗有希望，或許可以解釋為何比起標準療法，迷幻藥輔助療法能更有效幫助病患對抗憂鬱症和創傷後壓力症候群。

其他的迷幻藥如迷幻蘑菇和死藤水（ayahuasca，一種源自南美、供薩滿飲用的混和液，含二甲基色胺）也能增加 BDNF。運動也能增加 BDNF；我喜歡囤積我的 BDNF 與奮劑，以從中獲得最大的益處。

在許多顛覆傳統者中，賈伯斯不是唯一使用迷幻藥展開追尋自覺之旅的人。著有《一週工作四小時》（*The 4-Hour Workweek*）、《身體調校聖經》（*The 4-Hour Body*）、《人生勝利聖經》（*Tools for*

Titans）的費里斯（Tim Ferriss）兩度上過《防彈電台》。他談到在一次微劑量攝取試驗計畫中使用了非洲迷幻藥伊波加因（ibogaine）的經驗。

有些人把伊波加因當作溫和的興奮劑使用，事實上，法國多年前正因這種藥效才販售它。與其他迷幻藥相比，伊波加因向來給人不太安全的印象，多數與心臟病發作有關。費里斯估計，每百人到每三百人中就有一人服用伊波加因後出現致命的心臟病發作，因此他建議只有在符合規範的醫師監督下，同時接上測量脈搏和心跳的機器，才能使用伊波加因。費里斯攝取伊波加因時服用了非常小的劑量——二到四毫克，約完整劑量的百分之一。他出現了輕微的前額葉頭痛，並在頭三、四個小時內出現略微興奮的輕微焦慮感，但這段期間他的專注力提升了。

不過，最有趣的不是第一天，而是之後。費里斯說，接下來的兩三天他的幸福基礎值比平常提高約百分之十五至二十，他覺得自己變得極為無感：他很冷靜、不帶感情，也不會感情用事。他表示，要進入這種狀態，通常需要花兩三個禮拜每天靜坐才能達到。

我是在建議你微劑量攝取伊波加因來提升表現嗎？絕對不是。我還沒試過伊波加因，也不打算嘗試，因為對我來說，服用的報酬不值得冒這個風險。我的孩子還小，我的幸福基礎值始終比以往來得高，我的神馳狀態來自為他人服務、公開演講、使用腦波神經回饋（EEG neurofeedback）及寫作。但我要重申，每個人都應該擁有權力衡量風險，為自己做決定。

費里斯在嘗試伊波加因時確保一旁有醫療人員提供協助，他會這麼做，有部分是因為他曾親眼目睹幻覺劑的負面副作用。在他年輕時曾服用LSD之後決定出門散步，然後直接走到街上，等他「清醒」後發現自己半夜站在馬路中央，車頭燈正朝他逼近。

費里斯的表親有思覺失調症的家族病史，而在使用了LSD之後，他從一個超級厲害的西洋棋高手變成幾乎無法與人交談的人。有醫學專家認為迷幻藥會讓諸如思覺失調症的精神疾病惡化，甚至引發這類疾病，不過，針對這類藥物所提出的上市申請不少，而我和費里斯很高興許多顛覆傳統者開始以負責任的態度談論這些藥物。

為了提升自我，我十九年前去了一趟阿姆斯特丹，想試試當地合法的藥用蘑菇。那次經驗深深改變了我的大腦，讓我注意到從未察覺的模式。這種藥物讓我仔細檢視世界，幫我處理掉阻礙我的恐懼，讓我看清自己訴說的故事，而得以修正這些故事——這就是該藥物真正的價值所在。吃迷幻蘑菇到底對我的成功有沒有幫助？如果時光倒流，我還會這麼做嗎？當然會，毫無疑問。

但請留意，我當時身處可以合法服用迷幻蘑菇的國家。身為生物駭客，我下定決心嘗試任何有助於提升自身極限的事，但我也不想坐牢。二〇一三年，我微劑量攝取LSD連續三十天，發現它的效果和其他合法益智劑類似，本章稍後會介紹這些益智劑。我發覺LSD不值得我冒法律風險，因為**對我來說**報酬並沒那麼高。如果使用LSD不必面臨法律風險，那我會偶爾把它加進我的益智劑用藥清單。

即便是微劑量攝取，也並非毫無風險。在三十天實驗期間，有天早上我不小心服用了比原計畫略高的劑量。就在我要上台面對一整間約一百五十位具有影響力的高階主管進行生物駭客的訪談前，我感到心情有點高昂。情況不妙。我安然無恙度過大半訪問，只是開了幾個除了我以外沒人覺得好笑的玩笑。如果當時劑量再高那麼一點，誰知道我會說出什麼東西？進行微劑量攝取時，就算你遠稱不上「嗨」的程度，你的判斷力也可能受到影響，而你只有在清醒後才會意識到這點。

沒錯，我也去了火人祭，而且非常珍惜那次體驗，有些可能涉及了完整劑量的迷幻藥。當我這麼做時，旁邊會有人確保我安全無虞（包括醫療專業人員），而我離開時的狀態比去之前還要好。

重點是，微劑量攝取的迷幻藥既不能當成個人成長和表現的萬能藥，也非無用卻危險的行為。迷幻藥具有療效，也能帶來傷害，而非常低劑量的迷幻藥確實可以提升表現。如果你決定使用它們，一開始要慢慢來，服用時找個能信任的人在身邊。首次服用時要挑個沒有重要工作的日子，也必須在該藥物屬於合法的地區使用，它們可不是派對藥物。

你不能期待吞下藥後馬上獲得全新境界的自覺。適當使用藥物可以活化得以帶來新見解的高層次意識，但要真正培養自覺，還是得下一番功夫。換句話說，單就藥物本身不會讓你更有自覺，但可以讓你有機會看出自己需要努力之處。接著，是否採取行動、努力改善，就取決於你自己了！

不過，要從特定藥物獲得好處，微劑量攝取迷幻藥遠非唯一的方法。自一九九七年起，我直接受惠於另一大類藥物——益智劑。當時我努力解決工作時嚴重下滑的認知表現，我的醫生束手無策，我決定自力救濟，從歐洲訂購價值近千美元的聰明藥（歐洲是當時唯一能弄到聰明藥的地方）。我還記得當我打開沒有標示的褐色包裹時，納悶著這是否真的能改善大腦。但它們做到了，此後我成了某些認知功能強化劑的死忠粉絲。

與迷幻藥一樣，聰明藥不會自動讓你籠罩在自覺之中。尋求自覺需要耗費精力，一旦你擁有更好的細胞功能、更多精力、強化的神經可塑性、改善的學習能力（許多這類藥物都能做到），獲得自覺這件事就會變得容易。當身體幹勁十足地運作，你將更快取得進展。

使用像「**益智劑**」這類詞，很可能將許多物質混為一談。嚴格來說，你可以主張咖啡因和古柯鹼都是益智劑，但它們幾乎無法畫上等號。當有那麼多方法能強化大腦功能，許多還具有相當高的風險，個別仔細檢視每種益智劑是必要的。我列出幾種這些年來讓我獲得最多成效的益智劑。

拉西坦類藥物

拉西坦類藥物的頭號支持者恐怕非法克斯（Steve Fowkes）莫屬。這名生化學家編寫了自一九八〇年代發行的新聞報《聰明藥新聞》（*Smart Drug News*）。正是這份革命先驅式的報導讓我注意到益智劑，促使我訂購了那個裝有聰明藥的無標籤褐色包裹。想像一下，二十年後法克斯竟然成了《防彈電台》的來賓，我該有多麼興奮！

法克斯解釋，拉西坦類藥物（racetams）包含數十種類緣化合物，包括少數幾種知名益智劑，被研究最為透徹的是吡拉西坦（piracetam），但我找到最有效的拉西坦類益智劑是阿尼西坦（aniracetam）和苯基吡拉西坦（phenylpiracetam）。我喜歡阿尼西坦勝過吡拉西坦，因為前者見效速度快、可以減少壓力，並且提升記憶儲存和提取的能力。苯基吡拉西坦則讓人精力充沛、興奮至極，有助於某些任務的進行，但會阻礙某些工作。在某些運動中，它被列為禁藥。

服用八百毫克的阿尼西坦後，我發現自己說話更流利，想表達什麼都毫不費力，這個效果很可能是因為拉西坦類藥物能改善粒線體功能，輸送更多氧氣到大腦。多數研究都以神經疾病病患為對象（並得到驚人結果），不過也有大量令人滿意的證據支持健康的人也能使用。

研究顯示，中風後進行復健的病患每天服用四百毫克的苯基吡拉西坦，一年下來可大幅改善大腦功能和認知表現[12]；連續三十天服用兩百毫克苯基吡拉西坦，可讓腦部損傷病患的神經功能改善百分之七[13]，癲癇患者則改善百分之十二[14]。而以老鼠為對象的實驗則顯示，阿尼西坦改善了記憶力，並且能對抗憂鬱症。[15]針對健康成人進行的一項吡拉西坦小型研究發現，服用十四天後，這些人大幅改善了語文學習能力。[16]

服用的副作用都很輕微——拉西坦類藥物一般都能增強咖啡因的效果，或是耗盡稱為「膽鹼」的營養素。若要補足後者，只要吃蛋黃或補充胞二磷膽鹼（CDP choline）或向日葵卵磷脂（sunflower lecithin）就行了。這類藥物的風險對報酬比令人滿意，它們在美國屬於合法藥物，上網便可取得。但是不要從一堆混合了各種拉西坦類藥物開始嘗試，每一種藥物請分開嘗試，並且記錄感受，因為每種藥物的效果有很大的差異。交叉反應之下，你很可能在找到理想的藥效時也因為服用了一堆混有各類型的藥物而發怒、出現頭痛，或者沒有感覺。

莫待芬寧（普衛醒）

你看過布萊德利・庫柏（Bradley Cooper）的電影《藥命效應》（*Limitless*）嗎？片中的藥物大致

是以莫待芬寧（modafinil）為根據。這種藥物能讓你擁有超人般的心智，幾乎沒有副作用。研究顯示莫待芬寧可以改善健康成人的疲勞程度、積極性、反應時間和警覺性。

我服用莫待芬寧已經八年——它讓我達成所有目標，從就讀華頓商學院，到任職於以六億美元賣出的新創公司。沒有它，我不會拿到MBA學位。我已經把莫待芬寧推薦給數不清的友人，他們也獲得很棒的成果，你可能在ABC的《夜線》節目（*Nightline*）或CNN看過我大談使用它來提升經營管理方面的表現。

《夜線》派了一組人馬到我家進行拍攝，因為我是他們找得到的唯一一名敢公開承認使用該藥物、並在工作與學業取得成功的企業高階主管。我把這件事公諸於世，是希望鼓勵大眾談論聰明藥這個議題，為其去汙名化。這麼做的確奏效了，聰明藥如今廣為人知。

莫待芬寧可以改善記憶力和情緒、減少衝動下的決策、提高對疲勞的抵抗力，甚至在你因睡眠不足而痛苦時強化大腦的功能。近期有一項經同儕審查的研究分析了一九九〇年起牛津和哈佛大學所進行共二十四項的莫待芬寧研究，結果與我對藥物效果的陳述一致：當睡眠充足的健康人士在執行複雜任務時，它能提升專注力、執行功能、學習能力——而且副作用幾乎為零。該項研究結論是：「莫待芬寧可能與首個充分確效藥用益智劑的稱號極為相符。」[17]看吧！

與許多聰明藥不同的是，莫待芬寧不是興奮劑而是益覺劑（eugeroic），它是一種提神劑，這表示它不會像多數典型的興奮劑那樣讓人覺得行動敏捷或緊張不安，也因為沒有成癮問題，不會令人昏睡或經歷戒斷症狀。[18]事實上，我發現當我健康狀況改善後就可以減少劑量，不需要服用那麼多，也能以最佳狀態工作。

此刻，距我上次使用莫待芬寧已經過了四年。當我把其它破解法應用在自己身上，大腦有沒有使用莫待芬寧已經沒有太大的區別。不過，我還是會把它放進旅行袋，以備在緊急狀況下想使出渾身解數。我不認為會有需要用到它的一天，因為我已經打造出做夢也想不到的能量儲存庫，但萬一有需要，我會很高興它就在我的法寶袋。

老實說，管它的。重讀我為了撰寫本書所做的研究後，我剛決定再服用五十毫克，也許會讓本書接下來的內容更精彩。我有點興奮想知道之後會發生什麼事。

如果你想應付時差或強烈疲勞，或者偶爾想好好完成某件事，那麼這種藥會是強效的益智劑，它能改變你的人生。它並非沒有風險——有些人使用後會頭痛，每百萬人中有五人可能出現致命的自體免疫症狀——它的風險與服用布洛芬（ibuprofen）類似。如果你知道自己的基因序列（透過 23andMe 公司或類似的機構得知），可以檢查你身上有沒有會讓你冒著生命危險的基因（它們都列在防彈部落格）。莫待芬寧不太適合與酒精一起混用。

你不需要美國醫生開的處方箋，就能從印度網購莫待芬寧，這些大多是真的莫待芬寧。不過，如果你想在美國拿到處方箋，聲稱自己有輪班工作睡眠障礙的症狀會有幫助，因為多數保險公司都會補貼。由於這是醫療藥品，最好還是能拿到處方箋。你的醫生也可能建議你使用更昂貴、有時更強效的一種版本，稱為 Nuvigil。

我的媽呀，兩個段落前吞下的莫待芬寧現在開始出現效果。我動手寫這本書時，怎麼沒有同時服用它？

尼古丁

我不吸菸，吸菸很噁心，也對身體有害。不過，從菸草中分離出來的尼古丁只不過是香菸煙霧中上千種化學物質中的一個。當你以低劑量口服純尼古丁——少了裹住它的毒素和致癌物，以及捲成香菸的形式——它可以是一種強大的益智劑。據說，尼古丁是世界上被研究得最為透徹的認知功能強化物質，甚至遠勝咖啡因。

當你服用正確劑量，尼古丁可以讓你的表現在多方面提升。首先，它會讓你的運動功能執行得更快、更精準。在服用尼古丁後，寫字會更工整、更流暢，手指的打字動作也會更迅速，而且不影響正確性。[19]尼古丁會讓人警覺性更高，強化短期記憶能力。研究顯示，比起只用安慰劑的人，從貼片和口香糖獲得尼古丁的人在回想剛讀過的一長串單字時表現較好，需要一字不漏複誦內容時，錯誤率較少。[20]你甚至可以用尼古丁加快反應的速度。無論是吸菸者還是非吸菸者，接受尼古丁注射之後，兩者對視覺線索的反應都更快了[21]。儘管如此，要我選的話，注射這件事還是留給維他命就好，謝了。

當然，尼古丁有真正的缺點，最聲名狼藉的就是可能上癮。尼古丁會活化腦中的多巴胺系統，科學家替它取了一個適合的綽號叫「大腦的愉悅通道」，這個愉悅通道是一把雙面刃。食物、性、愛及某些可以啟動報償系統的藥物，都會讓這部分的腦區變得活躍，將一股歡愉的多巴胺傳遍人體系統，讓人感到幸福無比。然而，如果你經常沉溺其中，持續不斷的刺激就會讓通道變得麻木，受體會退回神經元內，變得非常難以活化，這時你會感到身體不適，直到獲得更多先前享受的東西，或能給予同樣刺激的物質。依賴性就是這樣開始的。

好消息是，尼古丁戒斷時最嚴重的身體症狀發生在戒除後三到五天。真正難以抗拒的是心理上想戒菸（不光尼古丁）的念頭，所以別抽菸或吸電子菸，使用口含錠、口香糖、噴霧、貼片比較有效，也較不會養成壞習慣。

尼古丁（從菸草中分離）也在大鼠和小鼠身上誘發癌症，這種尼古丁與癌症的關連從未出現在人體實驗中，試驗多次結果都一樣。目前已知尼古丁有促使血管新生的現象，也就是形成新血管，[22]如果你有心臟疾病、或正在運動、或正在訓練大腦，血管新生是好事，因為你的身體在自我修復時，應該做的事之一就是生成新的血管。但如果你體內有腫瘤，那麼血管新生就非常糟糕了。

如果你沒有罹患癌症，以口服方式攝取尼古丁可以護腎，也能透過一種叫 PGC-1α 的蛋白質產生類似運動對人體的效果。研究認為這種化合物也許在區別人類與猿類上扮演了關鍵角色[23]，它也負責調節粒線體生體合成[24]。換句話說，尼古丁會讓你的細胞（包含大腦細胞）建立新的發電廠。它也是調節能量新陳代謝的關鍵，讓甲狀腺荷爾蒙受體基因的表現量增加，同時提升粒線體功能。如果你讀過《防彈腦力》就會知道你為了讓粒線體功能運作良好所做的每件事，幾乎都會對你的大腦有幫助。找尼古丁就對了！

（請原諒我在此暫時擱筆去享受一下「純淨」尼古丁產品的未上市初期版本。許多文學傑作似乎都是作家在受到咖啡因和尼古丁影響下寫成，本書也是。）

尼古丁會讓人上癮，請偶爾使用就好，除非你認為自己對某種會生成新血管並提升粒線體功能的東西上癮沒有關係。寫作時，尼古丁非常能幫上忙。我剛提到的測試產品內含一毫克的口服尼古丁，相較下，噁心的香菸則含六到十二毫克。口香糖、貼片、口含錠或噴霧都是最好的攝取形式，因為口服（而非透過抽菸或吸電子菸）尼古丁會提供不同的好處。

多數口服尼古丁產品都含有糟糕的人工甜味劑和化學物質，既然你是為了大腦而服用尼古丁，為何要加入讓你朝錯誤方向前進的無用垃圾？我是露西口香糖（Lucy gum）這類新創公司產品的愛好者，這些公司努力推出成分乾淨的尼古丁產品。嚼口香糖不會讓人看起來很酷，因此把尼古丁口香糖塞在臉頰內側、而非大聲地嚼來嚼去，感覺還不賴。

我很高興有尼古丁在我的大腦中發揮作用，而吸菸則是件噁心的事。

咖啡因

很少人知道這件事，但有史以來第一個在網路上賣出的商品，是一件上面寫著「咖啡因：我的首選藥物」的T恤。我之所以知道，是因為那就是我在一九九三年從宿舍賣出去的東西，結果重達三百磅又圓臉的我穿著XXL尺寸T恤的照片出現在《創業家》（*Entrepreneur*）雜誌中。所以，咖啡因當然是我一直以來最愛的益智劑。實際上，是咖啡才對。咖啡由上千種化合物所組成，咖啡因只是其中之一。

單就咖啡因本身來看（不只存於咖啡中），它能提升精力，增強認知功能。咖啡因甚至可能藉由阻止大腦發炎以減緩認知功能衰退，而降低阿茲海默症發生的風險。[25]你已經知道本書是由咖啡（加上少數幾種益智劑）所提供的動力而寫成。

咖啡因會出現在本書，原因之一是為了讓你有猶豫的空間。如果你認為認知功能強化物質太瘋狂而不值一試，那就放下手上的咖啡杯，拿起一杯效果不錯但很苦澀的羽衣甘藍蔬果汁吧！看看它帶來的改變能維持多久。如果你跟多數人一樣，那表示你已經服用了大自然最偉大的益智劑許多年，卻不曉得自己在使用。事實上，人類從文明之初就在尋找能增強認知功能的東西，本書不過延續了這個偉大悠久的傳統罷了。

所有的認知功能強化劑都帶有風險，但擁有頂尖表現的人會自行決定它們的報酬是否值得冒險。他們會衡量好處與壞處，再決定是否要這麼做。如果你決定拿益智劑來試驗，請以安全的方式進行，並且弄清楚地方法規，依照醫療專業人員的建議服用。

聰明藥會讓你變得更像你原本該有的樣子，也可以是你用於尋求自覺武器庫的重要工具。它們不會讓你一夕間變成一個開竅又有愛心的人。如果你平常就很討人厭，用了聰明藥之後會更討人厭。但服用這些藥物可以幫你看到這些討人厭的一面，否則你一般會對它們視而不見。你的目標是觀察自身，並運用新發現的智力達成可能尚未開始的重要個人發展。

行動項目

- 只有在你的意圖正確且有人監督的情況下，並獲得確保不致犯法的法律諮詢後，才使用迷幻藥。這些藥物是強大的工具，而非玩具。若要服用請年滿二十四歲，也就是大腦前額葉皮質發育完全之後再使用。
- 如果你要微劑量攝取任何藥物——從尼古丁到LSD，或任何介於這兩者之間的藥物——請先仔細研究一番，瞭解可能出現什麼情況。一開始慢慢來，別輕易以身試法。第一次使用，別挑你要上台、參與重要會議的時候，甚至是開車之前。
- 考慮嘗試阿尼西坦或苯基吡拉西坦這類非常安全的入門半合成聰明藥。
- 考慮嘗試以植物為基礎製成的益智劑，看看它會讓你有怎樣的表現。以植物製成的化合物能增強認知功能，這有具體的科學根據，但需要花一整本書的篇幅才能道盡。（我建議採用防彈公司的「聰明模式」配方產品，因為是我調製出來的，不過也有許多其他配方。）
- 找三個你信任的人，在你服用益智劑後，對你出現的行為舉止給予誠實的回饋——包括一位家人、一位摯友、以及一位同事。有時當你突然速度變得快了許多，別人在你看來會慢得很可笑，你的行徑可能像個混蛋或變得消沉而不自知。這些人是你的回饋系統。他們是誰呢？

家人 ________________

朋友 ________________

同事

◎推薦你聽

- “Mashup of the Titans” with Tim Ferriss, Parts 1 and 2, *Bulletproof Radio*, episodes 370 and 371
- Tim Ferriss, “Smart Drugs, Performance & Biohacking,” *Bulletproof Radio*, episode 127
- “The Birth of LSD” with Stanislav Grof, Father of Transpersonal Psychology, *Bulletproof Radio*, episode 428
- Steven Fowkes, “Increase Your IQ & Your Lifespan for a Dime a Day,” *Bulletproof Radio*, episode 456
- Steve Fowkes, “Hacking Your pH, LED Lighting & Smart Drugs,” Parts 1 and 2, *Bulletproof Radio*, episodes 94 and 95

◎推薦你看

- Michael Pollan, *How to Change Your Mind: What the New Science of Psychedelics Teaches Us About Consciousness, Dying, Addiction, and Transcendence*

法則八：跳脫大腦之外

當你能夠進入意識的變化狀態，面對內心的惡魔，好處可說相當驚人。這種狀態就是神奇力量與治癒之力出現的契機。古文明的人向來清楚這點，今日的顛覆傳統者也深諳此道。所以，前往叢林試試死藤水；參加內觀禪修營，進行十天的禁語靜坐；展開靈境追尋，在洞穴內禁食；把測量腦電波的電擊貼在頭上，進入變化狀態。進行進階的呼吸練習，直到意識離開身體；去參加火人祭，或考慮在與心靈治療相關的環境中有意識且謹慎地使用完整劑量的迷幻藥。不管你採取什麼手段，偶爾從自己的腦袋裡跳脫出來，才能在意識回到體內後更能掌控所做的一切。進行這些嘗試時，需要有專家從旁協助。

不久前我造訪紐約，朋友安德魯邀我到他位於蘇活區的兩千萬美元時髦頂樓公寓晚宴。我從不知道他擁有那樣的住所，踏進仿若宮殿的住宅讓我大吃了一驚。他顯然喜歡給人驚喜，因為我完全不知道所謂「和幾個朋友共進晚餐」竟然聚集了來自紐約各產業有權有勢的成功人士，年齡從二十五到七十五歲不等。晚餐時的對話採傑佛遜式方式進行，一次只有一名賓客發言，因此整桌人都不會離題。等到我有機會問在場賓客問題，我問：「你們中有多少人，曾經為了個人發展，至少使用過一次迷幻藥？」

每個人都舉起了手，從避險基金經理人到藝術家，從執行長到教授。我們針對這個話題持續半小時的討論，這是很長一段時間以來我所參與過最令人著迷的對話。

儘管迷幻藥向來被人與其他非法藥物混為一談，也被政府機關貼上「不好」的標籤，但以治療為目的來使用時，它們是尋求自覺與進入神馳狀態的強大工具。高水準表現就是一種意識的變化狀態，如果你願意偶爾進入更極端的意識變化狀態，就能學到讓你在一般生活與工作狀態中表現得更強的事物。

這是許多我訪問的人都會談到的話題，無論對方是獲獎的記者或醫師，還是正在改變這個世界的許多人。阿貝托・維洛多（Alberto Villoldo）博士就是個例子，他耗費超過二十五年的時間研究亞馬遜和印加薩滿巫醫的療法，他是心理學家、醫學人類學家、暢銷書作者，也是備受推崇的四風協會能量療癒學校（Institute of Energy Medicine of the Four Winds Society）創辦人。

維洛多二十七歲時是個身無分文的研究生，一間大型藥廠贊助他前往亞馬遜，希望找到下個在市場上大獲成功的藥物，他去了偏遠地區向當地土生土長的治療師學習。三個月後，藥廠管理高層問他找到了什麼，「什麼也沒有。」他回答，「我什麼也沒找到，因為我拜訪的這些人中，沒有人罹患阿茲海默症、沒有心臟疾病、沒有癌症。」沒有疾病需要醫治，因此當地人不需要藥品。但他依然回到當地，受訓成為一位薩滿。

生活在亞馬遜和西方文化背景之下的人，健康情形會有差異，維洛多將之歸因於壓力。當你處於「戰或逃狀態」，大腦會分泌皮質醇和腎上腺素讓你處於興奮狀態，而無法進入狂喜又幸福的狀態，但後者才能真正讓你富有創造力，並讓夢想的未來化為現實的可能，也就是所謂「神馳狀態」。當大腦充滿壓力激素時會活化下視丘—腦垂體—腎上腺軸（簡稱HPA軸），HPA軸啟動後，只會對恐懼激素產生反應，並且觸發腦垂體繼續製造更多壓力激素。

不過，當你不處於戰或逃狀態，在適當條件下，腦垂體可以幫你進入神馳狀態，方法就是透過改變神經傳導物質，例如將血清素轉換成二甲基色胺（DMT），這是許多動植物身上自然而然具備的分子。

DMT 是地球上影響精神物質中最強大的一種，許多文化都為了治療和儀式而準備這種物質，它會觸發具有靈視的狂喜狀態，此外，我們也可以自己引發這種狀態：我們在剛出生時和生命將盡時，自然而然就能達到這種境界，但維洛多認為其他時候也能做到，只要處於適當的精神狀態。

然而，根據維洛多所言，有百分之九十九的人大腦因壓力而損壞，無法自行製造能產生幻覺的物質，這正是為什麼我們無法深信或懷抱著可以將夢境化為現實的想法。醫學人類學家出身、最終成為薩滿學徒的維洛多待在亞馬遜叢林時，薩滿告訴他：「你必須吃那棵樹的樹皮，還有那些樹根。」他們說，「因為植物告訴我們要這麼做。」這個解釋對維洛多來說並不夠，他想知道背後的科學根據，但仍然吃下了它們。二十年後，他把這些東西帶回實驗室，發現薩滿一直都在修復他的大腦。他們讓他吃的樹皮和樹根活化了 Sir2 長壽基因，這種效果只有非常少的物質才辦得到。

維洛多表示，我們也可以透過恢復腸道健康或藉由攝取大腦必要基本組件 omega-3 脂肪酸來修復大腦，如果上述條件俱足，那些巫毒祭司、薩滿巫醫和靈媒的神秘力量，就可能成為我們自然而然就能使用的能力。目前這些能力只出現在寥寥可數的人身上，因此被認為異常、甚至愚蠢可笑，但維洛多說，這些能力其實很正常，就像世界各地流傳的許多古老傳統，包括《瑜珈經》。當你修復大腦、恢復腸道健康、用充滿粒線體能量的食物滋養大腦、促使粒線體開始進行修補，這些能力就會出現。你只需做好基本功，體內的人類潛能便會自然實現。

幾千年來，亞馬遜的薩滿一直使用死藤水，這種迷幻藥以誘發靈性體驗而聞名。死藤水所用的藤蔓含有DMT，但服用時必須與其他含單胺氧化酶（簡稱MAO）抑制因子這類化學物質的植物一同熬製。沒錯，人體可以製造的DMT，與強大迷幻藥死藤水一樣具備了同一種活化成分，如果沒有以正確方式混和多種植物，你的腸道會摧毀DMT，你完全感覺不出來任何效果。

針對死藤水所做的研究顯示，它不只提供靈性經驗。聖保羅大學在二〇一五年進行了研究，讓六名難治型憂鬱症的病患服用死藤水。攝取死藤水後不滿一小時，這些病患的憂鬱症狀就大幅減緩了，而服用完這一劑量經過二十四天，他們的憂鬱症狀減少約百分之七十。這些病患都回報沒有出現嚴重的副作用，除了喝完沒多久會嘔吐；薩滿認為這種情況具有淨化作用，也是靈性體驗不可或缺的一環。[26]

有證據指出，死藤水可以減輕成癮問題。二〇一三年的一項研究中，十二名受試者在進行療程的同時服用死藤水，據回報，即便在療程結束的六個月之後，他們對酒精和古柯鹼濫用的情形也大幅減少了。[27]許多科學家認為死藤水之所以有效，是因為它能提高腦中的血清素受體敏感性。[28]許多普遍用於對抗憂鬱症的藥物如百憂解等，會迫使大腦釋放更多血清素，這種神經傳導物質會讓人感到幸福快樂，但得花上六週才會見效，長期服用也會耗盡腦內的血清素[29]。相較之下，死藤水似乎更能幫助大腦好好運用原本就有的血清素。

這個說服力十足的科學原理促使我去找來一位全球頂尖的草藥類幻覺劑專家。丹尼斯·麥肯納（Dennis McKenna）專精於民族藥物學與草藥類幻覺劑，他在一九八四年取得博士學位，論文主題就是從民族藥物學的角度出發，針對死藤水和烏庫維（oo-koo-he）的植物學、化學、藥物學方面進行研究。而這兩種透過口服便能見效的色胺類幻覺劑，許多住在亞馬遜西北地區的原住民都會使用。（誰料得到居然可以靠研究幻覺劑取得博士學位？）

丹尼斯把對這個主題的興趣歸功（或怪罪）於他有名的哥哥泰倫斯（Terence McKenna）。泰瑞比丹尼斯年長四歲，無論他做什麼，丹尼斯總是想仿效。當時是一九六〇年代，泰瑞住在柏克萊，那裡所有人都在嗑 LSD。泰瑞發現 DMT 後與丹尼斯分享了他的發現，兩人都覺得 DMT 棒極了，他們決定拋棄其他藥物，專注在這個他們自認人類有史以來最重要的發現。

四十五年後，丹尼斯對這樣的看法並沒有太大的改變，他相信迷幻藥具有療效，而這點在一九六〇年代把迷幻藥當作酗酒和憂鬱症的治療法時，就已經有相當徹底的研究了，直到有人接手當時沒有後續進展的研究，已經又過了約四十年。但丹尼斯說，可能的療效顯而易見，挑戰之處在於要如何服用這些長期遭到毀謗和禁止的物質，使其加入一般藥物的行列，尤其是當製藥公司得仰賴每天服藥消費者所提供的利潤，而非迷幻藥要花三四倍才能達到同樣或更好的利益。

然而，正如丹尼斯所說，我們必須想出辦法才行，因為迷幻藥不只對個人具有療效，在適當情況下使用也能有益於社會，最終促成整個地球人類的健康，因為這些藥物通常會讓我們更有惻隱之心。他認為，這正是政府在一九六〇年代打壓 LSD 的原因之一，當時嗑了 LSD 的人會說：「你要我去越南殺那些人？我為什麼要這麼做？」這點格外諷刺，因為有充分證據指出，美國中央情報局確實曾將迷幻藥引介至美國境內，不過我相信今天出現這樣的結果，跟當初預期的可不一樣。

我和丹尼斯都同意，一整個社會的人都對殺害他人不感興趣是件好事。德布林（Rick Doblin）也同意這個看法，他是「迷幻藥跨領域研究學會」（MAPS）的創辦人兼執行董事，這個他在一九八六年成立的非營利研究與教育組織，用意在讓人服用迷幻藥和大麻時能從中獲益，並致力於建立醫學、法律、文化的相關研究背景。你可能想不到從事此工作的人竟擁有哈佛大學約翰甘迺迪政府學院公共政策的博士學位。德布林的工作是針對主要作為處方藥物的迷幻藥和大麻，逐步建立起藥品優點的研究與教育背景，同時也為其他尋求個人成長的健康者而努力。

跟丹尼斯一樣，德布林也成長於一九六〇年代，但他輕信了一劑 LSD 就會讓人瘋狂的宣傳。然而，他研究的卻是當時全球所陷入的情況，以及「他者」去人性化的心理機制——這個核心信念會引起人的恐懼，讓人們彼此作對，彼此殺害。這讓德布林開始思考，如果能幫大家體驗與他人互相連結的感覺，將會帶來更和平的討論與談判。當然，這種想法帶他找到了 LSD，而 LSD 讓他產生互有連結的感覺，彷彿置身於自我之外。他意識到，迷幻藥是一種具有重大療效與政治意含的驚人工具，在美國政府取締這類藥物並宣布販售和使用都屬違法之際，瑞克暗地裡成了一名迷幻藥療法專家。然後，他努力讓迷幻藥不再只能被祕密使用，而能重見天日。

如今，MAPS 這間非營利製藥公司致力於將迷幻藥和大麻開發為美國食品藥物管理局核准的處方藥物。要在嚴謹的科學環境讓這兩種藥物成為一般人可取得、使用頻率低、只允許在監督下使用的處方藥物，需要花費相當大的功夫。MAPS 經常透過長達三個半月的治療計畫與經驗豐富的專家攜手合作，治療期間，病患每個月服用一次藥物，配合每週無藥物的心理治療。不過服用第一劑前，心理治療的療程會先持續三週，接著每服用一劑再進行三週心理治療，讓病患能獲得整合的療效。基本上，這是一種密集心理療法，時不時加上使用幻覺劑的強大體驗，而藥物會讓創傷和過去的經歷浮出表面，使人能徹底探究背後原因並且找出解方，藉此得以痊癒。

我在《防彈電台》對談的來賓之一，是三屆艾美獎得主的記者安珀・里昂（Amber Lyon）。安珀是前 CNN 記者，為了治療自己的創傷後壓力症候群而使用迷幻藥。安珀同時是影片製作人、攝影師，也是新聞網站 Reset.me 的創辦人和播客節目《與安珀・里昂一同重新開始》（*Reset with Amber Lyon*）的主持人，後兩者都是在談論深具潛力的自然療法和迷幻藥物。身為報導戰地和兒童性販運新聞的記者，她經歷了和許多士兵在戰爭後同樣會出現的 PTSD 症狀，她承受著親眼目睹的創傷事件而難以入眠，過度警覺，常常一聽到很大的聲響就開始恐慌，這嚴重影響了她的事業和人生。

安珀很清楚自己需要協助，但她不想靠處方藥物解決，因為她在擔任記者的期間報導了不少關於處方藥物的負面副作用，於是她開始研究自然藥物，此時一名友人建議她使用迷幻藥。一開始她抱持懷疑態度，她一直認為迷幻藥是很危險的藥物，但當她讀了一則又一則軼聞，看到有人以迷幻藥治好心理疾病，包括 PTSD，她開始相信這些藥物能幫上忙。

她前往祕魯的伊基多斯（Iquitos），與另外十四個人共同參與一場由薩滿主導的儀式，他們在一個仿若圓頂帳篷的建物中喝光了死藤水，隔天聚在一起討論彼此的體驗，統整得到的收穫。

安珀覺得那是一段既美好又極療癒的過程。她喝下死藤水不到二十秒便領悟到宇宙所包含的一切遠比她經歷的還要多。死藤水讓她能夠處理深埋於體內的創傷，她感到眼前有某個存在正把她體內那些以黑暗形體呈現的能量吸出去。其中一個是看起來約十三歲的性販運受害者，那是安珀為了某部紀錄片而訪問的對象。另一個形體則呈現動物的外型，她曾在漏油事件中看到牠渾身沾滿了油污。這些形體不斷從她身上脫離，直到所有她一路以來背負的創傷都離開體內。

接著，她回到自己的心智中觀看她一生的電影，瞭解到創傷究竟是從何開始，原來是她童年時父母爭吵不休的離婚時期。她再次體會並重新處理這些經歷，把它們從心中的「恐懼與焦慮」記憶文件夾移到「安全」文件夾——這是極為療癒的過程。

我和安珀一樣，也在祕魯嘗試過死藤水，那是二〇〇三年的事。當時我體型肥胖，在矽谷努力奮鬥而筋疲力竭，也因為患有黴菌中毒而行動遲緩。傳統醫療法對我沒用，我開始研究別的療法，希望改善情緒和認知表現。結果，我到了一間位於祕魯安地斯山脈中的家庭旅館，用爛到不行的西語拜託旅館老闆幫我聯繫一名會使用死藤水的薩滿。當時你很難找到答應讓我這種外國佬喝死藤水的人，如今祕魯有很大的改變，當地居民爭先恐後提供「死藤水之旅」。

因此，慎選你可以信任提供這樣體驗的人，遠比以往來得重要。我之所以知道我找到的薩滿是位好人，是因為他問我是否在服用 MAO 抑制劑或其他抗憂鬱藥物，那些東西會與用來熬製死藤水的植物之一卡皮木（Banisteriopsis caapi）產生交互作用。如果你在服用某些抗憂鬱藥物的同時嘗試死藤水，可能導致生命危險。

隔天黎明時分，薩滿引領我走到古印加帝國首都外圍的山丘，俯瞰薩克塞瓦曼（Sacsayhuamán）廢墟。他架起帳篷，拿出一小袋石頭，邊吟唱邊將石頭在四周擺成一圈。我對那些石頭和吟唱抱持懷疑態度，但很樂意暫時擱置疑惑，好好享受這次體驗。讓我驚訝的是，他把第一杯水倒進他的狗嘴裡，他解釋，他的狗總是和他一起踏上旅程。接著他喝了第二劑，然後給了我兩倍劑量。（我當時身高約一百九十三公分，體重約一百一十八公斤。）

我不太記得接下來幾個小時發生的事，只記得飛逝而過的影像以及從未體驗過的自由感。我確實感受到一股受到束縛的巨大能量，直到那刻為止，我一輩子都必須奮力掙扎才能完成每一件事，因為我總是非常疲累。突然間，我不再需要這麼努力了，這種感覺持續了好幾個月。在內心深處，它協助我瞭解到我們不只是以肉體組成的機器人，我們的內心遠不僅於此，而我們所思、所覺、所做的一切都必須與之協調，這讓我專注於在人生中創造出和諧一致的事物。

另一方面，許多與藥物無關的事也是如此。以我為例，我經歷的體驗讓我瞭解到，自己必須同時在有形身體與情感方面下一番功夫，因為這兩者形影不離。

我毫不驚訝有越來越多的人（尤其是大權在握的公司高層）「出櫃」，公開表示正在服用治療性迷幻藥。如果你的人生受困於把三分之二時間都花在應付童年的創傷，那些創傷經驗灌輸了你如何與周遭世界互動，你怎麼還會把所有時間精力花在低效的治療法？畢竟除了這些辦法，可是有一堆能讓你看見體內程式設計且見效更快的方法供你選擇！

沒錯，這些方法確實嚇人，甚至可能引發危險，但對許多人來說可以更快速存取體內的程式設計，便值得他們冒上風險。然後，你可以重新撰寫編碼，掌管自己的生物系統，以及你如何與世界互動，而非讓體內的原始系統幫你做決定。

請別搞錯，迷幻藥效果確實強大，但它們不是萬能藥，使用時通常不怎麼有趣，也通常違法。你不必服用它們也能擁有出竅的體驗，所以對許多人來說，它們並非適合的選擇。我使用的次數非常少，但它們對我的進化至關重要，而這麼想的人不只我一人。此外，它們也未必安全。

你還可以藉由別的方式達到類似效果。許多高階主管會參加為期十天的禁語靜坐內觀禪修營，迫使自己進入意識的變化狀態。我在尼泊爾參加靜坐營時就體驗到了這點，由於我是個有飲食衝動的肥胖者，無論和誰在一起總是感到寂寞，因此我想一勞永逸解決我的恐懼，而去參加了一種靈境追尋的活動。

在許多文化中，當一個人陷入困境或到達某個年齡段，這個人會動身前往荒野，直到靈境出現了才返回。我獨自在沙漠中的洞穴裡進行這個過程，沒有食物，由一名薩滿開車載我到那裡，直到靈境追尋結束之後才會來接我。我連續數天以禁食狀態靜坐，感受自己的孤寂，想著動物會不會趁著夜晚把我吞了，這是一種讓自我認知深刻轉變的體驗。

重點在於，所有這些體驗都和意識變化的狀態有關。令人驚奇的是，另一種進入意識變化狀態的方法，也就是呼吸法，比起任何草藥在我身上產生了影響更深、更為深刻的效果。

行動項目

- 決定你要如何在強烈體驗中進入意識的變化狀態。以下是我親自做過的活動清單。依照最吸引你到最不吸引你的順序，進行清單上的活動。接著，好好研究你的首選活動，安排時程。或是挑個完全不在清單上的活動。
- 參加有使用幻覺劑的醫藥儀式。
- 參加為期十天的禁語靜坐內觀禪修營。
- 前往荒野進行靈境追尋。
- 最後去參加火人祭。
- 試試整體自療呼吸法（請見下一個法則）。
- 參加為期五天的密集「禪修四十年」神經回饋營（這是我創辦的，我私心推薦）。
- 考慮找一名經認證、以迷幻藥輔助療程的治療師，他必須在加州整體研究學院（California Institute of Integral Studies）受訓滿一百八十個小時來幫助你。或是，如果你決定嘗試草藥，就去找一名以傳統方式行醫、具有豐富經驗，所受的訓練也真的師承古法的薩滿，讓他來幫助你。

◎推薦你聽

- Alberto Villoldo, "Shamanic Biohacker," *Bulletproof Radio*, episode 79
- "Adventures in Ayahuasca and Psychedelic Medicine" with Dennis McKenna, *Bulletproof Radio*, episode 329
- Rick Doblin, "Healing with Marijuana, MDMA, Psilocybin & Ayahuasca," *Bulletproof Radio*, episode 200
- Amber Lyon, "Psychedelic Healing & Reset.me," *Bulletproof Radio*, episode 143

◎推薦你看

- Alberto Villoldo, *One Spirit Medicine: Ancient Ways to Ultimate Wellness*（阿貝托・維洛多，《大靈之藥》，生命潛能文化出版）
- Terence McKenna and Dennis McKenna, *The Invisible Landscape: Mind, Hallucinogens, and the I Ching*

法則九：呼吸是全世界最強大的藥

呼吸這麼一個簡單的行為是如此強大，導致 LSD 教父用具有深遠影響的「呼吸控制練習」取代了迷幻藥療法。深呼吸很容易，但學會如何真正地呼吸，可以讓你更加深入自己的大腦。

你先前已經讀過史坦尼斯拉弗．葛羅夫醫師研究的相關內容。這位醫師是迷幻藥研究領域偉大的先驅，同時擁有醫學博士學位，他與妻子在一九六〇和七〇年代的研究開拓了「超個人心理學」，正式認可人類經驗中靈性與超覺的面向，並使其與現代心理治療和心理學的架構互相契合。

實際上葛羅夫還寫了一本關於 LSD 心理治療的書，他的臨床研究於六〇年代在莫斯科和約翰霍普金斯大學展開，主要集中在數種治療經驗，現在一般人都能使用這類強大的迷幻藥物質來獲得相同的療效。葛羅夫醫師後來成了加州碧蘇爾伊色冷研究所（Esalen Institute）的駐校學者。他有超過二十本著作及數百篇論文，年屆八十六歲，至今仍在教書。他在全球各地公開演講、帶領工作坊，精力非常旺盛。他甚至在一場防彈公司的活動中，白天帶領參與者進行呼吸練習，晚上還能精神奕奕與我進行精彩的訪談。

不過，葛羅夫醫師最初進行研究時是一名傳統的心理學家。職涯初期，他對傳統精神分析的極限感到失望，當時精神病學領域相當過時，精神科醫師還在使用野蠻的治療法，例如電擊療法、胰島素休克療法、胰島素昏迷療法，甚至是前額葉切除術。

任職於布拉格的精神科診所時，葛羅夫醫師收到瑞士山德士製藥（Sandoz Pharmaceuticals）寄來的箱子，裡面裝滿了安瓿，貼著 LSD-25 的神祕標籤。箱子內有封信說明這是一種正在進行調查的新物質。根據先導研究的結果，這種物質看來是精神病學家和心理學家感興趣的東西。葛羅夫醫師對可能出現的全新療法感到興奮，自願嘗試 LSD，結果得到了讓他徹底改觀的體驗。不到六小時，葛羅夫醫生的人生朝著完全不同的方向飛奔而去。

為了研究 LSD 的用途，葛羅夫醫師在一九六七年拿獎學金到美國進行實驗，但沒多久美國就宣布 LSD 為非法藥物，葛羅夫醫師大受打擊，認為精神病學領域失去了一個療效潛力驚人的寶貴工具。他開始尋找替代方案，希望讓病患也能體驗到能從 LSD 獲得的相同好處。令人驚訝的是，他在呼吸這件事上找到了。

幾千年來，古老文明傳承的智慧都清楚指出，呼吸不單是讓我們活命的功能，也是產生巨大改變的生命力量。葛羅夫醫師發現，呼吸加快時，人會體驗到與迷幻狀態類似的情形。事實上，任何醫生都能和你分享一個大同小異的故事：某人因為「精神方面的病症」而被送進急診室，實際上只是換氣過度而已。呼吸的力量就是如此強大。

當然，如果有人換氣過度，多數醫生都會請他放慢呼吸速度。但葛羅夫醫師不會這麼做，他發展出一種稱為「整體自療呼吸法」的呼吸技巧。這是一種具有深遠影響的練習，有助於讓你進入非凡（或整體性）的心智狀態。進行方法非常簡單：在寧靜環境中播放能喚起愉悅感受的音樂，同時加快呼吸。雙眼閉起，躺在墊子上，每個人都能利用自己的呼吸和房內的音樂進入非凡的意識狀態。這個狀態會啟動人精神層面的自然內在療癒程序，帶來獨特的內在體驗。由於整個過程是由內在療癒的智慧力量所引導，這種體驗所帶來的品質與內容對每個人來說都獨一無二，也僅限於當下的時空。雖然主題重複出現是常見的現象，但向來不會有兩個一模一樣的體驗過程。

我做過整體自療呼吸法好幾次，兩次是和葛羅夫醫師一起，我個人覺得這甚至比死藤水更有幫助。在我經歷的超覺或靈性體驗中，整體自療呼吸法是我頭一個採用的方法，它讓我瞭解到，只專注在聰明藥的使用是不夠的，如果要讓自己升級，也必須關注生命中的靈性、情感、認知和身體的面向。

在進行整體自療呼吸法的同一週，我在非營利組織星辰基金會（Star Foundation）接受了催眠，結果那讓我回到出生的那一刻——我完全不知道會發生這種事。我很早就知道我剛出生時，脖子上是纏著臍帶的，但我不知道這意味著我的幼兒大腦把它解讀為創傷經驗，導致成人的我很容易引發戰或逃反應。整體自療呼吸法讓我感覺嬰兒時期所經歷的恐懼，也想起更多出生時刻的細節（我已經從父母那裡獲得證實）。坦白說，身為一名理性思考的工程師，這件事把我嚇壞了。

醫生按照當時的治療流程把我放進保溫箱，也就是說，我出生後立刻被帶離母親身邊。在整體自療呼吸法引發的意識變化狀態期間，我再次經歷了無力自保、躺在那裡的感受，意識到自己孤單一人。而這個才剛出生五分鐘的嬰兒就決定了既然自己是獨自一人降生於世上，那麼永遠都會像這樣孤單一人。從那一刻起的往後三十年，我沒有和別人建立過健全的關係。這樣的體認令人大開眼界——而且還不是靠 LSD 得來的。

雖然這麼說讓我痛心，但打從一出生就與母親分離，對嬰兒來說是非常糟糕的體驗。然而這種程序在美國卻是標準做法，尤其在剖腹產之後。如果你出生或生小孩時採用剖腹產，別因此感到擔心或內疚。知識就是力量。你現在已經知道出生時的創傷可能會造成長大後的壓力，你可以利用多種治癒方法來重新設定自己的壓力反應。整體自療呼吸法幫我找到了一個意想不到深藏的創傷，而這個創傷一直以來在許多層面阻礙著我。一旦認知到這個創傷，我就可以著手治好它，最後也成功了。現在，我擁有真正的朋友，我的生命裡充滿了愛，我有能力成為一個好父親，我也不再逃避失敗，我欣然接受每天都激勵著我的艱難使命。

如果你在我展開那次加快呼吸練習的一分鐘前，跟我說上述遠景都有機會成真，我一定嗤之以鼻。我在這裡分享呼吸法，誠心希望它會讓你敞開心胸，接納你可能沒注意到正阻礙著你的事，無論你有多麼成功。就像我，在我進行呼吸法時，所有成功該有的物質標準我都達到了，但就算獲得全世界的金錢和認可，也不表示我的人生一切安好。

如果你經歷過出生時的創傷或其他類型的創傷，或者此刻就有某些困擾你的行為模式，你終於有辦法解決了。想進入可以實現個人突破的狀態，藥物是一種方法，整體自療呼吸法則是另一種。至於神經回饋和一種稱為「眼動減敏與歷程更新療法」（EMDR）的快速動眼療法，也同樣行得通。

此外，敲打法（tapping）也同樣有效，那是一種運用身體能量場來釋放焦慮和創傷的技巧。無論你選擇哪一種，找到一種安全方法來辨識出隱藏在生命中的習慣模式——幾乎都由過去創傷所造成——是成為顛覆傳統者的強大手段。當你知道是什麼在阻礙自己，要完成目標就會輕而易舉。全世界最快樂、最成功、最有影響力的人，都已經找到這些方法了。

要擁有高水準的表現，整體自療呼吸法只是呼吸法的一種而已。瑜珈行者已經採用「瑜珈呼吸法」好幾千年了。像派屈克・麥基翁（Patrick McKeown）等生物駭客會用特殊的呼吸方式調整體內的氧氣濃度，你最起碼要學一下烏加伊呼吸法（ujjayi breath），演員布蘭登・羅斯（Brandon Routh）曾在《防彈電台》上討論過這種呼吸法。布蘭登在電影《超人再起》中飾演超人，現在則在影集《明日傳奇》中飾演原子俠。如果這種呼吸法在超級英雄身上行得通，你也應該試一試！掌控你的呼吸，掌控你自己。

行動項目

- 考慮嘗試整體自療呼吸法——多數城市都有在地團體或治療師教人如何進行這種方法。
- 學習烏加伊呼吸法——步驟說明請參見網頁 www.bulletproof.com/ujjayi。
- 試著參加「生活的藝術基金會」的課程，或是瑜珈呼吸法課程。

◎推薦你聽

- "The Birth of LSD" with Stanislav Grof, Father of Transpersonal Psychology, *Bulletproof Radio*, episode 428

- "How to Breathe Less to Do More" with Patrick McKeown, King of Oxygen, *Bulletproof Radio*, episode 434
- Brandon Routh, "Hacking Hollywood & Avoiding Kryptonite," *Bulletproof Radio*, episode 162

◎推薦你看

- Stanislav Grof, *LSD Psychotherapy (The Healing Potential of Psychedelic Medicine)*
- Stanislav Grof and Christina Grof, *Holotropic Breathwork: A New Approach to Self-Exploration and Therapy*
- David Perlmutter and Alberto Villoldo, *Power Up Your Brain: The Neuroscience of Enlightenment*

4 瓦解恐懼

在成功的關鍵因素中，如果有哪個層面是所有顛覆傳統者一致同意的，就是以下這點：你必須**無所畏懼**。

這不是說創新家都不會感到恐懼——每個人都會恐懼——而是顛覆傳統者不像多數普通人，他們不會給直覺這種機會，導致他們無法踏入未知的領域。當然，未知事物通常很可怕，要記得，你的心智是習慣的產物，它會根據恐懼來運作——它總是仔細觀察你身處的環境，尋找該害怕的事物，也會為了讓你保持「安全」而替你做決定。但事實上，屈服於恐懼不會讓你變得安全，反而不去冒點險，才會讓你更衰弱，而非更強健。

顛覆傳統者深知這一點。引用赫赫有名的勵志書作者蘇珊・傑佛斯（Susan Jeffers）的說法，那就是他們即使感到恐懼，仍然選擇去做。他們會訓練自己不斷學習、採取行動、保持好奇，他們會創造一種使命感，培養一種不讓身體劫持創造力的習慣，如此才能把時間都花在不斷的創新，而這就是他們最終能為其他人帶來重大改變的原因。

這些顛覆傳統者也會拒絕屈就於潛藏在規則與權威背後的安心感。這不是什麼難以理解的事：權威之所以存在，就是為了維持現狀。要成為一個創新者，你必須以不同的方式思考，原地打轉是創新的大敵！在此要向所有教過我的老師說聲抱歉（也誠摯地說聲謝謝），除非你願意打破他人定下的規則，否則是不會有所創新的。原理就這麼簡單。

法則十：恐懼是大腦殺手

失敗之所以可怕，是因為在人類演化期間，失敗意味著老虎會吃掉你、你會吃光糧食、你的部落會放逐你，或是你永遠找不到伴侶，於是你會死，整個種族也會隨之滅絕。就現今來看，上述情形都不會成真，但這股失敗的生物恐懼感依然存在於人體神經系統的自動化功能中。學會正視你對批評與失敗的不理性恐懼，無論抱有什麼恐懼，還是得放手做大事。學會讓自己的身體不害怕失敗之後，就會釋放出龐大的能量，讓你能運用在你所選擇要做的事情上。害怕失敗會導致失敗，因此，不要屈服於恐懼，反而要駭入恐懼。

梅塔（Ravé Mehta）是一名顛覆傳統的工程師、創業家、教授，也是獲獎的鋼琴家與作曲家。他藉由自己創辦的公司「太陽神娛樂」（Helios Entertainment）改變了一般人教育小孩的方式，這間公司創造的遊戲、音樂和書籍，主旨都在教導年幼老少在克服恐懼的同時，還能一邊學習科學、技術、工程、數學（science, technology, engineering, and math，簡稱 STEM）等複雜學科。我邀請他上《防彈電台》與我談談恐懼。

他跟我分享他去南非參加野生動物之旅的故事。當時他和旅行團坐在敞篷吉普車上觀察一群獅子，忽然一頭獅子朝車子方向走來。拉維坐在前座，離地面最近，隨著獅子越來越靠近，他聽到他身旁的國家公園管理員安靜地說：「別動，別呼吸。假裝你不存在。」梅塔可以感覺獅子吐在他前臂上的氣息，他怕自己就要死了，但同一時間他得讓自己不發出半點聲響，動都不能動。他開始運用一種呼吸法讓副交感神經系統平靜下來，讓自己置身於當下。儘管他並不相信，但還是告訴自己一切會沒事。沒過多久，那頭獅子便轉身離去了。

這件事發生的當下，拉維已經花了很多年研究、駭入、追尋恐懼，想理解它如何運作，但那個時刻讓他所具備的知識與技能真正受到了考驗。如果他沒有辦法在內心找到一個依歸之處，並與當下的那個時刻維持聯繫，誰知道當時會發生什麼事？

拉維在研究恐懼的過程中，發現所有的負面情感——憤怒、妒忌、不安全感、罪惡感、羞恥、貪婪——全都源於恐懼，而所有的正面情感——自信、善意、謙遜、勇氣、感恩——則來自信任。當他把一切分解成只有這兩種基本狀態，也就是恐懼和信任，很容易看出他可以如何把以恐懼為基礎的情感轉化為根植於信任的情感。

拉維認為構成所有感覺與情感的是一種生命力，他稱之為愛。將一切結合在一起的正是這股力量，而一切事物也是透過這股力量誕生。喬治・盧卡斯（George Lucas）稱其「原力」；在中國叫**氣**；在印度稱作**般納**（prana），而拉維稱之為愛。他把我們能取得愛的方式想像成一條輸送管，恐懼會在輸送管施壓，讓愛流不進來，而信任則能疏通管線。

據拉維的說法，信任和恐懼位於同一光譜，恐懼始於疑慮，帶來懷疑，最終以令人無法動彈的恐懼告終。信任則始於希望，持續提升至你完全信任整個世界、你在其中的定位、發生在你周圍的一切。就算你很清楚或不清楚某件事為何發生，仍能安心的認為一切都對自己有利，生命也是依照本然的方式在運作。當你身處最信任的狀態，就能利用這種自然運作的方式獲得好處。

在這個狀態下，你容許自己變得脆弱，因為你確信自己不會受到傷害，無論在肉體或情感面。脆弱感可以增強人達到神馳狀態的能力，讓自己變得脆弱，並且信任一切可以強化「情感免疫系統」，也就是一種保護自己不遭受痛苦經歷的能力。如果我們經常壓抑真實感受，藉此讓自己預先做好不會受傷的準備，這套系統會因此而弱化。反過來說，當我們訓練自己展現脆弱，那麼一旦遭遇生命中不可避免的打擊，就能夠更快恢復。正由於脆弱感會創造出恢復健康的這個資訊，鼓勵我在本書分享了關於我自己難以啟齒的故事。

拉維將恐懼分解成三大支柱：

時間

當你全心信任，就會身處當下這個時刻，並且接納一切。當你不再處於當下，恐懼就會趁隙而入，這種情形通常以「如果……該怎麼辦」的形式出現：如果獅子攻擊我，該怎麼辦？如果我死了，該怎麼辦？恐懼必定會將你拉離當下時刻，因為恐懼是建立在未來**可能**會發生的事上，而非現在發生的事。當你讓恐懼趁虛而入，它會打斷當下的這個時刻。不過，當你完全處於當下，就容不下恐懼了，你將能獲得無限的愛，或者進入神馳狀態。

依戀某些想法和實體，這種概念一直以來都給人負面的觀感，拉維起初也認為我們完全不該有依附行為。隨著時間過去，他意識到依附行為本身一點問題也沒有，而是這些行為的本質可能造成問題。

依附

根據拉維的看法，依附行為共有兩大類。第一類是「堅固型依附」，就像有根鋼梁連接著你和你所依附的對象，同時產生壓力。另一種是「重力型依附」，在這種類型中，你和他人或物體之間會牢固地連接在一起，但比起堅固型依附更具有彈性。正如拉維所說，唯一限制住你本身的，就只有你自身的重力和你所依附對象的重力，當這套系統在沒有受到壓力的情況下，你們繞著彼此轉動，然後隨著動態平衡出現變化，可能因為引力的作用而彼此遠離，或者相互靠近。

舉例來說，你對另一個產生堅固型依附，你會試圖控制對方。然而，在重力型依附的情況下，你會對彼此的關係更有信心，專注在讓自己變成更好的人。這種心態會把對的事物吸引到你所處的空間，把錯的事物推開。要做到這點，你必須改變心態：與其專注在其他事物上，不如專注在自己身上，這麼一來，一切就會自行修正。

期望

恐懼的第三大支柱是「期望」。拉維把期望定義為對特定成果的依附心態，也就是想看到努力換來一定的結果。擁有期望是種雙輸局面：你達到期望之後不會感到喜悅，因為那只不過是你預期發生的結果。但如果事情沒有達到你的期望，你會感到失望，甚至生氣、內疚或慚愧，所有負面情感都會阻礙你進入神馳狀態。

這並不表示，你不該渴望達成某個結果或目標。拉維鼓勵我們，只要把期望轉換成「偏好」就行了。這麼一來，當你達成渴望的結果，你會興高采烈，而如果沒有達成，你也不致感到氣餒，因為你並沒有排除會出現別的可能結果，你想要的成果只不過是其中一種偏好罷了。拉維說，這三大支柱——時間、依附、期望——都必須符合條件，恐懼才能存在，即便你只是擊倒了其中一個，恐懼也會像那頭獅子一樣安靜離去。

這個觀念極為重要，因為恐懼可以駭入的遠不只是你的創造力，也能駭入細胞。我曾訪問細胞生物學家立普頓（Bruce Lipton）博士，他是表觀遺傳學（研究環境如何影響人類基因的科學）領域的開創者。我們針對「恐懼如何影響我們的生物系統」的這個主題聊得很開心。其實，這並非當初他來《防彈電台》預定討論的主題，我找他來原本是要討論細胞功能，最後卻變成在聊情感如何在細胞層次影響人體健康。

立普頓博士的開創性研究始於一九六七年，他在實驗室進行幹細胞複製的研究，當時他是全世界少數理解幹細胞的科學家之一。幹細胞是人在出生後留在體內的胚胎細胞，具有分化成多種其他細胞的潛力。立普頓深受幹細胞吸引，他知道人不管多大年紀都會因為正常的耗損，每天失去數千億個細胞。老舊細胞會死去，人體必須替換這些細胞。比方說，消化道的整個內襯從口腔到肛門，每三天會替換一次。那麼新細胞從哪裡來？幹細胞。

立普頓博士把一個幹細胞獨自放在培養皿，看到它每十或十二個小時分裂一次，一週後就有了五萬個細胞。他觀察到最重要的現象是，每個細胞的基因完全相同，它們都來自同一個母幹細胞。接著，他把這些基因相同的細胞分成三份放進不同培養皿，每個培養皿的培養基化學成分都稍有不同，有效地把基因完全相同的細胞放到三個有些相異的環境。在一個培養皿中，細胞形成肌肉，另一個培養皿中，細胞形成骨骼，第三個培養中，它們形成了脂肪細胞。

身為醫學院教授，立普頓教導學生長久以來公認的觀念，也就是人的基因控制了人的生命，但他卻在實驗室看到不一樣的事實。掌控細胞命運的不是基因，而是環境。這促使他研究細胞是如何因其所身處人體、血液中的環境而改變。他發現當我們改變血液的組成，也會改變細胞的命運。那麼，是什麼在控制血液的組成？大腦就是那名化學家。心智所感受到的一切，大腦都會分解成相應的化學成分。

舉例來說，如果你看待這個世界，眼裡盡是喜悅和幸福，那麼大腦就會把這種喜悅和幸福轉換成化學物質，像是因感覺愉悅而釋放的多巴胺，這種化學作用能促進成長。如果你透過恐懼看待世界，就會導致大腦釋放壓力激素和發炎物質，讓你進入自衛狀態，成長就會停止。立普頓開始瞭解到，血液的化學成分，也就是細胞的培養基，會根據我們看待世界的方式而改變。這點對細胞的命運有巨大的影響。

就像立普頓博士說的，當你受到古老生存機制的驅使而處於恐懼狀態，身體就會專注在要如何生存，而非如何成長。這是好事，前提是有隻劍齒虎在追著你跑。但如果你**長期處於恐懼狀態**，將持續阻礙你的成長和潛能，更糟的是，讓成長停止的壓力激素也會**關閉免疫系統**，以便節省能量，這麼一來你會處於不利狀態——立普頓認為，這正是**超過百分之九十疾病的根源**。

最終，立普頓辭掉大學教職，他不再相信自己教的東西。醫學社群聲稱人的基因控制著人的生命，我們都是遺傳的受害者，但立普頓看出了我們並非毫無影響力，每個人都應該為自己的生命和命運負責。這是相當深刻的見解，我非常欣賞他抵抗傳統權威的看法，保持了足夠的好奇，不斷提出難題，最終獲得如此顛覆傳統的洞見。

我為了尋找駭入自身恐懼的方法而嘗試過許多瘋狂的事，但沒有哪件事比身兼企業家、演講者、部落客、作家的蔣甲所做的事還要極端。你如果聽過蔣甲這個人，可能是因為他探討「拒絕」這個主題的那場 TED 演講，這段影片在網路上爆紅，觀看次數超過四百萬。我邀他接受訪問，想了解他這種不尋常的駭入恐懼的方法，他稱之為「拒絕療法」。他說，如果讓身體習慣了被拒絕的經驗，那麼每當你可能被拒絕時，你的身體就不會將之轉換成恐懼狀態。

蔣甲設定了一個目標：請求陌生人做些稀奇古怪的事，持續一百天，讓自己每天都要被拒絕一次。他在速食店吃完漢堡後，開口要求店員要「續漢堡」；他去敲了陌生人的門，詢問對方是否能讓他在後院踢足球；他向陌生人開口要錢，諸如此類。他的目標是每天都要得到「不」的回答。

有趣的是，儘管蔣甲是為了被拒絕才做這些事（他確實被拒絕很多次），但大家點頭的次數竟然遠比他預期的還多。實驗展開的第三天，他去了 Krispy Kreme 甜甜圈店，請店員做一款互相交扣的甜甜圈，看起來就像奧運的標誌。那名女性員工竟然答應了，並且驕傲地將成品交給蔣甲，她的善意讓他感動到幾乎哭了出來。

這些人就算無法提供蔣甲想要的東西，但往往努力給予他其他替代方案。這讓他思考以前究竟錯過了多少事，就因為害怕會被拒絕，而沒有花力氣開口要求想要的東西。他發覺，這麼做，是他在對自己說不。

為了駭入恐懼，蔣甲鼓勵我們讚頌「失敗」。如果你一直打安全牌，就不會被拒絕。如果你願意嘗試某件大膽到足以失敗的事，記得讚揚這一點。願意去做這件事的本身，就是一項成就。

拉維、立普頓和蔣甲所談到關於恐懼的一切都讓我感同身受，特別是拉維的恐懼光譜概念。我與高階主管客戶進行「禪修四十年」神經回饋訓練為期五天的課程時，我會說明所謂「情感堆疊」觀念。冷漠和羞恥位於最下層，這是你在意識清楚時最不想進入的狀態。冷漠和羞恥的上方是悲傷，悲傷上方是憤怒和傲慢，憤怒和傲慢上方是恐懼，位於恐懼上方的則是快樂與自由。圖示如下頁。

為了把生存放在第一位，身體會試圖誘使你表現出位於較低層的情感。這個堆疊圖很有幫助，因為它**永遠**都是對的。當你覺得自己對某件事感到羞恥，問自己真正感到難過的是什麼。接著尋找你感到憤怒或驕傲的部分。想清楚這個部分之後，再尋找恐懼。因為當你感到恐懼，離快樂就不遠了。當你用這個堆疊圖駭入負面情感的次數夠多，你就會開始瞭解它總能帶你找到內心隱藏的恐懼。

可悲的事實是，你的身體深信當你感到快樂時，將無法把注意力放在外在的威脅，結果會讓你不安全。身體希望你保持警覺，隨時準備逃離、解決或躲避威脅（以及身旁沒有威脅時，吃甜甜圈或繁衍後代）。為了騙過你，你的身體會建立一個階層系統，不讓你體驗快樂，反而專注在威脅上。這種運作方式整體來看倒也不錯，只除了恐懼會抑制成長和創造力。再加上，你大概會想過得快樂。因此，你得重置體內的程式設計。

在「禪修四十年」的活動中，有個稱為「神經回饋擴增重置程序」的步驟，目的是協助客戶**不再自動回應實際上並非威脅的事物**。在這個過程中，你會使用神經回饋協助自己找到會引起負面情感的情境，盡可能準確重現同樣的感覺，然後再從這個特定情境中找到一件無論多小都會讓你感激的事。感激之情會讓你停止恐懼。接著，你要喚起一種感覺，完全原諒造成這種局面的人事物。

有了神經回饋這項科技的幫助，做起來比聽起來容易多了，但這個方法還是相當具有挑戰性，因為你要刻意去實際感受負面情感，從中找出好的一面，再放掉難過的感受。然而當你完成這個訓練時，你將從恐懼中獲得解放，讓恐懼再也威脅不了你。我花了四個月進行訓練，發現沒有經我允許就自動按下的恐懼按鈕已經屈指可數。不過，當我有為數不多的機會在「禪修四十年」中帶領客戶進行課程時，我都很感激能提供他人協助。看著別人持續不懈地重置自己的恐懼，總讓我對自己走過

快樂與自由

恐懼

憤怒與傲慢

悲傷

冷漠與羞恥

的歷程多了一分體悟。

你也可以從任何教你懂得原諒、感激或憐憫的靜坐方式獲得類似的幫助（不過可能會花比較久的時間），前提是你要把這些方法同時應用在任何造成你恐懼的原因上，**以及你自己本身**。最重要的是，你要知道腦中的那股批判聲音並不是你，而是你古老的生存直覺拚了命不要讓你關掉它自認能保住你性命的恐懼。只要你意識到這是怎麼回事，內疚和羞恥的感覺就會消失，你就能努力沿著堆疊一路向上，直達快樂頂端。這是真的——你唯一需要感到恐懼的，就只有恐懼本身。

行動項目

- 請記得，恐懼需要時間、依附和期望，才得以存在。
- 排除令人分心的事物，努力保持活在當下。（趕快關掉手機上的通知！）
- 把期望換個說法，改為偏好。說「我想要」，而非「我需要」。
- 考慮進行一個夜間活動，就像我和我的小孩一起建立的習慣：每天要結束之前，我會請他們列出讓他們感激的三件事。接著，我會問他們今天有哪件事失敗了。失敗是指「我很努力卻沒有達成的事」。然後，如果他們當天遭遇某件事失敗，我會稱讚他們是真的非常努力了才失敗。如果他們當天沒有什麼失敗的事，我會裝出難過的表情告訴他們，希望明天是更好的一天，請他們努力鞭策自己直到失敗。

如果你也有小孩，試試看吧。沒有的話，你也可以試著寫日記。寫下一件失敗的事，不是單純的不幸，而是能看出它代表了你已經努力鞭策自己的成果。日記中要為自己曾經冒險一試感到慶幸，就算你只是偶一為之，你也會很驚訝你減輕了多少心理負擔。

- 故意讓別人拒絕你！試試一週的「拒絕療法」——每天都提出你認為不會有結果的要求，直到你聽到「不」。你很快會發現，人只要有機會就會拚命想幫助別人。你身邊圍繞著許多很棒的人。

◎推薦你聽

- Ravé Mehta, "Fear & Vulnerability Hacks," *Bulletproof Radio*, episode 303
- "The World Is Your Petri Dish" with Bruce Lipton, *Bulletproof Radio*, episode 336
- Jia Jiang, "Seeking Rejection, Overcoming Fear, & Entrepreneurship," *Bulletproof Radio*, episode 237

◎推薦你看

- Bruce H. Lipton, *The Biology of Belief: Unleashing the Power of Consciousness, Matter & Miracles*（布魯斯・立普頓，《信念的力量：新生物學給我們的啟示》，張老師文化出版）
- Jia Jiang, *Rejection Proof: How I Beat Fear and Became Invincible Through 100 Days of Rejection*

（蔣甲，《被拒絕的勇氣：近400萬人點閱！TED熱門演講「被拒絕的100天」主講人告訴你人生最重要的挫折管理課！》，平安文化出版）

法則十一：遵循傳統是阻礙成功的大敵

那些用最快速度帶來最正向改變的人，顯然就是能打破一切既有的運作方式。他們身處的世界會擊退他們，讓最堅決的創新家都感到恐懼或不確定。自古以來，抱持新想法的人始終遭到批評、輕視，或者淪落更糟的下場。掌控好對批評的情緒反應，無論遇到什麼障礙都能全力向前衝刺。學會面對批評，滿懷愉悅走上自己的道路。你最不希望的，就是當個普通人。

在今天，丹尼爾．亞曼（Daniel Amen）醫師是全球數一數二的大腦專家。他十次榮登《紐約時報》暢銷作家排行榜，同時是亞曼診所（Amen Clinics）的創辦人兼執行長，也是在很大程度上讓我決定成為生物駭客的原因。

一九九一年，從事精神科工作的亞曼醫師參加了探討單光子發射電腦斷層掃描（SPECT）醫學造影的演講，這場演講徹底改變了他的職業生涯。SPECT是一種核子醫學技術。電腦斷層掃描和磁振造影是可以顯示出近似於實際大腦結構的解剖掃描技術，SPECT則能繪製出血流和大腦活動，呈現大腦的內部情況，揭露當你執行某些任務或經歷特定的情感時，大腦哪些部分會「亮起來」。

亞曼醫師深受SPECT掃描吸引，他開始在臨床診療採用這種技術診斷、醫治病患，許多病人的病情因而出現顯著改善。然而，他的同儕對此卻牢騷不斷，認為這樣的技術不符合照顧病人的標準程序，嘲笑他是江湖醫生。沒有人願意被貶低和輕視，但亞曼鼓起勇氣不顧指控，堅持依照自己的想法幫助他人。他很好奇如果無法仔細檢查大腦，怎能瞭解大腦的運作情形是否改善了？他怎麼有辦法協助病患感覺身體處於最佳狀態？他想看到正被醫治的那些大腦部位如何變化，因此儘管遭到強烈反對，他依然不為所動。

他的弟媳有一天大半夜打電話給他，說他的九歲侄子無緣無故在棒球場上攻擊了一個小女孩。亞曼醫師問：「他還出現其他什麼狀況嗎？」弟媳說：「丹尼，他變得不一樣了。他很兇，也不再開口笑了。」亞曼醫師前去探訪，發現他侄子畫的兩張圖。一張是他吊在一棵樹上，另一張則是他在對其他小孩開槍。他轉身看著弟媳：「妳明天得帶他來看診。」

亞曼醫師問他侄子：「發生了什麼事？」男孩回答：「丹尼伯伯，我不知道。我隨時都感到火大。」亞曼醫師問是不是有人傷害或捉弄他，或以不當方式碰觸他，男孩都否認了。因此亞曼醫師掃描了他侄子的大腦，發現有一顆高爾夫球大小的囊腫占據了左顳葉。實際上，在掃描結果中原本應該是左顳葉的地方空了出來，這是亞曼醫師頭一次見到這種現象，不過自那次掃描以來，他看到相同的情形已經無數次了。在當時，一般精神科醫師可能會專注在情感方面的症狀，而非用掃描檢驗大腦功能。

研究顯示左顳葉是與暴力有關的腦區。[1] 亞曼醫師找到外科醫師移除囊腫之後，他侄子的行為便恢復正常了。那名外科醫師表示，囊腫施加在亞曼醫師侄子大腦的壓力過大，導致覆在左顳葉上的頭骨變薄，因此如果他被籃球打中腦袋，肯定當場斃命。就在那一刻，亞曼醫師再也不管別人是否嘲笑他是江湖醫生。醫生根本無從得知病人大腦出了問題，害得這些人因此坐牢或去世，而這些問題原本可以藉由 SPECT 掃描辨識出來。於是亞曼有了使命感，決心利用這項工具幫助更多的人。

我就是他幫助的人之一。我在二〇〇二年首度認識亞曼，當時他飽受抨擊，但他的科研基礎無懈可擊。當時我努力想拿到華頓商學院的 MBA 學位，同時在新創公司有份全職工作，整個人陷入絕望。我盡可能逼迫自己努力，但工作卻越來越不順，勉勉強強取得學分，也毫無人際關係可言。

亞曼的掃描片顯示我的大腦看起來像中了毒，讓我震驚不已。亞曼醫師看到了掃描結果後說：「如果我不認識你，只看了你的大腦掃描，我會推測這是某個住在橋底下的成癮者大腦。」與健康大腦相比，我大腦的活動量很少，類似現象經常在毒癮者或暴露在環境毒素（比如有毒黴菌）下的人身上看到。亞曼說，掃描結果顯示我有因化學物質而引起的大腦損傷，我的大腦出了問題。

說來奇怪，聽到這個消息後我非常激動，我終於能抱有一點希望了，因為我擁有了可以解決的具體問題。我這輩子都以為自己能力太差，也不夠努力，即使我表面上看起來很成功。但 SPECT 掃描讓我知道問題不是出在個性，而是硬體。我小時候長期暴露在黴菌毒素之下，就讀商學院前也曾接觸這種毒素。有了亞曼醫師的協助及數也數不清的生物駭客破解法，我讓大腦得以恢復健康，繼續將它提升到遠超出我預料的境界。

我非常感激亞曼醫師當初堅持到底，同時保有足夠的好奇心，願意採用 SPECT 掃描的醫療方式，而當其他嘲弄他的自滿醫師卻在沒有用 SPECT 來瞭解病患大腦究竟發生什麼事的情況下，貿然醫治病人。如果我沒有看過我的大腦，我永遠不會曉得該如何修復，也絕對無法達成今日的成就。

此後，我時不時會去尋找反抗權威而獲得驚人成果的專家，就算他們沒有直接改變了我人生道路。我讀到波拉克（Gerald Pollack）博士的著作《細胞、凝膠與生命的引擎》（*Cells, Gels and the Engines of Life*），著迷於他所發現的水的第四種型態。這個人告訴全世界的生化學家，對於簡單如水這種物質的性質，他們遺漏了一個重大事實，這個事實徹底顛覆了細胞生物學。他當然受到批評，但有研究數據資料可佐證他的論點。我想更瞭解他所做的研究，以及，是什麼契機使他開始研究起看似平凡乏味的水。

波拉克博士是華盛頓大學生物工程系的特聘教授、創投科學協會執行董事、科學期刊《水》（*Water*）的創辦主編。他也是美國醫學與生物工程研究院的創始院士、美國心臟協會與生物醫學工程學會的會員。換句話說，他是個生物駭客達人，不過我敢肯定這是第一次有人這麼稱呼他。

波拉克開始對水感到興趣，是在研究肌肉和肌肉如何收縮的時候。他突然想到，從分子層級的角度來觀察肌肉組織，一般只會考量蛋白質如何交互作用而產生力量。但肌肉包含的不只蛋白質，還有水。事實上，肌肉有三分之二的體積都是水，如果是用水分子的數量來計算，甚至比這還要多：肌肉中每百個分子就有超過九十九個是水分子。

波拉克博士發現，當其他科學家試著理解肌肉如何運作，卻沒有考慮到每百個分子中的那九十九個水分子，它們怎麼可能無足輕重？當時盛行的肌肉收縮方式理論可追溯至六十多年前，但波拉克發現，實驗證據不符合這個理論，缺少的關鍵正是水。與主流理論相比，所有微小的水分子確實在肌肉的運作方式中扮演了重大角色。

這讓波拉克博士把肌肉研究丟到一旁，開始研究水的本身，最後他顛覆了傳統觀念。我們都學過水有三態：固態、液態、氣態，但波拉克博士發現，介於固態和液態之間，水還有一個以生物學角度來看相當重要的第四種型態。這種第四態具有高黏滯性，有點像蜂蜜，稱為禁區水（EZ 水）。

波拉克博士也許是發現水第四態的第一人，但早在一百多年前就有人預測到這樣的發現。多年前似乎有一群科學家離發現水的第四態很接近，卻引來極大的批評聲浪，逼得他們放棄了。從生物學角度研究水分子在科學社群並不受重視，越來越多人不願針對這個主題繼續研究，直到波拉克和他的同事放任對水的好奇而接手了關於肌肉收縮的研究後，才讓水的研究有了新局面。

EZ 水這種第四態水所蘊含的力量具有無限潛力，正是細胞內所含的這種型態的水維持著粒線體功能。當體內有越多 EZ 水，細胞就能運作得越好。波拉克發現紅外光、自然陽光和振動，全都能創造出更多這種水。與他談過之後，我開始把「增加體內細胞的 EZ 水」變成頭號要務，而且感受到很棒的成果。事實上，由於我深信它能帶來健康並提升表現，我還資助了波拉克博士的實驗室進行額外研究，結果你猜他發現了什麼？在水中混合乳脂（酥油），會產生**大量的 EZ 水**。

這個發現解開了防彈咖啡之謎。就算試著先吃奶油再喝黑咖啡，都沒辦法像混和兩者一起喝時所出現的那種清晰無比的思緒，這點一直很困擾我，現在我終於知道原理了。在咖啡中混入奶油能創造出 EZ 水，波拉克博士的突破性發現竟然解開了另一個謎！

在EZ水發現的過程中，波拉克博士承受著難以想像的質疑浪潮，但他堅持到底而獲得最終的勝利。這就是顛覆傳統者會做的事：只要是他們深信是對的事，就算得花好幾年來證明，他們也會堅持下去。

說到異類，我當初為了「防彈咖啡」這個產品打造出經特殊處理、不讓人神經緊張、通過實驗室檢測、不含黴菌的咖啡豆時，完全沒有市場。這個瘋狂想法招來大量批評（還不包括要加進奶油的想法）。由於喝普通咖啡會讓我感到焦慮、神經緊張，還會昏睡，於是我滿腦子要打造出不同的咖啡豆。我在烘焙咖啡豆上研究特殊的處理方式，然後不管三七二十一讓這款咖啡豆上市。六年後的二〇一八年，人們總共喝下超過一億杯以這種特製咖啡豆製成的防彈咖啡。那些喝一般咖啡會出現問題的數千人，無不感激我讓他們得以能再嚐到咖啡的美味。

其實這段期間的批評聲浪沒有斷過，大多來自看熱鬧的酸民，這些批評中最出名的一個顯然背後有金援支持。但我的最愛是一名咖啡雜誌的作者，那人表示，像我這樣的電腦駭客要改變製作咖啡的程序根本不可能，因為我不是業界資深咖啡人。

但是，我的成功源自好奇心，就算招來批評，我也會繼續做我深信的事。這就是為什麼擁有使命感是如此重要——它會賦予你力量，讓你堅持立場。這也是為什麼感激之情如此重要（詳細內容請見第十五章）。你腦中的那些聲音會擔心別人可能會相信批評者的說法，但是你可以換個角度看待，也就是提醒自己，每次有批評的人在談論你做的事，無論對方說了什麼，都是在吸引更多人來關注這件事，不是嗎？

今日我們身處充滿社群媒體的世界，不會有人沒上Google查證事實，就相信批評者的說法。在防彈公司，不管我腦中想到什麼令人討厭或擔心的情況，每次批評人士帶著網路大軍抨擊防彈咖啡的科學原理，我的實際銷量反而上升，而當我知道與我共享使命的人都很樂意挺身而出為防彈咖啡辯護，我就因此受到激勵。所以，每當我在網路上看到毫無根據的批評，我會在心裡默默說聲「謝謝你」。請記得，向挑戰你的人表示感謝是克服恐懼的過程，而當你能做到感謝批評你的人，感覺會非常棒。

我們所有人都欠了亞曼醫師和波拉克博士這些科學家一個很大的感謝，他們發現某個與傳統知識牴觸的事物，願意大聲說出想法並且持續努力。為了改變傳統環境，他們克服了巨大的障礙，也在遭受同儕中傷時努力將恐懼推到一旁。所以如果我們少了這種程度的好奇與勇氣，就不用奢談創新了，而一切也將照舊維持下去。

行動項目

- 不去理會社群媒體的無用批評，你才不會失去應該有的堅強意志。一個「堅持下去」的想法只需要花費你一秒鐘，但批評者卻需花更多時間捏造出關於你的謊言。用這種方式來衡量，你總是勝出的。
- 封鎖眾人對你的批評前，先默默說聲「謝謝你」，起碼他們在談的是你正在努力的事。

- 認真面對網路上和現實世界中的有用批評，這些意見是真正地質疑你所做的事，但別在對話中加入人身攻擊。你能從中學到很多，也務必感謝他們。
- 如果批評讓你感到沮喪，就運用「情感堆疊」法。批評意見往往會碰觸到的情感不是羞恥，就是傲慢。羞恥會掩藏悲傷，而悲傷會掩蓋憤怒或傲慢，這兩者會掩藏恐懼，恐懼則會掩蓋幸福。所以，搞清楚自己真正害怕的是什麼，正視它，然後看著批評的言論逐漸失去影響力。

◎推薦你聽

- Daniel Amen, "Alzheimer.s, Brain Food & SPECT Scans," *Bulletproof Radio*, episode 227
- Daniel Amen, "Reverse the Age of Your Brain," *Bulletproof Radio*, episode 444
- Gerald Pollack, "It.s Not Liquid, It.s Water," *Bulletproof Radio*, episode 304

◎推薦你看

- Daniel G. Amen, *Change Your Brain, Change Your Life: The Breakthrough Program for Conquering Anxiety, Depression, Obsessiveness, Lack of Focus, Anger, and Memory Problems*（丹尼爾・亞曼，《一生都受用的大腦救命手冊：100招獨家護腦祕訣，走出折磨人的情緒問題和異常行為》，柿子文化出版）

• Gerald H. Pollack, *The Fourth Phase of Water: Beyond Solid, Liquid, and Vapor*

法則十二：別把馬牽到河邊，而是讓牠自己感到口渴

顛覆傳統者不會感到無聊。他們會找到強烈吸引自己的事物，讓自己每天早上都想跳下床馬上展開行動。沒有熱情與目標，就沒有幸福快樂，因此找到你所在乎的事，把一生用在專心致志達成這些目標上。把熱情看得比金錢重要，成功就會隨之而來——但也不要忽略金錢不管。

納維恩・杰恩（Naveen Jain）的故事是典型美國夢的成功例子。還是學生的他從印度來到美國時，口袋裡只有五美元，如今成為創辦了七間公司的億萬富翁。他的努力顛覆了資訊界（他的公司「資訊空間」〔InfoSpace〕曾是一間網路公司）和太陽系（他成立了「月球快遞」〔Moon Express〕，該公司今年把第一台挖礦機器人送上月球）的傳統規則，他目前正透過自家公司Viome，將具備遠見的做事方法用在揭開人體之謎的任務上。

納維恩希望每天都有更多時間可用。他一晚只睡四小時，他熱愛自己從事的一切，因此只需要睡這麼一點時間，年近六十的他跟四十五歲的我一樣精力充沛。每天早上清醒後，他都是跳著下床迎接早晨，因為他對當天可能學到的新事物感到興奮。他說，人一旦停止學習就等於死去，多數對生活感

到無聊的人其實早已死去，當世界充滿可看可學的一切，哪裡還有無聊的空間？納維恩認為當大腦不再成長的那一刻，你就變成社會的寄生蟲，因為你不再有所貢獻。哪天當你不再擁有夢想、不再求知若渴，就變成殭屍了。

保持求知若渴的態度是非常重要的事。他不懂怎麼會有人無聊到要去打高爾夫——對他來說，如果生命中的空閒多到可以花八個小時待在高爾夫球場，這種人生根本不值得你過下去。（當然，除非打高爾夫能讓你感到振奮並帶來樂趣。納維恩的看法是，你應該專注在你在乎及真正能帶來重大影響的事情上，而打高爾夫不會為多數人帶來明顯的改變。）

雖然大家都會說自己對某件事抱持熱情，納維恩說，你應該滿腦子都想著這些事：找到一件在腦中揮之不去的事，它讓你夜不成眠，而且願意動用全副心力追尋這個目標。

要找到讓你沉迷的東西，想像一下當你生命中什麼都不缺，例如你擁有大筆財富、美好家庭、想要和需要的一切之後，你要做什麼？當你人生追求的事物都已到手，你還渴望的目標才是真正讓你著了魔的事物。納維恩說，賺大錢永遠都不該是我們追求的目標，反而是在追求我們在乎的事情時，所附帶的結果。納維恩表示，賺大錢就像達到性高潮：你一專注在這件事，它就永遠無法如你所願。但如果你享受過程，總有一天會達成目標。

納維恩鼓勵我們大膽做夢，最好夢想大到周遭的人都認為你瘋了。然後，當大家開始說你瘋了之後，把它解讀成你思考的格局**還不夠大**！要做到這點，你必須永遠不畏失敗：只有當你放棄才算失敗，其他都只是關鍵的轉折而已。如果你正在做的事行不通，那就改變、調整、轉換它，這麼一來，除非你舉雙手投降，否則都不算失敗。每個行不通的點子都只是通往更大規模成功的踏腳石，唯有保持好奇，繼續學習，成功才會出現。

身為一名父親，納維恩認為他的工作是鼓勵並培養小孩有求知若渴的心態。大家常說，你可以牽馬到河邊，但沒辦法逼牠喝水。納維恩認為，你永遠不該牽馬到河邊，只要讓牠口渴就行了。當一匹馬懷抱熱情、口乾舌燥、滿腦子想要找到水，就會出發去找水喝，也會喝到這些水。

我希望這是所有教育體系的目標——讓孩子求知若渴到一進入職場就全力以赴，滿懷帶來改變的熱情。為了瞭解如何鼓勵越多人，讓他們發揮最大影響力，我找來了舒伯・喬賀瑞（Subir Chowdhury），這名管理顧問與《財富》雜誌五百大的頂尖執行長合作，提升他們的表現。如果你想提升表現，恐怕沒有比仔細聆聽他要說什麼更好的方法了，特別是關於「熱情與行動之間的關係」。

舒伯上《防彈電台》暢談如何幫助那些全球最有權勢的執行長，但他分享的不只如此。他近期的研究重心放在培養關心一切的心態，讓人能擁有良好的個人表現，以及如何讓整個企業開始關心一切。

舒伯分享了一個名叫翠莎・普拉布胡（Trisha Prabhu）的年輕女性的故事。有一天，十三歲的翠莎發現一名十一歲的女孩在遭到網路霸凌之後自殺了。這麼年輕的生命就這樣消失讓翠莎震驚不已，她開始研究網路霸凌現象，發現有很多其他青少年也因同樣原因自殺，而社群媒體網站並沒有努力杜絕這種現象。

這件事成了翠莎深切關注的議題，她決定採取行動。她打造出稱為「ReThink」的應用程式，該程式以專利技術挑出每一則可能是侮辱人的訊息，然後提示使用者暫停一下，在貼出可能傷害或侮辱人的訊息之前，先想想會造成的傷害。她發現，這個程式請青少年停下來考慮自己要做什麼後，有高達百分之九十三的機率，這些人會選擇不貼出可能會傷人的內容。

最讓舒伯刮目相看的是，翠莎沒有向大人或任何權威人士請求幫忙。她看到了問題，然後採取行動解決，她體現的就是舒伯所謂構成「關心心態」的四種人性特質：坦率、細心、負責、重視成果。

要成為一個懂得關心他人的人，請自問如何將這四大特質運用到生活的層面。你溝通的方式可以更坦率嗎？採取行動前，你會先考慮這些行動嗎？甚至是微不足道的行為？無論失敗還是成功，你都有擔起造成這種結果的責任嗎？對於那些會帶來改變的事，是否讓你足以在乎到動手去做？我們每個人在某些領域都比別人厲害。舒伯發現，責任感是一般人常見的弱點。有事發生時，很多人都假定那是別人的問題，把解決網路霸凌的工作丟給社群媒體網站或其他權威人士對翠莎來說該有多輕鬆？然而，她親自採取行動，承擔了責任。

德蕾莎修女說：「別等領袖率人採取行動，要自己動手做。」顛覆傳統者不會讓恐懼阻礙自己去做他們在乎的事。你夠在乎、也有熱情，而且無所畏懼，行動就能帶來改變。

行動項目

- 找一個你滿腦子都在想的問題，盡可能投入時間和精力去解決它，這麼做會讓你感到快樂。
- 培養懂得關心一切的心態，這種心態包含坦率、細心、負責、重視成果的特質。

◎推薦你聽

- Naveen Jain, "Listen to Your Gut & Decide Your Own Destiny," *Bulletproof Radio*, episode 452
- Subir Chowdhury, "The Most Powerful Business Success Strategies That Make All the Difference," *Bulletproof Radio*, episode 419

◎推薦你看

- Subir Chowdhury, *The Difference: When Good Enough Isn.t Enough*（舒伯・喬賀瑞，《差異：為什麼別人賺得比你多 100 倍？比六標準差更精準的 STAR 原則，讓工作與人生比還好更好》，高寶出版）

5 就連蝙蝠俠，也有蝙蝠洞

讀到這裡，你可能已經對這些顛覆傳統者所提供的智慧產生共鳴。你現在已經能辨識出自己最熱愛的事物，而在追求目標時，也有辦法無視那些阻礙你的恐懼。果真如此，表示你正**勢不可擋**，這是非常美妙的感覺，你一生中能經歷個幾次就很幸運了。不過，如果你總是火力全開也暗藏著缺點：為了帶來有意義的改變而熱情工作，通常會占據掉你整個生活，讓你沒有太多時間從中恢復，享受努力的成果。這種情況幾乎與毒品成癮無異，心甘情願為自己熱愛事物死的人並不在少數。

然而，我所訪問的顛覆傳統者之中，有超過一百位表示，休息時間對他們的成功和健康來說不可或缺。怎麼會？這些人拚命改變世界，而且熱愛努力過程的每一刻，怎麼會認為花時間放鬆、充電和玩樂是必要之舉？

這個社會總是告訴我們，要把自己逼到極限才會成功，但帶來改變的人卻證明了事實相反。這些人之所以有如此高水準的表現，正因他們會空出時間玩樂，他們會優先讓自己恢復精神，並將休息時間安排到整個過程之中，因為他們很清楚，如果把這件事交由運氣決定，就永遠不會發生。有些人是經過慘痛教訓才學到這點。在我那些令人欽佩的來賓當中，許多人都有過燃燒殆盡的經驗，然後才學會優先排定休息時間。我就是這樣。

由於我以前沒有意識到我的內心害怕失敗，在恐懼的驅使下，我職涯的前半段都在蠟燭兩頭燒，但也取得相當大的成功。我腦中描繪的故事是這樣的：只要賣力工作、賺更多錢，我就會感到快樂。於是我埋首工作，既不休假也很少睡覺，更從未停止工作。直到我專注在自我照護，把精力、時間和很大一部分財產投資在打造身心健康之前，我從不曉得我的生產力、快樂或影響力並未達到原本該有的水準。

上述這套做事方法在我建立防彈公司時非常受用，但當我開始追求其他熱愛的事物，例如製作節目和出版著作時，就碰上瓶頸了。要跟隨熱情的腳步，基本上等同做著三份全職工作，更別提我還得兼顧丈夫與父親的角色，有那麼多事要做，讓我非常想在自我照護方面便宜行事。

不過，我決定做出改變，包括在行事曆空出充電時間，這段時間毫無商量餘地。現在，如果我沒有出門旅行，我會抽空送小孩去上學，然後進行「升級」。我跟自己保證，要把這段時間花在做某件會讓我成為更好的人的事情上。有時我在實驗室用稀奇古怪的設備做生物駭客運動，有時我靜坐冥想，或者邊聽貝瑞．莫葛蘭（Barry Morguelan）的能量靜坐，邊做他那獨特的伸展運動；有時，我會給頭腦進行電擊刺激，或者脫掉上衣沐浴在太陽下，來一段晨間散步，吸收陽光，設定我的晝夜節律。

重點是，我的確做了不少事，而且在開工前這麼做。我和我優秀的助理有過幾次不怎麼愉快的對話，我得向他們解釋為什麼這段時間沒有商量餘地。不過，自從他們理解之後，他們一直為我堅守底線……因為坦白說，靠我自己可能無法堅持。我太在意自己的事業了，如果由我自己決定，我一定會縮減休息時間。就這樣，為自己空出時間——讓這段時間的安排不受自己控制——毫無疑問讓身為作家、節目主持人、執行長和父親的我，提升了整體表現。

為了有效安排時間，我確立了活動的優先順序，你也能運用這套方法。我與防彈公司員工分享這種做法，最重要的是，我將之分享給那些為我排定行程的人。這個方法直截了當：**你的健康**務必排第一，因為健康讓你做任何事都能盡情發揮實力；**你的家人**（和親密如家人的朋友）排第二；**工作**是緊跟在後的第三。大部分的人都以完全相反的順序過活：以工作為優先，家人和人際關係排第二，把自己放在最後。

事實上，如果你不優先考慮健康和快樂，就永遠不會成為自己理想中的員工、伴侶、父母或朋友。當你把休息時間排進行程，請標示在每個人都看得到的地方，如此一來你會更善於照顧家人、工作更有效率，也能帶來內心最渴望的影響。

法則十三：別挑戰自己的極限太久

唯一會讓動物把自己逼到極限直到倒下的情況，只有在挨餓或被獵捕的時候。當你努力鞭策自己卻沒能從中恢復，你的身體會相信你一定是碰上威脅了。這時身體的自動系統會開始運轉，關掉體內不必要的系統：那些讓你保持年輕的系統、那些讓你常保快樂的系統、那些會協助你思考的系統。你必須學會當個專業的恢復大師，別再每天跑馬拉松了，而是要衝刺、休息，再衝刺。大量創造之後再大量休息，才能在整場比賽中維持熱情——還有你的身體。

伊莎貝拉・溫茲（Izabella Wentz）醫師為數十萬患有甲狀腺疾病的人改寫了遊戲規則。她是暢銷書《橋本氏治療計畫：逆轉甲狀腺症狀並重新找回人生的九十天計畫》（*Hashimoto.s Protocol: A 90-Day Plan for Reversing Thyroid Symptoms and Getting Your Life Back*）的作者，這本書將她長年的研究濃縮成對她自身影響甚鉅的心得。她的一連串治療計畫聚焦在荷爾蒙最佳化、克服創傷壓力、根除慢性感染、改善營養狀況、清除毒素，協助無數人擊敗一種極為常見的自體免疫疾病，活出健康精彩的人生。

值得一提的是，我也患有橋本氏症，但現在檢查抗體呈陰性，沒有再出現症狀。我邀她上節目，是因為她在理清我們複雜生物系統的這方面是一位專家，而她的著作熱門到在《紐約時報》暢銷榜蟬聯了好幾週。

溫茲醫師努力對抗慢性疲勞近十年後，才發現自己患有橋本氏症。小時候大家都叫她「勁量兔子」，這個精神飽滿的女孩總是充滿活力、A型性格、成績全優，滿腦子想著拿到最高的分數。（她現在又成為這樣的人了。）但她上大學的第一年活力消失了，她錯過了許多課，因為累到早上起不來。有一天她正在準備期末考，卻在下午兩點睡著，一路睡到隔天早上九點。考試時間是早上七點半。

這種情形持續了數年。溫茲醫師曾經睡了十四個小時，醒來還是感到疲憊。當她的朋友出門享受二十多歲的青春年華、追求自己的人生，溫茲醫師卻在睡覺。沒多久她出現其他症狀，包括腦霧、腕隧道症候群、胃食道逆流和大腸激躁症。最終，她的恐慌發作，也有記憶力喪失的現象。她記不得最簡單的事，必須把一切寫下來。她很清楚自己有潛力成為顛覆傳統者，但無論她多麼用力鞭策自己，就是得不到成果。

溫茲醫師花了九年才被診斷出患有橋本氏症（一種免疫系統攻擊甲狀腺的疾病），接著又耗費許多年重新找回健康。她取得藥師資格，成為這種疾病的頂尖專家，也隨著時間研發出最少只需兩週就能讓病患看到成效的治療計畫。

這和要把休息時間擺第一位有什麼關係？溫茲醫師在治療、訪談、調查過上千名罹患橋本氏症的人後得到的結論是，病患從本身具有致病基因的第一期進入出現症狀的第二期，頭號因素正是壓力。她有百分之七十的病患回報，橋本氏症發展成第二期時，他們正處於人生中充滿壓力的時期。

這種現象是因為當你承受巨大無比的壓力，如果沒有機會好好恢復，你的身體會認為它正面臨威脅，這會引起發炎，造成白血球攻擊甲狀腺或是體內的其他系統。這個情形稱為「自體免疫反應」，也就是說，身體利用本身的防禦系統在攻擊自己。

溫茲醫師表示，要預防橋本氏症（或任何自體免疫疾病）的重要考量，就是將每天讓身體感受到威脅的事減到最少，這個舉動可能比你想得還重要——高達百分之二十的人都深受自體免疫疾病所苦，每年疾病增加率高達百分之二十[1]，而因為性格原因而更容易面臨高壓的族群來說，百分比的數字更高。

這些會提高危險的日常事物是什麼，又該如何避開它們？這些情形包括因塞車而感到焦慮、身處不健康的感情關係、睡得不夠多、一直滿腔怒火、由於進行熱量控制而讓身體無法獲得營養。分析你的生活，盡可能排除那些會嚇壞你內在那個史前穴居人的機制，這麼做能讓神經系統清楚發出「你很安全」的信號。

溫茲醫師注意到，橋本氏症病患當中有很大比例都像她一樣是A型性格的成功人士，每個都把自己逼到極限，然後繼續自我鞭策，這點並非巧合。她請患者在一個月內努力消除生活中的壓力，此外也協助他們學會處理其餘壓力源，方法是進行正念運動，在做出反應前暫停片刻，再釋放壓力和焦慮。因此，當他們的老闆說了某些激怒或冒犯他們的話，這些人可以暫停片刻，找到對方值得同情的地方，而非立刻引發體內的壓力反應。不過，溫茲醫師表示，你必須先同情自己，才能同情他人。她說得沒錯。

許多A型人認為自我照護是無關緊要的小事。實際上，照料自己的身心就像你會同時照顧小孩或寵物的身心一樣非常重要，即便小孩和寵物都比你體內運作的系統聰明多了。你不只可以透過消除壓力，也可以藉由日常生活多做些你喜愛的事來達成這個目的。方法非常簡單：把生命中無法讓你感到高興的事減到最少，盡可能增加讓你高興的事。這就是你要如何為自己的基因、表現、身邊人設下的人生規則。其實做起來不像聽起來那麼困難。

馬克・貝爾（Mark Bell）是一名白手起家的創業家和發明家，他身材完美，完全可以用他的二頭肌擠爆我的頭，而就像他所說的，最重要的人永遠是你自己。馬克是史上排名前十的健力選手，他運用身為職業運動員的經驗開創事業，包括有名的「超級訓練健身房」和「超級訓練產品」。他很清楚不管目標為何，**頭號要務就是必須照顧好自己**。

馬克到溫哥華島與我對談時，他這樣提醒聽眾：空服人員總是教導乘客在緊急狀況下要先戴上自己的氧氣罩，再去協助小孩戴上面罩，因為衰弱狀態的你幫不了任何人。如果你不優先考慮到自己的休息時間和照護，必定會變得衰弱。

馬克肩負幫助他人的使命，因此把大量時間投注在他自己的個人發展。他花大把時間閱讀、聽音樂和播客、散步，甚至有時就只是靜靜坐著什麼也不做。這看似違反直覺，但當你不再鞭策自己，並且知道身體的極限，那麼比起不斷逼迫自己，這樣反而可以實現更多的目標。

不是只有A型人才會深受精疲力竭所苦。我曾和全世界最重要的治療師和精神領袖會談，得知他們也因為把所有精力奉獻給工作、將他人需求置於自身之前而深受其害。事實上，這個問題的嚴重程度讓傑克・坎菲爾在多年前創設了一個邀請制的團體，邀請個人發展領袖每年聚會兩次，專注照顧自己和彼此。我很榮幸能參加這些閉關活動，而且坦白說，看到有這麼多個人發展領域的傳奇人物都談到他們想幫助別人的那份熱情是如何讓他們消耗殆盡，在在讓我震驚不已。閉關活動期間，他們對自我照護的用心程度彷彿他們生存與否就全看這件事了，考量到這些治療師是為上百萬人——或上千萬人——服務，這種說法一點都不誇張。

其中一名治療師是更波禪師（Genpo Roshi），我曾在防彈訓練學院贊助的「潛力無可限量」活動中訪問過他。更波是同時隸屬曹洞宗與臨濟宗禪宗流派的禪師，他把數十年研究濃縮為一連串的教導，稱之為「大心」（Big Mind），他幫助數千人打破常規。

二〇一一年，教授禪學近三十年的更波前往歐洲為四百名學生主持一場十天的活動。飛機降落後，他太太打電話給他，她看了他忘在家中的黑莓機，發現手機訊息顯示他和另一個女人有染。訪問過程中聽到這個故事很令人難受，但更波實話實說，毫無懼色。其實一開始，更波也沒辦法坦承犯錯，對他太太展開猛烈的言語攻擊，但之後他向學生全盤托出，承認自己對太太不忠，背著她偷吃。他的名譽迅速崩潰粉碎。有六十六名禪師連署請願書，聲明他至少一年不能授課。

更波必須為自己的行為負責。在與一名心理治療師對談後，他領悟到一件事：這麼多年來，他一直為人服務而感到精疲力盡，因此覺得有權找點樂子，最後衝動行事。他很清楚這個解釋並非正當化自己的行為，但確實有助於理解他為何犯下令他深感後悔的錯誤。他決心從錯誤中學習，而在研究界限、誠實、正直的重要性之後經歷了相當人的轉變。

更波把這個人生階段比喻成罹患癌症，二〇〇三年他也實際罹癌。如今，他把此事視為發生在自己身上最棒的事情，當然他不希望它發生在任何人身上，或是再經歷一次。他現在的工作就是努力協助他人，避免他們犯下類似的錯誤。

為了瞭解自己在哪裡走上岔路，更波研究中國禪學（這不算一門結構嚴謹的教派，較像是針對人類行為與心智的研究）的五階段發展。第一階段是當一個人初次窺見某種更偉大、更崇高、更宏觀的事物，稱為「佛性覺醒」。一旦擁有佛性覺醒就能展開潛心修行，實踐佛陀的智慧。最終，修行會使人到達佛教徒稱為「大疑」的境界。大疑的出現，是因為即使某人所做的一切都是他應該做的事，這個人還是無法完全感到快樂。

覺醒的第一年，更波感到快樂無比。但大疑讓他質疑一切，包括他自己的快樂、甚至現實。他開始質疑過去所體驗、獲得並學到的東西究竟是什麼。質疑一切、經歷整個過程，最終掌控疑惑，代表他進入另一次驚人的覺醒，也就是發展的第三階段。在這個階段，個體成為一種絕對的存在，而且沒有其他相對的存在、沒有恐懼、沒有苦難、沒有自我、沒有一切。

更波表示，許多靈性導師會卡在此處，因為他們達到這個階段之後，會認為沒有自我。實際上，這反而是一個人所能達到最自我的階段。這也是更波被困住的階段，因為他說，當他身處此階段時並沒有敞開心胸去接納回饋，只因他自認已經獲得大悟。然而無論一個人開悟到什麼程度，自我永遠都存在。（我認為，這是因為自我是維持肉身不死的運作系統。）當你的自我有所覺，它將成為你的最終判斷標準，幫助你明辨是非。少了它，行事將毫無規則可言。

這促使你來到第四階段，也就是「落下」的階段。你不可能避開這個階段，不過盡可能越快通過越好。你在此將放下開悟的感覺，進入一段把恐懼、憂愁與憤怒（所有我們認為有害的一切）融入自我的過程。接著，當你覺得自己已經完全落下，第五階段是更完整的下降過程，這段期間一切都將粉碎，光與暗完全融入自我，而你將在這兩者間不斷往返。

那是一次令我人深受啟發的對話，我很顯然還有好幾個階段要經歷。更波把所有時間拿來服務他人，因此覺得自己有權享樂，這件事特別引起我的注意。這點充分說明了我們文化中對自我犧牲的看法：我們會美化自我犧牲的方式，讓身為僧侶、工作狂或是家長的人都符合能自詡為聖人的條件。自我犧牲的文化及我們所認為的價值，都妨礙著我們的表現。

這再次顯示當你在靈性或職業上的任務是照顧他人，優先考量自我照護有多麼重要——以及如果沒有為自己考慮，將出現什麼後果。

為了獲得自我照護方面的指引，我找來佩德蘭·修賈（Pedram Shojai）醫師，他的著作《城市修道者：暫停時間，尋找成功、快樂與平靜的幸福法則》（*The Urban Monk: Eastern Wisdom and Modern Hacks to Stop Time and Find Success, Happiness, and Peace*）與《每一刻都是最好的時光》（*The Art of Stopping Time: Practical Mindfulness for Busy People*）都是《紐約時報》暢銷書。

修賈醫師是東方醫學醫師、Well.Org 創始人、出家僧人，也是備受推崇的氣功大師。他運用東方知識協助人們克服西化生活中的挑戰。如果有人能告訴我該怎麼培養以休息時間為優先的習慣，那肯定非有資格自稱「城市修道者」的他莫屬了。況且，我很清楚他說到就會做到，因為我親眼見證過。他也是我的好友。

剛開始工作時，修賈醫師是個年輕針灸師，在注重隱私的環境下治療許多高知名度的患者。因此他有機會獲得第一手消息，瞭解是什麼讓這些頂尖表現人士到了晚上還是精神奕奕。這些人常常感到痛苦，因為他們優先考量金錢和財富的成功，而非自己的家人和情緒健康。他意識到我們對與財富成功掛鉤的富足定義必須有所修正。

當你釐清對自己來說最重要的事是什麼之後，修賈醫師建議你寫下三十天、六十天、九十天的目標，接著用這些目標來權衡需要花多少時間去達成。如果有某個對你的目標沒有幫助的機會出現，你得對它說不，因為對某件額外的事情說好，往往會迫使你對某件答應做的事情說不，這可能造成安排過多、工作過度的情形，結果帶來更多壓力。

多數人會感到壓力，是因為他們活在受到壓縮的時間中，也就說，在太少的時間內，他們有太多事要做，因為他們給予太多承諾。不管你做了多少瑜珈或靜坐，都沒辦法幫你設下時間的界限。很多人都對自己的時間抱持漫不經心的態度，但微小的改變——修賈醫師稱為「微習慣」——有助於改變這一點。

首先，研究五件對你來說最重要的事，自問需要分配多少時間給這些事。然後，把分配的時間和你擁有的時間做比較。與你目標不符的承諾都不重要。修賈醫師把這些承諾比作花園中的雜草，只要割除雜草、栽培植物（你優先要做的事），你的花園就會茂盛起來。

為了專注在優先做的事，修賈醫師一天中會刻意讓內心放空、讓專注力從零開始，他利用「番茄鐘工作法」來達成，這是西里洛（Francesco Cirillo）在一九八〇年代研發出來的時間管理技巧。修賈醫師把定時器設定二十五分鐘，利用這段時間處理特定工作，接著休息五分鐘。這五分鐘內，他會動動身體、喝些水。我有時工作也會做同樣的短期衝刺，但你比較可能看見我站在全身振動機上做伸展運動，然後喝咖啡，至少在早上都是這樣。人各有所好。

剛開始採用這種方法，修賈擔心休息那麼多次簡直是浪費時間，但與上百家公司合作、成功解決他們的企業健康問題之後，他見識到一件事：當員工一天中都允許讓自己能夠恢復精神，將帶來多大的改變。曠職情形減少了，而生產力、快樂程度和表現都提升了。這些員工，包括修賈醫師本人，都不覺得自己彷彿休息不得，反而明白他們非得休息不可。

對修賈醫師來說行得通的方法，對你來說可能行得通，也可能行不通，但你有義務去嘗試各種策略，包括徹底的自我照護，建立更好的時間管理習慣，避免出現壓力和筋疲力竭的情形，如此才能在超出極限卻沒有逼迫過頭的情況下獲得成功。

行動項目

- 想想你經常會做什麼讓身體自認正遭受威脅的事。別再做這些事了。
- 寫下從你生活中吸走最多活力的頭三件事：
- 寫下讓你生活中充滿最多活力的頭三件事：

- 你花了多少百分比的時間在這些吸走你活力的事情上？
- 你花了多少百分比的時間在這些賦予你活力的事情上？
- 不只吸走你的活力，也讓你的神經系統覺得像是威脅的事情是什麼？這些會吸走你活力的事情中，哪些是你可以完全就此打住不再做的事？
- 如果要說服別人去做讓你衰弱且消耗活力的事，你所能挑出最容易做的是哪件事？你會請誰幫你做這件事？
- 即便（或特別是當）你的時間大多花在照顧他人，你也必須優先考慮自我照護。（沒錯，我就是在說各位媽媽們。）安排好自我照護的時間，就像你會預先排定看牙醫或工作面試的時間一樣。
- 你每天會分配多少時間在自我照護上？

你會在一天中的哪個時候做這件事？

- 寫下會花更多時間進行的每週和每月一次「恢復精神任務」，並事先將它列入未來六個月的行程。打開行事曆，現在就安排進去。

每週恢復精神任務：

每月恢復精神任務：

- 寫下你的三十天、六十天、九十天目標，接著用這些目標權衡你需要花多少時間達成。對任何與你目標不相符的事說不，或者請人代勞。要做到這點，你需要一本記錄用的日誌。

你什麼時候會把這些目標寫下來？

你會把這些目標寫在哪裡？

你在行事曆中空出寫這些目標的時間了嗎？

◎推薦你聽

- Dr. Izabella Wentz, "Hashimoto.s Thyroiditis & the Root Cause," *Bulletproof Radio*, episode 256
- Mark Bell and Chris Bell, "Bigger, Stronger, Faster," *Bulletproof Radio*, episode 432
- Genpo Roshi, "Learn How to Meditate from a Zen Buddhist Priest," *Bulletproof Radio*, episode 425
- Pedram Shojai, "The Urban Monk," *Bulletproof Radio*, episode 283

◎推薦你看

- Izabella Wentz, *Hashimoto.s Protocol: A 90-Day Plan for Reversing Thyroid Symptoms and Getting Your Life Back*
- Dennis Genpo Merzel, *Spitting Out the Bones: A Zen Master.s 45 Year Journey*
- Pedram Shojai, *The Art of Stopping Time: Practical Mindfulness for Busy People*（佩德蘭・修賈，《每一刻，都是最好的時光：一日一練習，找回美好人生健康轉速的 100 項正念日常》，時報文化出版）

法則十四：奇蹟只在早上發生

你如何展開新的一天，將為你如何運用接下來的一整天定調。不管你幾點起床，都別用對周遭世界做出回應的方式來展開你的一天，這麼做會導致你出現壓力、精疲力竭，還會有個失敗的日程表。早上起床先把自己擺第一位，為這天準備好自己的身心，優先排定要做的事，接著再來面對這一天。

如果要聽誰談論奇蹟，那肯定非哈爾·埃爾羅德（Hal Elrod）莫屬了，他是激勵人心的講者和成功教練，也是暢銷書《上班前的關鍵一小時》（*The Miracle Morning: The Not-So-Obvious Secret Guaranteed to Transform Your Life (Before 8AM)*）作者。（你將因他的建議而受惠，就算你的早晨天生比別人晚開始也一樣，像我就是！）

哈爾不止一次死裡逃生，而是兩次。哈爾二十歲時被時速一百一十三公里的酒醉駕駛撞上，恢復意識前，他曾在臨床診斷被宣告死亡達六分鐘。不過，他跌破醫生眼鏡，不只康復到能再次走路，還在熱情與意志力的激勵下跑完全程五十二英里（約八十三公里）的超級馬拉松。其後，他任職於知名的Cutco刀具公司，成為打破紀錄的業務員及業績居全國之冠的業務經理，最終當上廣受歡迎的演說家，更搖身一變成為暢銷書作家。

在Cutco工作時，哈爾說，他的導師傳授他一個改變人生的技巧「五分鐘法則」。根據這個法則，事情出差錯時，抱持消極態度沒有關係，但每次不能超過五分鐘。練習這個技巧時，請設定時器，讓自己在至多五分鐘的時間內對著某件讓你很不爽的事大發牢騷、抱怨、抗議、發洩。五分鐘之後，就別把精力花在你改變不了的事情上，而專注在你想朝哪個目標前進，以及為了達成目標，有什麼是你能控制的。

哈爾在事故發生後實踐了這個法則。他脫離昏迷狀態後一週，醫生找來了他的父母：「我們很擔心哈爾。他身體復原得不錯，但我們認為他拒絕面對現實。」他們不懂為什麼哈爾總是大笑，還跟護士與治療師開玩笑。對一個被告知再也不能走路的年輕人來說，這可不是正常的行為。醫都認為現實對哈爾來說太過痛苦，以至於他讓自己活在妄想之中。

哈爾並非活在妄想中，而是依五分鐘法則過活。他沒辦法回到過去，也認為只是呆坐在那裡希望車禍從未發生，一點意義也沒有。他有兩個選擇：如果醫生是對的，他再也不能走路，他會接受這個事實；但醫生也有可能是錯的，那麼他會拒絕這個看法。

結果他們確實錯了。從哈爾陷入昏迷、股骨斷成兩截、骨盆碎成三塊不到三週，他就踏出了第一步。一個月後他離開醫院，不顧醫生指示回到工作崗位，打破了業績紀錄。然而，哈爾能有這樣的成果，不光靠著相信自己能再次走路的信念，正向思考不會神奇地解決所有問題，哈爾認為創造奇蹟的關鍵是**讓自己盡可能處於最佳的身**、**心**、**情緒狀態**，才能創造最佳成果。

哈爾表示，早上是最容易進入這種狀態的時候。多數人一早清醒，是因為他們必須清醒。他們設定的鬧鐘是根據必須在什麼時候到達某個地方、做某件事或向某人負責，但這麼做等同於他們將整天花在優先滿足他人的需求，而非自己的需求，也代表他們將對任何當下出現在面前的事物做出回應，而非選擇採取與自己價值和目標相符的具有自身意圖、考慮周全行動。

哈爾將早晨時光專注在自己身上，他要成為比前一晚更棒的人。他每天花一小時做一套效果驚人的個人發展習慣，就是這套方法拯救了他的人生。哈爾把它分解為S-A-V-E-R-S：靜心（silence）、肯定（affirmations）、觀想（visualizations）、運動（exercise）、閱讀（reading）、書寫（scribing）。這就是他的早晨奇蹟，他的氧氣罩，讓他即使面臨重重困難，依然大獲全勝。哈爾實際進行的時間更長，但他濃縮成五分鐘的版本，讓每個人都能完成整套方法。

哈爾提醒，如果你是在一天中其他時段實踐這套方法，會錯失一整天都能體驗到做這些事所帶來的益處。尤其是靜坐、練習肯定和觀想，都會對你的潛意識產生影響，改變你一整天的思考、行動和反應方式，而這些也連帶影響到生活品質。他建議在晚上採用不同的練習，例如自問「今天有沒有什麼事能做得更好」這種作法，這是改善自身的簡單方法，同時讓自己對表現不完美的想法逐漸麻木，以免傷害自尊心。

二〇一六年，哈爾再次把拯救他人生的功勞歸功於早晨奇蹟和其所喚起的身、心、情緒狀態，當時他被診斷出患有急性淋巴母細胞白血病，而不過兩週前，我們還一起共乘到機場，當時他絲毫沒有異狀。雖然罹癌非他所願，但他認為必須對回應這件事負起責任，接受無法改變的事實、對擁有的一切心懷感激、從可能被視為負面的經驗中找到並創造意義和目的。哈爾發現，每個逆境都包含了一些能改變人生、帶來深刻影響的優點。事實上，我認為哈爾在癌症康復期間，憑著直覺就實踐了本書中幾乎所有法則，像他這樣的人早已明白這些習慣的重要性！

每個人都會面臨逆境，而我們要賦予它什麼意義，以及它對我們、我們所愛的人及整個大局有何意義，完全取決於我們自身。本書撰寫期間，哈爾的癌症已獲緩解，我毫不懷疑他會繼續運用他的早晨時光，創造出更多的奇蹟。

行動項目

- 起床後，立刻開始進行某個有意義的日常習慣。試試寫日誌、靜坐、進行觀想，或是寫下目標；找出最適合自己的方法。
- 睡覺前，把手機轉為飛航模式，直到你做完早上的慣例程序。
- 當你有股衝動想要發洩、抱怨或負面思考，馬上尋求原諒之情。沒辦法原諒時，把定時器設定五分鐘，在這段時間內盡情發洩情緒，五分鐘後就回到現實，繼續拿出高生產力的表現。

◎推薦你聽

- Hal Elrod, "Be Happier, Healthier & More Productive," *Bulletproof Radio*, episode 176

◎推薦你看

- Hal Elrod, *The Miracle Morning: The Not-So-Obvious Secret Guaranteed to Transform Your Life (Before 8AM)*（哈爾・埃爾羅德，《上班前的關鍵一小時》，平安文化出版）

第 II 部

更迅速

FASTER

6 性是一種變化狀態

本書的這部分始於一聲炮響（你懂吧？）事實上，在顛覆傳統者針對「表現得更好」所提出的建議中，性並未名列前茅。不過，許多來賓確實在訪談中提到這個話題，少數人坦率表示性有多麼重要。也許這些人擔心大眾把他們視為享樂主義者或膚淺的人，無庸置疑，許多人認為性意味著羞恥和困窘。有些人從小就被教導性很骯髒或糟糕，絕非適合公開討論的話題。

因此，我的研究資料中缺少了性這個部分。但在我做過的上百場訪問中，這個話題所引起的回響多到讓我無法忽略。性確實是人所做的最重要三件事之一，無論你是男是女，它都以你可能沒有意識到的方式直接影響你的表現。性會影響荷爾蒙濃度、神經傳導物質、腦波、整體幸福感，這些也會直接影響你身為父母、伴侶、朋友、員工的表現，以及任何你可能具有或渴望能當上的角色。

你先前也讀到了，人與生俱來會依重要性而做的三件事是：戰（或逃）、進食，以及……本章要探討的F開頭的字。就是這些行為讓你能活下去，確保人類繁衍後代，因此你的身體把這些事看得比什麼都重要。這表示，你的身體所產生的能量，大多都用於支援這些本能反應。成為防彈狀態的重點，就是要掌控這些動機，才能把消耗在這些行為上的精力改用在適合的地方。性是你的身體認為它還活著的原因之一，它是一種強大的驅力，不是吸走你一大堆精力，就是——如果你按照本章建議——為你的表現快速補充精力。

法則十五：停止用下半身思考

如果你是男性，就得學會把性能量改用在能讓你成為更好的人事物上。你的身體會使用大量能量確保人類繁衍，與其如此，不如把這股精力改用在更有益的事物，讓你更快樂、活得更久、表現更棒。如果你教會自己的身體：沒有性高潮不代表世界末日，就像跳過一餐不吃也不會死，那麼你的壓力就會減少，活力也會提升。渴望就是渴望，任何形式的渴望都會讓你狀態不佳，直到你能掌控渴望為止。

二〇一一年，紐約大學的研究人員發現了性與暴力之間的有趣事實。他們把感光蛋白注射到雄鼠的大腦，再以光纖技術刺激這些蛋白質。具體來說，這些感光蛋白被注射到下視丘，而大腦的這個部位與新陳代謝有關，包括飢餓、體溫、荷爾蒙調節。研究人員把雄鼠放在同一個籠子，以一道閃光觸發下視丘，然後老鼠突然變得暴力了。原本溫馴的老鼠毫無預警攻擊了其他老鼠或身旁的物體。

只有一個活動能抑制這些暴力衝動：性。研究人員在老鼠交配時，點亮了牠們大腦中的同一個區域，最後什麼行為也沒發生。有趣的是，一旦雄鼠射精後就回到容易被激怒的狀態。研究人員仔細檢視老鼠的個別神經元，發現打架期間和在交配期間活化的神經元，兩者有部分重疊。[1]

這可能是科學家頭一次以個別神經元的角度，發現大腦中同一區域與暴力和性有關。仔細想想，你會知道大腦同一部分控制著讓人類存活的兩種行為，並非沒有道理。擊退掠食者的能力顯然能讓你活下去，而交配則確保人類種族繼續存活。但是，這可不能當成任何行為同時出現性與暴力的藉口，也因此解釋了為什麼把性能量導向正面事物時，會收到強大的成效。心理學家和靈性大師稱為「昇華」，也就是有意識將性或任何衝動轉換成創造力或身體的行動。長久以來，大家都知道拳擊手和職業運動員會在賽前禁慾。拳王阿里在拳擊賽前拒絕做愛六週，而世界盃錦標賽的某些隊伍在比賽前甚至明文禁止選手發生性行為。[2]

我首次得知這個想法，是來自於拿破崙．希爾（Napoleon Hill）於一九三八年出版的重要著作《思考致富》（*Think and Grow Rich*）。在這本早期在商業與個人發展領域廣受讚譽且大為暢銷的經典中，有一整個章節都在談把男人的性能量轉換成生產力的概念。希爾的著作源自觀察而來的結果，當時他沒有接觸神經科學的管道，但這個概念與技巧一直以來對我助益頗多。他主張男人的性衝動是他所擁有的最強大力量，我曾訪問過的高水準表現人士也同意這點。

約翰．葛瑞（John Gray）的《男人來自火星，女人來自金星》（*Men Are from Mars, Women Are from Venus*）可能是有史以來最知名的兩性關係著作。過去幾十年來，他都在研究荷爾蒙對性與感情關係的影響，事實上，我第一次見到他時震驚地發現，他的生物駭客等級之高幾乎與他身為感情關係駭客的程度一樣厲害。

根據約翰的說法，感情關係是存在兩人之間的系統，許多感情關係的問題都源自這個系統中男女的荷爾蒙失調。他主張，如果我們關心並重視這些差異，就能大幅改善性生活和感情關係。在一個月期間，女性的性荷爾蒙比男性消長的幅度顯得更為自然。多數停經前期的女性會在月經週期的第十二天左右排卵，由於演化上的生育需求，此時雌激素會激增，因此從第六天到第十二天，女性會因為荷爾蒙的關係而更想做愛。約翰稱這個排卵期前後的時段為「愛的時期」。

如果不是透過女性天生擁有的荷爾蒙週期，要怎麼促使雌激素產生？葛瑞表示，方法之一是透過「配對結合」，當女性感覺伴侶滿足了她（性以外）的需求，她的身體便設定成會分泌雌激素。這並不是說女性都有很多需求，也永遠處於被動，而是意味著她們這時能拿出厲害的表現，**同時**能在荷爾蒙變化期間受益於額外的滋養。據約翰所言，女性的生物運作系統必須知道有個可依賴的伴侶存在，才會想要做愛，並可能生小孩，這是演化上的需求。這點同樣適用於所有哺乳動物：如果環境不安全，牠們就不會繁殖。

約翰解釋，「愛的時期」剛開始時，女性通常會覺得被丈夫忽視了。也許他單純只是個混蛋，或她的荷爾蒙變化影響了她對他行為的看法。（或許他真的忽略了她！）而當女性的荷爾蒙激增，同時身體為了受精而排卵，她會傾向於與人連結並擁有受到支持的感覺。約翰建議，男性伴侶應該在「愛的時期」開始時，計畫一場特別的約會，讓女性感覺受到照顧，她們的身體才會分泌雌激素；而男性伴侶知道自己符合女性的需求而感覺良好時，身體則會分泌睪固酮。要注意的重點是，年齡與荷爾蒙的健康程度在此扮演了重要角色：停經後的女性和睪固酮濃度低的男性（像我在二十出頭時），不會以同樣的方式感受到荷爾蒙濃度的變化。

如果「愛的時期」發展順利，這對伴侶會有較高的機率做愛。從生物學的角度來看，這個時期的女性很可能找到最合意的伴侶，也有機會擁有她所體驗過最棒的性高潮。如果她有了顛覆想像的性高潮體驗，男性會因為感覺自己像個英雄，而讓睪固酮濃度躍升兩倍（要預測我們男人易如反掌）。但他射精後，睪固醇濃度就會降低，然後在接下來的一週內慢慢升高，直到再次達到高峰。

約翰建議，每七天做一次愛，就能同時讓男性與女性的荷爾蒙達到理想濃度。這表示不能自慰、不能看色情作品，與性有關的活動全都不行——整整一週完全禁慾，然後在第七天做愛。這對睪固醇濃度低的男性來說尤其重要——不幸的是，如今越來越多男性都屬於這種類型。我們現在知道，年滿三十歲的男性中有四分之一的睪固酮濃度都偏低。[3] 就像你可能會聽從腦中的聲音叫你要吃更多、更常吃，有沒有可能你腦中還有另一個聲音，叫你要更常做愛？有可能。

約翰表示，許多伴侶在共享親密關係後，立刻出現問題。他們共度美好的時光，感覺親近又密切，但這種連結的感受會讓男性的雌激素濃度猛升，睪固醇濃度卻暴跌。還記得獨立自主的感覺是如何刺激睪固醇分泌的？不幸的是，這表示男性要暫時撤退，讓睪固酮恢復到原本的濃度。他會把自己隔絕起來，沉迷於某種與伴侶無關的活動中。從生物學角度來看，這種行為會出現不難預料，男性拉開距離就是要讓睪固酮恢復到原本的濃度。（雖然他有時可能就只是個混蛋而已。）

就算你不想遵照以下建議，那麼，瞭解性荷爾蒙如何推動生物系統也很重要。這些荷爾蒙驅策的是衝動的主要來源。暢銷書《樂園的復歸？：遠古時代的性如何影響今日的我們》（*Sex at Dawn: How We Mate, Why We Stray, and What It Means for Modern Relationships*）的共同作者克里斯多福・萊恩（Christopher Ryan），改變了上千人對感情關係的看法。他表示，單配偶制的概念源自文化而非基因，而人類性行為看起來比我們願意承認的更像我們靈長類親戚的性行為。

然而，克里斯並非建議我們應該完全不採取單配偶制，反而認為單配偶制是一種選擇，而非本能。他用人體另一個內建的需求來推論：飲食。成為一個素食者並不是本能，而是選擇的結果。對大部分的人來說，這種飲食方式未必自然，也不表示培根聞起來再也不香了。（我身為前全素者，可以告訴你，他說對了。我也能告訴你，我農場養的遺產品種豬隻很愛吃我還是素食者時勉強嚥下的羽衣甘藍。）如果你選擇單配偶制，無論你有多麼愛自己的伴侶，依然會受到他人吸引。這就是人性。你受他人吸引或對他人有幻想，並不代表你的感情關係或是你有問題，只不過意味著你是擁有費洛蒙的智人罷了。

你可能會驚訝地發現，克里斯和約翰．葛瑞兩人的看法有所交集。克里斯表示，單一配偶的男性與新結交的伴侶做愛時，兩人的睪固酮濃度都會上升，因此偷吃其實會讓男性在荷爾蒙濃度上感覺良好。如果你選擇走入單一配偶制的感情關係，利用約翰的技巧刻意把睪固酮維持在高濃度狀態，也許能避免你感受到出軌的誘惑，藉此維繫關係。有多少高階人士因為不當關係或自毀行為而被迫下台？這可不是顛覆傳統規則的最佳方法。

身為一名生物駭客，我必須親自驗證這些理論。雖然我美麗的妻子拉娜不怎麼想檢驗克里斯的想法，但我們還是透過內含道家觀點的性實踐來進行實驗。我的生物駭客之旅引領我探索東方哲學時，我發現中國古代道家人士——世界上最早的一群生物駭客——建議把性能量轉換成長生不老的可能性。他們甚至研究出一個公式，顯示男性應該多久射精一次才能維持青春年華：

你的年齡減去7，再除以4

這個公式計算的結果，就是你每次射精之間的理想天數。是誰說代數不性感？如果一名男性想永遠活下去，道家人士說，應該每三十天才射一次精，每次高潮也不能超過一小時（?!）不過話說回來，我還沒見過據說是永生不死的道家思想人士。

幾年前，三十九歲的我充分檢驗過這個公式。根據這個道家方程式，我每次射精間隔的理想天數是八天，非常接近約翰．葛瑞的建議。我按這個方程式試驗了將近一年，逐一記錄我做愛（或自慰）和射精的頻率，並用分數從一到十的量表（一等於一切爛透了，五等於一切正常，十等於一切棒呆了），來評估我的生活品質。我把各方面的表現納入這個分數，代表我對自己的事業、精力、感情關係和健康程度有多麼滿意。

沒錯，這有點令人尷尬，但我願意在此分享實驗成果，揭露掌控性慾來提升表現有多麼重要。如果看到我（少了刺激細節）性生活的數據會讓你臉色發青，請你直接跳到下個章節閱讀吧，我保證我不會覺得被冒犯。但我想你會錯過一些真的很有趣且出人意料的結果，而這些結果也可能套用在你身上。這個試驗的重點是，身體會把大量精力投注在性慾，而你可以把這些精力用在其他方面。

在實驗的第一階段，我按照神奇的道家方程式，每次射精間隔八天，與約翰．葛瑞每七天一次的原則類似。這並不表示我變成和尚了，我還是有活躍的性生活，只是沒有射精。經歷了最初幾天的挫折感，那股精力總得發洩到某處，而我不用花什麼功夫就讓它滿溢到我生活中的其他層面。沒多久，我注意到每天追蹤的生活滿意度上升了。隨著時間過去，即便我射精次數變少，做愛頻率卻增加了。我射精越少次越想做愛——廢話。而當我做了更多次愛，我自認的生活品質甚至更高。我想那些道家思想家肯定是有所發現。

而在實驗的下個階段，我決定竭盡全力進行長生不老的測試，每三十天射精一次。要做到這點很難，我重新開始了好幾次，因為發生了一些……意外（嘿，我也是人啊！）不過結果相當驚人。我的生活滿意度大幅提升，我的性衝動高到爆表（又是廢話），而我的生產力則高到不行，我渾身充滿了精力。最讓我驚訝的是，我從女性身上獲得更多關注，包括我的妻子和其他女人，不過我當然只會對我美麗又聰慧（也極有耐心）的妻子拉娜醫師採取行動。出乎意料的是，在這種生活規律之下，我對生活的滿意度更高了。

實驗的最後階段，是要三十天完全不做愛，我稱這個階段為「和

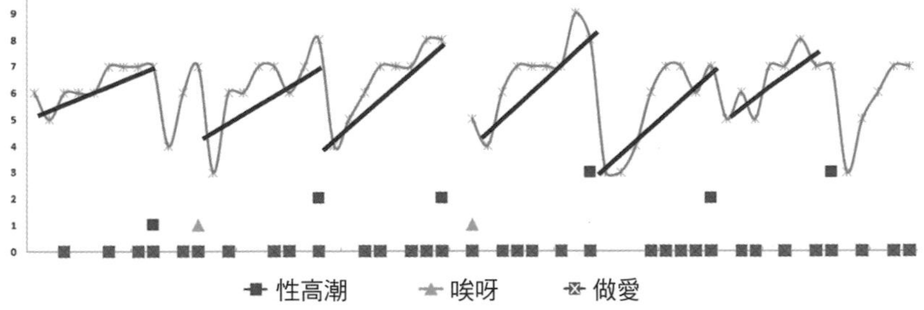

我的日常生活滿意度圖，圖中顯示性高潮後滿意度下降，呈現每八天一個循環。

尚模式」。這個實驗很具挑戰性，除非你想要進行一個異常的意志力測試，否則我不建議你這麼做。我剛開始經歷了幾次挫折，一個月之後確實變得比較快樂、比較多產，但比起上一個三十天挑戰，這次效果沒那麼明顯。三十天過後，我發現生活滿意度縮水得相當嚴重——大約少了百分之二十。我想，精力就是不用白不用吧。幸好在採用了專為抵銷縮水結果而打造的道家鍛鍊法（以及做很多次的愛），幾週後一切回歸正常。呼！

這個實驗當然不會讓我隨時想進入和尚模式，但確實讓我比以前更注意射精後的感覺。我發現自己會出現兩三天的「射精後宿醉感」，這段期間我比較沒有活力，對該做的事也提不起勁，生活滿意度也較低。當我射精次數較少時，做愛次數更多了，也更喜歡生活中的一切，這可完全不在我的預料之內。整個實驗過程中，我體驗到滿意度最高的時候，是當我做很多次愛卻每三十天才射精一次。

這真的令我驚訝，然而很多科學證據都能解釋這樣的結果。男性射精後，荷爾蒙泌乳素急遽上升會澆熄性衝動的慾

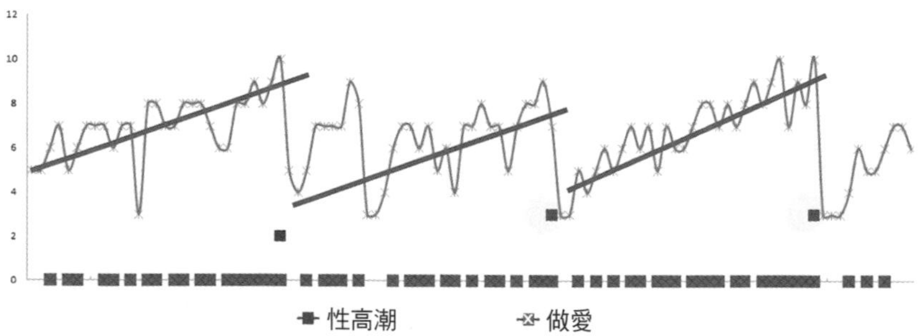

圖為我的每日生活滿意度。圖中的曲線顯示當我三十天射精一次，滿意程度持續上升，但性高潮後則會下降。

火，讓男性想小睡一下。[4]女性在性高潮後也會分泌泌乳素，但不會達到像男性那麼高的程度。泌乳素會抑制「感覺良好」荷爾蒙的多巴胺，這也是很多男人在辦完事後會有好幾個小時都有點消沉的原因。

升高的泌乳素濃度會降低男性的睪固酮濃度，研究顯示禁慾三週能提高健康男人的睪固酮濃度，原因就在此。[5]另一方面，做愛卻沒有射精，也能提高睪固酮的濃度，這種情況下，濃度會增加高達百分之七十二。[6]這也許能解釋為什麼許多女性在我實驗期間會對我那麼感興趣，因為即使我沒有刻意做一些會吸引她們的事，她們也能感覺到我提高的睪固酮濃度，以及高漲到不行的做愛慾望。或許因為我的費洛蒙起了變化。但願我還在念書時就知道自己缺乏性生活這件事，其實可以成為我的力量來源，甚至能讓女人性奮！

要注意很重要的一點是，道家養生觀點認為，女性高潮之後會「不衰」，因此這是僅適用於男性的實驗，而曾經進行這個試驗的女性普遍回報她們的經驗很糟，因為她們的催產素濃度大幅降低了。（更詳細的內容請見下個法則。）對男性來說，擁有深愛自己伴侶的支持，要按照計畫行事會比較容易，因為他們的伴侶會在對的時機拒絕，讓男性能好好按規則行事。我沒有數據資料能顯示這些規則對同性伴侶來說有沒有差別，但我想這套方法對任何有老二的人來說都適用。

在我首次報告了這項研究結果後，許多《防彈電台》的聽眾都私下告訴我，他們嘗試之後得到驚人的成功結果。許多伴侶表示這個方法徹底改善了他們的感情關係。有個快三十歲的傢伙說，開始進行的第六十天，他獲得了三萬美元的加薪。另一個傢伙則終於有足夠的精力創辦他一直以來想成立的公司，並使其迅速成長。而不怎麼奇怪的一點是，我在進行實驗的那年是一名新手爸爸，有一份科技公司高階主管的全職工作，同時私下籌畫創立防彈公司。所有精力總得來自某處，而懂得利用身體繁衍後代的慾望的特性，幫上了我的忙。

稍後，你將讀到觀看色情作品和自慰為什麼會毀掉這些成果。當然，這兩件事都充滿樂趣，但不是改變世界者常做的習慣。如果你不能停止其中一件事至少三十天，就不算是自己身體的主人，你是在浪費精力。

行動項目

- 如果妳是女性，找到自己的「愛的時期」，檢視約翰的觀點在妳的生活中是否很明顯。把「愛的時期」的時間與伴侶分享，請對方安排好約會。
- 如果你是男性，你是否覺得約翰針對睪固醇提出的看法有道理。如果你有對象，問問她，她的「愛的時期」什麼時候開始，然後安排好約會！
- 把你的性活動和整體生活滿意度繪製成一個圖表，看看性高潮是如何影響你的精力、快樂和生產力。
- 如果你是男性，要提高睪固酮濃度，就得降低達到性高潮的頻率、做高強度運動、減少攝取糖分、多攝取健康脂肪，甚至在必要時與伴侶（和氣地）拉開距離。

◎推薦你聽

- John Gray, "Addiction, Sexuality, & ADD," *Bulletproof Radio*, episode 222
- John Gray, "Beyond Mars & Venus: Tips That Truly Bring Men and Women Together," *Bulletproof Radio*, episode 414
- Christopher Ryan, "Sex, Sex Culture & Sex at Dawn," *Bulletproof Radio*, episode 52
- Neil Strauss, "Relationship Hacks for Dealing with Conflicts, Monogamy, Sex & Communication with the Opposite Sex," *Bulletproof Radio*, episode 406

◎推薦你看

- John Gray, *Beyond Mars and Venus: Relationship Skills for Today.s Complex World*
- Christopher Ryan and Cacilda Jetha, *Sex at Dawn: How We Mate, Why We Stray, and What It Means for Modern Relationships*（克里斯多福・萊恩與卡西爾達・潔莎，《樂園的復歸？：遠古時代的性如何影響今日的我們》，大家出版）

法則十六：不要低估女人性高潮的能量

如果妳是女性，擁有規律的性高潮將是讓妳得以發揮全力的關鍵之一。當妳達到性高潮，與快樂和表現有關的每一種荷爾蒙都會上升，免疫系統將會獲得改善，妳也會變得更年輕。擁有性高潮是一項技巧，可以開啟通往全新境界的幸福快樂，甚至是意識的變化狀態。當妳學會掌控性高潮，要顛覆傳統規則將更為容易。

花了那麼多時間思考過我自己的性高潮之後，訪問一些女性性高潮的頂尖專家似乎才算公平，於是，我找來了幾位專家。第一位是艾蜜莉・摩斯（Emily Morse），她是人類性學博士，也是廣受歡迎的播客節目《與艾蜜莉一同談性》（*Sex with Emily*）的主持人。摩斯博士的節目源自一個使命：為了讓大眾瞭解女性性高潮的力量，協助每個人擁有一輩子最棒的性愛體驗。

摩斯博士在訪談中分享了自身的經歷。由於她來自一個自由開放的家庭，你可能會以為她在性方面不會有煩惱，她媽媽甚至跟她說：「如果妳對性有任何問題，跟我聊一聊。」但摩斯博士沒有任何問題，因為她家裡沒半個人聊過性話題！上大學後她開始有了性經驗，卻不覺得那有多麼令她感到興奮。然後，她聽到幾名友人在聊某個叫「性高潮」的東西，她問：「那是什麼？」這種情況實在太普遍，也是我撰寫本章的原因之一。

如今摩斯前往世界各地參加性學研討會，學習性愛世界最新的重大發展，協助女性將這些結果納入性生活。她看到遠比其他問題來得嚴重的現象，正是女性性慾低落，許多女性對此覺得挫折又絕望。但是摩斯博士發現，要提高女性性慾，有一種絕佳的方式，與增加血流量一樣簡單。

為了產生性慾並達到性高潮，女性（與男性）必須讓血液向下流至生殖器內。無論男女，像威而鋼這類「強效」勃起功能障礙藥物都能解決問題，但對女性來說，還有不用藥的安全自然方法。摩斯博士建議，以靈性自慰的方式激起興奮感，搭配添加大麻二酚（cannabidiol）成分的陰蒂按摩精油來放鬆身體，或利用其他能刺激陰蒂的情趣用品。

「凱格爾運動」（Kegel exercise）是另一種簡單的辦法。這種運動能鍛鍊骨盆底肌肉，也就是你用來防止漏尿的肌肉。每次把這些肌肉緊縮不放十秒，每天做個幾次，無論男女都能受惠。男性將更能控制射精，體驗到更強烈的性高潮，誰不想有這種結果？而女性也能體驗到更強烈的性高潮、更好的尿控能力（打噴嚏時不再漏尿），以及更高的性慾。

接著，我找到了喬琳・布萊頓（Jolene Brighten）醫師，一名專研女性健康的功能醫學自然療法醫師。布萊頓告訴我，女性每週至少有一兩次性高潮，感覺會更好，也會活得更久。根據她的研究，擁有規律性高潮的女性，整體的免疫系統調節能力較好，發炎指標也較少。這很有道理，因為皮質醇這種會引起發炎的壓力激素在女性到達性高潮後會減少，這表示性高潮越多，壓力越少、疾病越少、老化越慢——但僅限於女性。

本書中幾乎所有建議都同樣適用在男女身上，但如果是性高潮次數就不是這樣了。（沒錯，男性要達到未射精的性高潮，理論上可行……只是沒有事先練習過的話，這種情形非常少見。）

女性的性高潮能讓身體維持健康的荷爾蒙濃度、減輕壓力，也能使人進入意識的變化狀態。[7]雖然頻繁的性高潮通常會讓男性的睪固酮濃度降低，卻能讓女性體內充滿雌激素[8]與催產素[9]。催產素之所以擁有「愛情分子」的暱稱，正因為它能促進社交連結、信任、放鬆、慷慨。女性與伴侶做完愛後感覺到的雀躍又暖心的餘韻，就是多虧了催產素；雌激素也會強化催產素的效果。[10]兩者在女性達到性高潮時相輔相成，創造出混合了感覺良好的親密連結與放鬆感。

此外，女性在性高潮之後，神經傳導物質血清素會增加，讓心情變得愉快。[11]基本上，**越多次**性高潮對女性的效果等同於**越少次**射精對男性所產生的效果，如果這不能證明世上有所謂的「大自然之**母」**在控制一切，我不知道還能做何解釋。

行動項目

- 如果妳是女性，性高潮是擁有更健康、更長壽人生的關鍵，同時也是在達成上述目標時，一個不盡然會讓人不愉快的方法。
- 如果妳受性慾不振所苦，一定要定期做凱格爾運動來增強性慾。
- 如果你是女性的伴侶，要留意她是否感到愉悅，你們才能白頭偕老。

◎推薦你聽

- Emily Morse (Sex with Emily), "Orgasms, Kegels & Sexology," *Bulletproof Radio*, episode 233
- Emily Morse, "Hack Your Way to a Better Sex Life," *Bulletproof Radio*, episode 373
- Jolene Brighten, "On Women.s Health, Post–Birth Control Syndrome, and Brain Injuries," *Bulletproof Radio*, episode 415
- "Hugs from Dr. Love" with Paul Zak, *Bulletproof Radio*, episode 334

法則十七：童話式性愛，請不按牌理出牌

性是通往神馳狀態及高水準表現所需的意識變化狀態的途徑。要進入這些狀態，你必須鼓起勇氣尋找能挑戰自我極限的體驗。當你忘掉性這回事，讓身體自行尋求它的需求，就能將內心深處的自由、療癒和創造力運用自如。

好，所以性高潮對男女來說各有不同的效果。不過，性還有比單純高潮更深入的精神層面。於是我開始尋找一群人，他們研究的是如何利用性能力達到神馳的意識狀態，在這種狀態下，你的身心可以做到的事情遠比你想得到的還多。我的第一步是致電「娜塔莉女王」（Mistress Natalie），她是與許多位高權重的高階人士合作的「紐約施虐女王」。幸好，她和我的一名運動訓練員友人一起健身，

要找到她並不難。（除非你受過功能性運動訓練，否則打屁股很顯然會造成重複施力傷害和肌肉失衡！）

這絕對是我無法預料將會如何發展的一次訪談。娜塔莉女王使用各種綁縛、調教、臣服、受虐（簡稱 BDSM）的方式來協助參與者進入神馳狀態。雖然一般人很容易把 BDSM 當成某種古怪的性癖好，但娜塔莉表示，她的客戶發現與她合作除了有療效，還出現脫胎換骨的效果。事實上，娜塔莉就是受到 BDSM 的療效啟發才回到學校念書，成為一名專業的人生教練。她獨樹一幟的「怪癖教練法」以 BDSM 和數種生物駭客原則為工具，藉此提升身心狀態。

關鍵在於，娜塔莉做的事把性帶入了一個未知領域。我們都知道大部分的童話是如何展開（「很久很久以前」）及結束（「從此過著幸福快樂的日子」）的，這點也適用於大部分的性愛。一般人預期性愛始於前戲（多數情況下），進展到插入，然後（理想情況下）終於高潮。這套公式通常行得通，但也有缺點。

根據娜塔莉和她客戶的經驗，這套公式會讓性愛變得重複性很高。每次做著同樣的事會讓你越來越無法從中獲得報酬感。第二個問題是，你會把達到高潮當成目標，當你一心想完成某事，通常會錯過氣氛營造的過程，無法完全放開讓一切順其自然。這個目標也預期了伴侶雙方都應該達到高潮，因此如果你或你伴侶沒有達到性高潮，可能意味著你在性愛上「失敗」了，這會導致羞恥、表現焦慮或其他問題。沒有人想接受自己在性愛上失敗了。

然而，當你忽視這個目標、即興發揮，就不會再受制於腦中的想法，而能專注於和伴侶的連結。這麼做也能讓你開口要求真正想做的事，即便你先前從未要求過。這點非常重要，因為從神經系統的角度，性是攸關生死的大事，如果你沒有在性慾需求上獲得真正的滿足，有部分的潛意識會感到飢渴。不按牌理出牌、鼓起勇氣要求你真正想要的，可以讓性愛過程成為獨一無二的體驗，你也才能開始像享受高潮般享受純粹的性，如同享受一頓美食，而不單是吃完後感覺到的飽足感。

對娜塔莉的客戶來說，這樣的體驗不只發生在身體層面，也體現在心理層面。娜塔莉從不和客戶上床，她和他們共處時，有許多人整個過程戴著貞操帶（沒錯，真有其事）。他們互動時的權力平衡關係迫使這些人以不同角度看待自己，最終帶來療效。如我先前所說的，我完全無法預料這次訪談會如何開展。

最常讓娜塔莉的客戶進入神馳狀態的，是為了挑戰極限而必須在精神上做好的準備。娜塔莉解釋，以她工作上的專業術語來說，神馳狀態被稱為「臣服境界」。療程結束後，她的客戶會持續幾天感覺到明顯的成效。他們會覺得放鬆、更加專注、思緒也更清晰。對娜塔莉來說，BDSM 和她工作使用的不尋常方法都只不過是讓人得以挑戰極限，以便進入神馳狀態的一種手段罷了。

對於像 BDSM 這種雙方同意的做法，還是招來大量的批評，不過娜塔莉將其比作跳傘和超馬這類活動——只要在身體上逼迫你離開舒適圈，挑戰極限，任何事都能在你腦袋中打開開關，讓強大的神經化學物質傾瀉而出。而怎樣才能進入這種狀態著實因人而異，憑什麼說比起背上綁著纜繩跳橋，選擇受人羞辱或綁縛更異常？人的確各有所好。

光是單純思考著「性」這件事，就是進入神馳狀態的強大方法。在「禪修四十年」為期一週的高階主管神經回饋訓練課程期間，我們教客戶一個必定會成功的方法，讓他們在進行神經回饋訓練、自我誘發神馳狀態卻「卡住」時可以派上用場。為了順利進入神馳狀態，最簡單也最可靠的方式，就是來一場短暫的性幻想。客戶只要想著讓他們感到性奮的事，腦波就會猛然高升，讓他們不再卡住。

重點是，不管你想的是什麼，只有在你想著你真正喜歡的事情時，這種方法才會奏效。童話式性愛對多數人來說都不適用，但具體想像那些真正能啟動你開關的事物，必定行得通；尤其當你不會為此批判自己的時候。我在「禪修四十年」運用這種技巧來脫離停滯不前的狀態，好幾次創下自己腦電波的最高紀錄。噢！我才不會告訴你我當時都幻想了些什麼！

對自己（和伴侶）坦承在臥室做什麼最適合你，有助於進入某些能讓你盡情發揮最佳實力的變化狀態，甚至可以持續好幾天。然而如果你一心只想著某個目標，就只能停留在分析狀態，這種狀態會阻礙情緒與同理心，[12]並非良好性愛的妙方。當你不再抱著分析心態而是運用直覺，你將感到更具同理心、喜悅、創造力和沉著感，並與周圍的人合而為一。**這才叫性感**。

由於性愛能釋放神馳狀態、創造力，甚至靈性狀態，我開始請教專家，想知道如何確切解放上述潛能。結果，我找到了「高潮冥想」（orgasmic mediation）運動的領袖。高潮冥想是一種意識練習，進行期間，一名男性（通常是男性、但不一定非得是男性）伴侶會愛撫女性伴侶的陰蒂十五分鐘，沒有抱持任何預期，只是專心體會著自己的感受，以及兩位伴侶彼此連結的感覺。聽來可能極不尋常，不過，嘿，我剛剛才跟你分享了我一年份的所有射精圖表。你都讀到這裡了，一定做得到。

伊萊．布洛克（Eli Block）是OneTaste公司（有點爭議的公司，專門傳授高潮冥想技巧）的高潮冥想講師，他表示，大家之所以練習這項技巧，原因之一是想獲得不用腦袋思考的性體驗。他分享了他所教授的（輔導級）技巧。人會把身體當作進入自己和伴侶之間神馳狀態的手段，這時他們對彼此的感覺相當敏銳，完全沉浸在當下這個時刻，這可以讓他們從典型的性愛套路中解放出來。而進行過的人則回報，當他與伴侶一同處於當下，是一種強大的超然體驗。

行動項目

- 如果（而且只有在這種情況下）你有興趣，可以試試高潮冥想、BDSM，或任何你身體真正渴望的安全且雙方同意的方法，看看這些手段是否能幫你進入神馳狀態。
- 自問在臥室裡你真正想做的是什麼，向伴侶開口要求，即便你對此感到害怕。
- 想想你如何不再按表操課進行一場性愛，並在做愛過程中增添某種未知的元素。這可能讓你和伴侶間的連結關係變得更強烈，或許還有超乎想像的體驗。

◎推薦你聽

- "50 Shades of Dave" with Mistress Natalie, *Bulletproof Radio*, episode 341
- Eli Block, "One Taste, Orgasmic Meditation & Flow State," *Bulletproof Radio*, episode 254
- Geoffrey Miller, "Sex, Power, and Domination," *Bulletproof Radio*, episode 138

法則十八：利用性愛獲得最棒的良藥

與對的人進行有意識的性愛，可以製造出解放你並創造神馳狀態的神經化學物質；觀看色情作品，則會產生讓你上癮並且無法進入神馳狀態的神經化學物質。色情作品就是性愛的高果糖玉米糖漿。請做出明智的選擇。

如果性高潮能釋放感覺良好的荷爾蒙和神經傳導物質，而性愛則會帶來富創造力的意識變化狀態與高水準表現，那麼會有什麼壞處？為了回答這個問題，我訪問了最早駭入大腦的專家比爾．哈里斯（Bill Harris），不幸的是，他在本書編輯期間去世了。身為中心點研究機構（Centerpointe Research Institute）創辦人，比爾著名的事蹟是為數十萬人打造「大腦升級計畫」，他也捐出數千萬美元給慈善機構。由於我的研究內容包括神經回饋，因此我有機會看到比爾的腦波，它們的表現水準真的很高。

在一次深具影響力的訪談中，比爾解釋，二〇〇八年經濟崩盤前夕，他才剛經歷一場糟透了的離婚。他身處龐大的壓力，他毫無所覺地長期處於戰或逃狀態，做出了許多糟糕的決定。短時間內他收到六張超速罰單，駕照也被暫時吊銷。在精神科醫師兼大腦專家亞曼為他掃描大腦之後，發現慢性壓力造成他的邊緣系統（大腦掌管情感的地方）過於活躍。

比爾解釋，當邊緣系統過於活躍，人可能做出受多巴胺驅策的決定。這表示你會受到驅策去做那些讓大腦分泌多巴胺的事，而這種神經傳導物質會觸發大腦的獎勵中樞。多巴胺是一種立刻讓人感到滿足的神經傳導物質，當你為了獲得多巴胺的刺激而行事，會偏好那些讓自己當下感覺良好、但長期而言卻有不良影響的事物，例如糖、加工食品，甚至毒品。

這和性愛有什麼關係？做愛是會讓大腦分泌感覺良好荷爾蒙的方法，觀看色情作品也會讓大腦分泌這些化學物質，但分泌量卻與和伴侶做愛時不同。具體而言，觀看色情作品會讓你分泌更多多巴胺，而與伴侶做愛則會釋放更多催產素。

多巴胺過量的確不是好事。現今每個人都可以隨時且不受限制地在線上觀看色情作品，但人的大腦天生無法應付這種大量刺激。你的大腦回應色情作品的方式，幾乎和回應古柯鹼、酒精或糖一樣：愉悅感一湧而出，受到獎勵的感覺卻隨著時間慢慢消逝。[13]就像那些令人上癮的藥物，色情作品也會讓人對多巴胺產生耐受性，這意味著你需要越來越多色情作品才能達到跟以前一樣相同的效果。[14]

結果，觀看越多色情作品，往後將需要越多的刺激才能讓你感到性奮。二〇一四年來自德國的研究顯示，經常觀看色情作品的人，大腦中的獎勵路徑較小，也比較難有反應。[15]同年一篇法國的研究顯示，在經常觀看色情作品的男性中，百分之六十面對伴侶時無法勃起，儘管他們在觀看色情作品時依然能夠勃起。[16]

你還認為色情作品不會導致上癮嗎？劍橋大學神經科學家仔細研究了自認對色情作品上癮的男性大腦掃描圖，發現這些人的大腦灰質發生了重大變化，與毒癮者的大腦類似。[17]這可是相當恐怖的事。我強烈建議你把色情作品拋開一個月，看看你在性方面的慾望和表現有沒有出現變化，這麼做也許比你預期得還要困難，但倘若如此，你現在就該這麼做了。

問題的解決辦法出現在普賈・拉克施敏（Pooja Lakshmin）醫師的深刻訪談中，她是羅格斯大學（Rutgers University）的性高潮研究員（挺酷的工作）。她在研究高潮冥想時發現了神經藥理方面的療效，也徹底扭轉了她的人生。拉克施敏醫師在傳統印度家庭長大，一直以來承受著必須有所成就的壓力，於是她當上醫生，嫁給父母認同的男人。但是她整個人一團糟，她一輩子都活在理性腦袋裡，無法真正感受或體會正面或負面的感覺。

直到發現了高潮冥想，她才開始深入探索身體，並感受到一開始覺得很嚇人的痛苦與歡愉。隨著時間過去，她對身體越來越感到自在，她變得完全能接受愉悅之情，與他人在更深層面連結。這讓她展開針對性高潮的研究，協助大眾體會到以催產素建立的連結關係。

根據拉克施敏的看法，色情作品還有另一個問題就是，它不像性愛的其他形式可以讓人進入神馳狀態。如同大腦會釋放多寡不一的化學物質來回應不同種類的性愛，它對有伴侶的性高潮和單人的性高潮，反應也不同。也就是說，你自慰的時候不會進入身不由己的狀態，這有點像無論你怎麼嘗試，都沒辦法搔到自己的癢處一樣。你必須有伴侶，才能完全沉溺其中。

拉克施敏主張，如果你透過與伴侶進行有意識的性愛，或藉由高潮冥想進入神馳狀態，將可以獲得更強烈的感覺；而如果你在高潮冥想期間屬於接受的一方，最終也能從越來越輕的壓力中獲得同樣強烈的效果。像這樣逐漸提高的敏感性，甚至可以作為看太多色情作品而產生多巴胺抗性的解藥，而且提供刺激的人也能從中受益。在實際進行這些方法期間，兩人的神經系統會與彼此調和一致。

這樣的連結直接對大腦產生影響。拉克施敏表示，這種連結能讓邊緣系統平靜下來。比爾・哈里斯選擇用冥想讓自己的邊緣系統變得鎮定，脫離長期處於戰或逃狀態，以便做出更好的決定；而拉克施敏則稱高潮冥想是「嗑藥冥想」，這種方法能讓每個人快速訓練邊緣系統，善用直覺，獲得深刻的感受及強烈的感覺。

行動項目

- 試著戒除色情作品一個月；如果這麼做很困難，那你得再戒一個月。
- 藉由規律靜坐、高潮冥想或與伴侶定期達到性高潮，優先讓自己的邊緣系統冷靜下來。

◎推薦你聽

- Bill Harris, "Make Bad Decisions? Blame Dopamine," *Bulletproof Radio*, episode 362
- Pooja Lakshmin, "Orgasmic Meditation & Sex Life Hacking," *Bulletproof Radio*, episode 60
- "Sleep, Sex & Tech at the Bulletproof Conference," *Bulletproof Radio*, episode 327

7 找到你的夜間精神動物

顛覆傳統者可能以摧毀障礙和挑戰極限而聞名，但真正的創新從來不是來自一副筋疲力竭的身心。這正是我的節目來賓有三分之一的人指出：「一夜好眠對他們的表現影響甚鉅」的原因。事實上，要改善個人表現，最常被提供的建議中，「擁有高品質睡眠」這一項排名第五。

本章對我別具意義，因為當我試著成為一個表現更上層樓的人，我重新檢視了對睡眠的態度。我還是不喜歡每天有很大部分的時間處於無意識狀態，但我已經下定決心，既然我一定得這麼做，那就要找到方法讓我在睡眠方面也能表現得很厲害，同時盡可能在短時間睡得最好。

開始著手駭入睡眠時，我採取了向來的慣例：訪問全球頂尖的專家，自行展開對現行研究的調查。有一個開創性研究分析了一百二十萬人在數年間的睡眠習慣——這是第一個、也是唯一一個研究——蒐集到的數據足以顯示長壽與睡眠時間的變化有關。這項研究涵蓋範圍過於全面，以至於統計學家無法處理這麼多的數據，得靠現代運算能力才能徹底分析。研究發現，在研究的受試者中，每晚只睡六個半小時的人活得比每晚睡八小時的人要久。1

這個結果很容易讓人做出每晚睡六個半小時就會活得久的結論，但實際情況更複雜。有可能最健康的人單純只需要少一點的睡眠；同樣地，當你擁有高品質睡眠，可能就不需要睡太久。我追蹤自己的睡眠好幾年了。過去一千七百二十六晚的數據顯示，我每晚平均睡眠時間是六小時五分鐘，而比起我以前一晚睡八九個小時，我現在起床時反倒覺得精力更充沛。我不會藉此逼你重讀《防彈飲食》和《防彈腦力》或防彈部落格中我最愛的「睡眠破解法」。本書聚焦在睡眠科學方面的新進展，這些新知來自睡眠與健康的頂尖專家與醫師，因為睡眠品質會帶來快樂，而我們也看到了，快樂會帶來成功。我從訪談中學到了新知識之後，變得很熱衷於讓自己睡得最好——希望你也是如此。

法則十九：早起不會讓你成為更好的人

早起或熬夜沒有好壞之分；不過，找出自己什麼時候睡得最好，再依此建立能好好睡上一覺的生活習慣，就能帶來深遠的影響。

為了盡可能學習睡眠的各種細節，我從訪問麥可・布勞斯（Michael Breus）醫師著手，他是一位臨床心理學家、暢銷作家、知名睡眠專家，整個職業生涯都在治療睡眠障礙。剛開始執業時，布勞斯醫師希望不使用藥物治療，他試驗了許多方法來治療他的失眠症患者，包括天然營養補充品和認知行為治療。這些療法對某些病患有效，但在某些病患身上不是略有療效，就是毫無改善。於是他開始駭入睡眠。

布勞斯醫師決心找出讓這些人無法好睡的原因，在研究過他們的睡眠模式和荷爾蒙濃度之後，他發覺這些人通常睡得很好，只是在錯誤的時間入睡和清醒。原來他們根本沒有患上失眠症，他們身體自然而然可以睡上六個半小時到七個半小時，但他們不是太早就是太晚上床，而身體無法與這樣的時間安排同步。並不是說這些人故意或不小心打亂自己的睡眠，他們如此排定的睡覺時間是根據一天的行程，也就是他們得早起上班、照顧小孩或上學，多數人都是這樣。但布勞斯醫師確信他們可以變得更機敏、更具生產力，前提是睡覺和起床的時間能夠遵照身體的自然節律，也就是大腦的睡眠與警醒模式。

人的大腦內建一個時鐘，稱為視交叉上核（SCN），它決定人在什麼時候想睡、什麼時候醒來。SCN之所以能做到這點，是因為它能在一天中某些時段促使大腦分泌特定的荷爾蒙，如褪黑激素（「睡眠荷爾蒙」）。[2] 這是一個快速發展的科學領域——生物壽命學（chronobiology，又稱「時間生物學」）——近年來我們一步步深入瞭解晝夜節律對健康的影響。事實上，獲頒二〇一七年諾貝爾醫學獎的研究者就是發現了設定生理時鐘的新蛋白質。然而，正當我們剛要搞清楚這一切**如何運作**，像布勞斯醫師這樣的臨床醫師已經看出什麼**方法行得通**了。

布勞斯醫師認為，只要微調病患的時間安排，就能讓他們睡得更好。他對這個論點很有把握，竟然打電話給這些人的老闆，詢問這些老闆：如果他們的員工可以更高產，是否能讓他們每天晚一點上工。這些老闆同意了，並且興奮地發現員工在新的時間安排下（也就是睡得更久），生產力確實提高了。

這讓布勞斯醫師開始對「**時機的力量**」（The Power of When）感到著迷，後來也成為他暢銷書的書名（譯註：繁中版譯為《生理時鐘決定一切！》），這本書內容是關於你要如何依照自己天生的作息型態來安排時間，以獲得最高的生產力。他仔細檢視病患一整天的荷爾蒙變化，協助他們量身打造時程，讓他們能善用生物系統，使得身體能在最適合做某些活動的時間再去行動。

某些布勞斯醫師的病患對此表示懷疑。「早起有益身心」的觀念深植文化之中，我們往往害怕改變睡眠形式。早起的鳥兒有蟲吃，對吧？我們很小就知道這點——早起就有蟲吃，整天都能高效工作，當懶惰又一無是處的賴床廢物終於起床時，蟲早就被吃完了。聽來不怎麼有希望，也確實如此。這種觀念來自於當人類的食物來源從狩獵轉換成農耕，不早起下田工作，就可能會餓死。我們從未反思這樣的時間安排其實相當愚蠢，尤其現今社會幾乎沒有多少人從事農業。

不過，布勞斯醫師向病患解釋，跟大自然硬碰硬是贏不了的。人的晝夜節律不單是一種偏好，而且是由基因決定的。科學家自一九九八年起便深知這點，他們獨立出 mPer3 基因，發現這個基因的表現最先顯現在 SCN 具有明顯的晝夜節律。[3] 從 SCN 發送的訊號會讓全身上下的迷你生理時鐘達成同步。換句話說，mPer3 基因會決定你的睡眠驅力，而 SCN 則會設定你的晝夜節律。當你配合（而非對抗）這些遺傳因素，做起任何事來都會不那麼費力。這就是生物駭客的核心理念——**配合生物系統，你就可以毫不費力盡情表現。**

透過研究，布勞斯醫師辨識出四種作息型態，或說天生晝夜節律的行為表現。他沒有為這些型態貼上「早起的人」或「夜貓子」標籤，而將這些作息型態與其他哺乳動物的晝夜節律相配對。確實，只有哺乳動物才有 mPer3 基因，而當我們談到生物驅力，比起鳥類，我們與哺乳動物有更多的共通點。這四種作息型態分別是：

熊型

這是人數最多的作息型態。所有人口中整整百分之五十都屬於熊型。他們的睡眠與警醒模式隨日出日落而定，這些人通常很容易就能入睡。熊型人最適合在早上近中午時段完成大量密集的工作，下午三四點左右則覺得有點精神不濟。整體而言，熊型人活力穩定，擅長把事情搞定，他們能融入社會，協助讓事情順利發展，也可以一整天維持高度生產力，前提是他們利用下午三四點精神不濟時重新充電，同時不逼迫自己超越與生俱來精力的極限。

獅型

獅型人是典型的「早起鳥兒」。這些人幹勁十足，太陽還沒昇起就已經跳下床了。他們可能快要到午餐時間、也就是最有生產力的時間已經過了之後，才會想要來杯咖啡。由於他們早上總是活動滿檔，因此晚上漸漸感到乏力，早早就上床睡覺。他們約占所有人口的百分之十五。

狼型

狼型人是屬於夜間活躍的人。他們是夜貓子，展開一天的時間比一般人要晚，而當別人都在放鬆休息時，他們最有生產力的時段才正要開始。有趣的是，狼型人有兩個生產力高峰期：中午到下午兩點，然後是更晚的時候，也就是在大部分正常工作時間結束的時候。狼型人通常是創造家，包括作家、藝術家、編碼員。太陽下山後，狼型人大腦負責創意的區域會活躍起來。多數時候他們比較內向，渴望有獨處的時間。有時他們不想成為社交場合的中心人物，反而什麼也不想做，只是觀察周遭發生的一切。

狼型人占了所有人口的百分之十五，最適合這百分之十五的人的方法就是雇用早起的人幫他們找蟲，而這些人把蟲帶回來的時候，剛好當作他們晚起時的早餐。（好吧，我是狼型。我寫這段內容是凌晨三點，這麼做讓我感到很快樂。不過，我今晚會好好睡上六個小時的覺。）

海豚型

海豚型人是失眠症患者。他們可能有、也可能沒有固定的睡覺時間，但多半屬於A型性格，白天完成的工作量往往都不如自己的預期。然後，他們會反覆思考白天失敗的事，輾轉難眠。他們很淺眠，半夜裡時不時醒過來，而且很難再睡著。海豚型人才智出眾，通常力求完美，這說明了為什麼他們會花那麼多時間反芻自己的一天。他們表現最好的時候，是在早上近中午到午後剛過的時段。布勞斯醫師發現，海豚型病患如果有確實安排好睡覺的時間，就能幫助他們重回正軌，獲得可以讓自己更高產所需的睡眠。

你可以上 www.thepowerofwhenquiz.com 網站做測驗，找到適合自己的作息型態，不過還有別的方法。《防彈電台》的來賓強納森・威瑟（Jonathan Wisor）醫師是全世界研究睡眠與神經系統功能的權威。美國國防部與國家神經疾病和中風研究院資助他的實驗室，讓他把分子基因和生物化學的技術應用在睡眠的研究。然而有點諷刺的是，威瑟醫師建議採用一種極其低科技的方法，來確定你屬於哪種作息型態——只要休假一週，然後在想睡的時候去睡覺，想醒來的時候再起床就行。威瑟醫師認為，人的晝夜節律是一種強大的生物驅力，即便只是很短的時間內也能浮現出來。

一直以來我都深信「早起鳥兒」的迷思。成為生物駭客前，我一輩子都花在努力對抗天生的晝夜節律，逼迫自己成為早起的人。整整兩年，我逼自己在早上五點起床，靜坐一個小時。我相信這麼做是成功必須付出的代價。但你猜結果如何？這麼做沒有讓我更具有生產力，沒有讓我感到更快樂，也沒有讓我成為更好的人，這麼做只讓我感覺更疲累、神智不清、更沒有創意。

我花了幾年追蹤並駭入睡眠，才意識到為了成為晨型人，我浪費了一大堆精力。我不再對抗自己的身體，迫使它在自然而然警醒的時候睡覺、在自然而然感到疲憊時起床，最終我學會了如何與晝夜節律共處，結果我變得更具生產力、更快樂，而比起對抗自己晝夜節律以便抓到俗諺中那隻蟲的人，我的表現可能更勝他們。

與威瑟醫師的對談提供了確鑿的證據，解釋了晚上的我比早上的我表現更優秀的原因。我幾乎肯定屬於狼型。我睡到約莫早上八點四十五分，三更半夜時最具有創造力和生產力，也有更好的表現。事實上，本書（及我先前的著作）大部分內容都是我在半夜到凌晨五點之間完成，其他人這時都在睡夢中，**而我愛死了這種工作方式**。

我希望透過這些前線科學家的睡眠研究，我們的社會最終能擺脫過時的「早起鳥兒」心態，讓每個人能按照身體天生的節律過活。身為執行長，我寧願員工晚幾個小時上班，然後整天都很高產，而非早早上工卻少了可以真正使出真本事的精力。我認為每個人如果都知道這樣的資訊也會感同身受，我很感謝布勞斯醫師和威瑟醫師將**作息型態的重要性**公諸於世。

然而，兩位醫師都警告：有一項變數可能會打亂天生的節律，讓你很難按照自己的作息型態生活：光線。你的作息型態是以基因為根據，卻很容易受到光照影響。為了深入瞭解光線的影響，我造訪了薩欽・潘達（Satchin Panda）博士位於聖地牙哥的索爾克生物研究所（Salk Institute for Biological Studies）。在訪問他之前，他的研究生用電子顯微鏡給我看了眼睛內的特殊感光細胞（有「黑視素感測器」之稱），這種細胞能幫人體設定晝夜節律。這些感光細胞會偵測光頻，根據感測到的是一天中哪個時段來向身體發送訊息，分泌荷爾蒙。有趣的是，光線甚至能在盲人身上觸發反應。[4] 潘達博士已經辨識出控制人體中央計時系統的單一基因，並找到讓飲食與睡眠保持一致的基因，這項研究有助於解釋《防彈飲食》一書中所建議的間歇性斷食確實有效的原因。潘達的著作《節律密碼：從早到晚都能減重、快速補充精力、改善健康》（*The Circadian Code: Lose Weight, Supercharge Your Energy, and Transform Your Health from Morning to Midnight*）是一本蘊藏著何時該吃何物的資訊寶庫。

據潘達所言，眼睛內的感測細胞暴露在全光譜的光線下時（比如早上太陽升起時），會向身體發送起床的訊號，天黑時則通知身體「睡覺時間到了」，這就是為何要確保臥室晚上全黑的原因。如果眼睛內的感光細胞在晚上還偵測到人工光線，就算只是微量光線，都會讓黑色素減緩分泌而打亂睡眠形式。換句話說，你的身體不會收到「睡覺時間到了」的訊號。上床睡覺前，人體預期出現的訊號是紅光，這種光譜一般在日落時出現。我在家睡覺前經常使用 Joovv 燈具，這是一種高功率的紅光與紅外線 LED 光線治療儀，它會增強我身體預期的「日落訊號」。暴露在這些光譜之下的副作用包括皮膚變得更好、痊癒速度更快、睡得更為深沉。

更重要的一點是，要確保睡前避開藍光——智慧型手機、筆電、平板電腦都會散發這種光頻。眼睛內的感光細胞對這種光頻特別敏感，即便你使用了 LED 燈的光線治療儀，只要睡前暴露在這種光頻下，就可能破壞睡眠品質。一個簡單的破解法就是用黑膠帶（或帶有特殊圓點的好看設計）遮蓋臥室內的所有光線，讓房內完全漆黑。我也建議睡前戴上 TrueDark 眼鏡，這種眼鏡使用多層濾光片來阻擋所有已知會干擾睡眠的光頻，遠比「抗藍光」眼鏡有用。（在此透露：我深信這項專業技術，甚至投資了發明這項產品的公司。我使用這副眼鏡獲得了讓深度睡眠時間加倍的效果，而我在寫這段文字時正戴著它。）

確保白天曬到足夠的陽光也很重要。暴露在日光下會讓身體產生血清素，也就是「感覺良好」的神經傳導物質。你的身體會將血清素分解成褪黑激素，後者是幫你入睡的荷爾蒙。如果你在白天沒有暴露在足夠的自然陽光下，就不會產生足夠的褪黑激素，讓你在晚上一夜好眠。同時這也會打亂你的晝夜節律，即使你已經依自己的作息型態按照理想時間安排度過一整天。辦公室窗戶、車窗、隱形眼鏡、太陽眼鏡都會阻擋人體需要用來調節生理時鐘的必要光頻，因此每天走到戶外數次，每次至少待個幾分鐘，是非常重要的！

行動項目

- 按自己喜好選擇睡覺和起床的時間，或在 www.thepowerofwhenquiz.com 網站上進行布勞斯醫師的測驗，透過上述方法找出自己的作息型態。
- 考慮採用紅光 LED 療法，例如睡前和早上使用 Joovv 燈具——它真的有效！
- 考慮使用 TrueDark 眼鏡或紅外光的光線治療儀。
- 盡你所能調整你的每日行程，才能讓事情的安排對你有利，並在自己生物系統最適合的時候做該做的事情。
- 確保白天曬到足夠的陽光，晚上則阻擋所有的人工光線，你將體驗到品質大幅改善、更有效率的睡眠。
- 天黑後就別吃東西了！

◎推薦你聽

- "Lions, Dolphins and Bears, Oh My!" with Dr. Michael Breus, *Bulletproof Radio*, episode 344
- Jonathan Wisor, "Hack Your Sleep," *Bulletproof Radio*, episode 31
- "Owning Your Testosterone" with John Romaniello, *Bulletproof Radio*, episode 340
- Satchin Panda, "Light, Dark, and Your Belly," Parts 1 and 2, *Bulletproof Radio*, episodes 466 and

477

◎推薦你看

- Michael Breus, *The Power of When: Discover Your Chronotype—and the Best Time to Eat Lunch, Ask for a Raise, Have Sex, Write a Novel, Take Your Meds, and More*（麥可・布勞斯，《生理時鐘決定一切！：找到你的作息型態，健康、工作、人際，所有難題迎刃而解》，圓神出版）
- Satchin Panda, *The Circadian Code: Lose Weight, Supercharge Your Energy, and Transform Your Health from Morning to Midnight*

法則二十：睡眠品質比睡眠時間重要

如果你睡得很差，逼自己躺在枕頭上一點意義也沒有。如果你因為沒有以面對運動或工作的態度來面對自己的睡眠表現，因此需要睡得更久，那麼你就是在浪費生命。改變睡覺的方式和地點，追蹤自己的睡眠情況，直到你成為睡眠品質一流的人，不然你明天工作時就會自食惡果，明天甚至再過數年之後，則會淪落到住院的下場。

訪問菲利浦・衛斯特布魯克（Philip Westbrook）醫師的過程棒極了，他是頂尖的睡眠專家，也是加州大學洛杉磯分校的醫學系臨床教授。他最初對睡眠科學產生興趣是因為讀到了一篇報告，內容提及有些人會在睡著期間多次停止呼吸。身為胸腔科醫師，他希望瞭解這種情形是如何發生，以及為何發生。

在以當時來說很原始的一場實驗中，他找到一名睡著時會停止呼吸的病患進行初步研究：該名病患躺在衛斯特布魯克位於梅約診所診間外的輪床上，身體接上各式各樣的監視器，果然他一睡著之後，呼吸就停止了。這起早期病例記錄了當時罕見的病症：睡眠呼吸中止症，一種整晚呼吸會多次停止再開始的睡眠障礙。這個簡單的研究讓衛斯特布魯克醫師的職涯就此改變。

他開始研究人在睡覺時呼吸道會發生什麼事。他發現大腦在睡眠期間不會向控制上呼吸道開闔的肌肉發送訊號使其保持打開狀態，讓人得以呼吸。就像所有肌肉一樣，這些肌肉在睡眠期間也會放鬆，因此某些情況下，呼吸道可能會塌陷或近乎塌陷，妨礙呼吸的過程。人不呼吸就會死，因此只要暫時停止呼吸，身體就會自動清醒。然而，就算你只有輕度睡眠障礙，也可能不記得每晚曾經醒來很多次。這種情形會干擾睡眠的連續性和品質，讓你在白天無法好好表現，此外也是高血壓、心血管疾病、第二型糖尿病和認知功能衰退（包括諸如決策能力的執行功能）的重大風險因素。[5]

不記得自己曾經醒來，是真有這麼一回事。為了撰寫《防彈飲食》做研究時，我以幾乎零碳水化合物的生酮飲食法進行試驗，那段期間我的睡眠監視器通知我一晚至少醒了十幾次，而我卻不知道或不記得。我只知道早上醒來時感覺糟透了。我的睡眠監視器讓我發現，反覆進出酮症狀態的效果比永遠處於酮症狀態要來得好。我在一週中增加了幾次碳水化合物的攝取，解決了睡眠問題，最終改善了原有的飲食建議。我很震驚地發現，我居然不曉得自己醒得那麼頻繁，即便我沒有罹患呼吸中止症。這也顯示了人有多麼容易在全然不自知的情況下患有睡眠呼吸中止症。衛斯特布魯克醫師估計，本書讀者中約百分之十的人都患有某種程度的睡眠呼吸中止症，該症狀正影響著這些人的健康和每日表現。你呢？

創業家兼連續發明家的丹・列文多瓦斯基（Dan Levendowski）是引領數種突破性醫學科技發展的先驅，在他遇見衛斯特布魯克之前就知道自己有睡眠問題。丹從很小的時候起，睡覺時打呼一直很大聲，等到邁入四十出頭年紀，他的打鼾演變成完全符合睡眠呼吸中止症的情況。二〇〇〇年，他和衛斯特布魯克醫師討論可以運用哪些科技讓大眾更重視睡眠呼吸中止症的問題，並且能在自家進行診斷。他們合力研發出稱為「呼吸中止症風險評估系統」（ARES）的裝置，患者睡覺時，將此裝置戴在額頭上，就能診斷出是否患有睡眠呼吸中止症。（可惜維多利亞的秘密〔Victoria.s Secret〕絕不會認同我試過的任一種睡眠監視器，這個裝置也不例外。）

丹在使用ARES裝置時，顯示出當他仰躺時，平均一小時停止呼吸多達七十次，造成血氧濃度下降到危險的低數值。不過，當他側睡時，睡眠情況幾乎可說完全正常。他每小時醒來的次數令人震驚，但他睡覺姿勢的重要程度卻不令人意外。

睡眠專家一直以來都知道要避免用「仰臥」——也就是背部平躺——的睡姿。仰臥時，重力可能促使呼吸道塌陷。無論有沒有睡眠障礙，只要以平躺的姿勢睡覺，幾乎每個人都容易出現呼吸道塌陷、氧氣飽和度大幅下降的情形。沒有罹患睡眠呼吸中止症的人如果平躺著睡覺，只會讓打呼更嚴重，而有睡眠呼吸中止症的人在平躺姿勢下更可能停止呼吸。

醫界知道這件事已經很多年了，卻沒有真正的解決辦法。專精睡眠醫學的醫師經常建議患者在睡衣背部縫上網球，這麼一來以平躺的方式睡覺會讓他們不舒服，自然就能避免仰臥。當然，願意乖乖照做的病患少之又少實在合情合理，不過你還是可以在亞馬遜網站上購買縫入網球的短袖上衣。衛斯特布魯克醫師和丹想找到了另一種病患樂意採用的替代方案。

他們開發出一款稱為「Night Shift 睡側易」的產品，讓病患戴在脖子上。當你以平躺方式睡覺，感應到的 Night Shift 側睡頸帶會輕輕振動，促使你改變睡姿。重點在於，它不會吵醒你或擾亂你的睡眠，如果你沒有反應，振動感會逐漸增強。Night Shift 睡側易的另一個優點在於，它會記錄你睡眠品質的相關資訊，包括你翻成仰躺的姿勢多少次，以及你收到來自裝置的回饋後，多快做出反應。

我在研究如何睡得更好時，也發現正確的咬合方式對預防呼吸道塌陷很重要。十多年前我量身訂製了一個咬合板，讓下顎往前突出，它真的幫我改善了睡眠品質，也解決了打呼問題。咬合板出自德懷特．詹寧斯（Dwight Jennings）醫師之手，他改變了上千人的生活，包括我在內，方法是用口腔矯正器解決咬合不正的問題。在訪問他的過程中，詹寧斯醫師說，咬合正確的好處遠遠不只治好呼吸中止症，還包括在神經功能、壓力管理、耳鳴、甚至慢性疾病方面的驚人改善。我的大腦表現得更好，正因為他矯正了我的咬合。

美國國家衛生研究院提供了丹和衛斯特布魯克醫師補助，請他們研究出如何以口腔矯正器療法改善睡眠呼吸中止症。他們開發出一種暫時性的口腔矯正器產品，讓患者可以先行試用再花錢訂做。他們讓牙醫和醫院都能取得這項產品，後者提供給麻醉恢復後的病患使用，因為這些人最可能因為未診斷出的睡眠呼吸中止症而出現併發症。

你要怎麼知道自己是否可能罹患睡眠呼吸中止症？最常見的症狀就是打呼。打呼是一種徵兆，代表呼吸道在睡覺期間出現了略微塌陷，以及呼吸氣流在你試著吸氣時受到阻礙。你的打呼越大聲，越可能罹患睡眠呼吸中止症。如果你的伴侶或其他同床者注意到你在睡覺期間彷彿停止呼吸，那就是患病的嚴重危險因子了。最重要的是，如果你白天想睡覺，也就是說，你不只覺得疲倦，你甚至在不打算睡覺時睡著了，例如看電視或讀一本無聊的書的過程中睡著，那麼你也是這種疾病的高危險群。一旦有上述症狀，你有必要去檢查自己有沒有患病，才能回到「晚上睡得好、白天表現屌」的狀態。

不管你會不會打鼾，都值得考慮買個防磨牙套，因為夜間磨牙除了讓你睡得不好，也會造成慢性頭痛和口腔健康問題。我可是做夢也想不到自己有辦法不戴著這種牙套睡覺。無論是現成的防磨牙套，還是為了讓咬合正確並保持呼吸道暢通的訂製款，都是輕易能做到的睡眠破解法。

打造出 SAMINA 床墊（你可以形容成床墊界的賓利汽車）的岡瑟・W・阿曼恩—詹森（Günther W. Amann-Jennson）醫師認為，他找到了另一個解決睡眠呼吸中止症和其他健康問題的方法，而且是從出人意料之處得到了靈感：自然界。

包含人類在內所有兩百種靈長類動物都有肌肉骨骼方面的問題。[6]但在所有靈長類中，比起棲息在森林和睡在地上的動物，人類更加深受這些問題所苦。原來，當你睡在地上而非床墊上，你光憑直覺就能找到矯正肌肉骨骼失衡的姿勢，而這個失衡問題會造成下背痛、膝痛、拇囊炎等症狀。因為森林的地面就是「自然的整脊師」，它能讓胸腔維持不動、矯正脊椎、潤滑關節。

不過，這表示你得丟掉床墊，開始睡地板嗎？不，但這確實代表你應該注意睡覺時身體所擺的姿勢，這不只會影響睡眠品質，也會影響白天的精神狀態和生產力。知道了這點以後，我開始睡在一吋厚、非常硬實的泡棉墊上。我發現過了幾週硬生生的調整，我的睡眠情況好到不行，起床時也沒有半點痠痛。我每週至少四晚睡在這個泡棉墊上，讓身體能運作得更好。（其他晚上則睡在SAMINA床墊上）長期出差時，如果飯店的床墊過軟，我會睡在地板上，原因很簡單，這麼做能讓我在短時間內獲得品質更高的睡眠。我至今找到唯一和我家床墊一樣硬的飯店床墊，是在日本東京的傳統蕎麥床墊。

不過，除了很棒的床墊或很硬的地板，還有其他解救睡眠的方法。阿曼恩—詹森醫師注意到，野生動物和家畜睡在地上時都偏好用頭部略為抬高的姿勢睡覺，這讓他開始研究重力在睡眠過程中扮演的角色。

當我們清醒時身體站直，頭部高於心臟，血流朝重力的反方向流動，由心臟向上流至大腦。但睡覺時則是以水平姿勢橫躺著，心臟和頭部位於同樣的高度，消除了重力對腦循環的影響，顱內壓便增加了。阿曼恩—詹森醫師認為，整晚下來這股壓力會逐漸升高，造成大腦腔室——腦室——和神經元內部累積多餘的液體，導致腦水腫，也就是因過量液體而讓大腦腫脹的現象。以水平姿勢睡覺除了讓大腦腫脹，也會持續對眼睛、耳朵、臉部、鼻竇、甚至牙齦施加壓力，整顆腦袋會因為顱內不斷提升的壓力而負擔過重。

其實，關於重力對人體生理的影響，已經有一個領域做了數量驚人的研究了，那就是太空醫學。確實，太空人往往身處生物駭客最前線，他們待在太空時，頭部及大腦會累積多餘的液體造成顱內壓升高，伴隨著偏頭痛、青光眼、梅尼爾氏症等多種症狀。這表示我們需要受益於重力才能睡得健康，而為了睡得健康，就得像野生動物一樣，讓頭部睡得比心臟還高。

身為醫療人類學家的希德尼・羅斯・辛格（Sydney Ross Singer）醫師，研究了斜睡對偏頭痛患者的效果。他讓一百位偏頭痛患者睡覺時頭部抬高十到三十度，大部分患者只不過睡了幾晚就覺得症狀獲得改善，許多人還體驗到額外的好處：感覺休息得更充分，鼻竇充血的情形也減少了。[7]

據阿曼恩—詹森的觀察，斜睡除了減輕偏頭痛和充血狀況，也能降低血壓、減少水腫，靜脈曲張的情形也會因此減少，甚至可能預防阿茲海默症。有研究認為阿茲海默症有部分成因來自腦充血和頭內過多的壓力，患有阿茲海默症的大腦腦室通常是腫脹的，這意味著腦室的慢性壓力與阿茲海默症病患腦組織中的腦室周圍損傷有關。這點無疑值得進一步研究，也提醒你想想自己是否身受頭痛、慢性充血或睡眠呼吸中止症所苦。

在床頭下方擺些木塊，是既便宜又簡單的作法！我除了戴上量身訂製的防磨牙套、使用睡眠追蹤裝置、身處全然的黑暗之外，我也睡在斜躺床上很多年了。你有必要為自己和你所服務的人找到適合的睡眠升級法。毫無疑問，我在自己的整體睡眠品質上看到巨大的差別，希望這表示我會活得更久，在人生中表現得更好。最棒的是，上述改變多半不需要持續努力才會見效——它們只不過是一次性的變化而已。

行動項目

- 追蹤你的睡眠，察看你是否會在晚上醒來，而你自己卻沒意識到。
- 調整床的傾斜程度，讓你的頭部抬高十到三十度。
- 買個很棒的床墊（不含阻燃劑或甲醛）。
- 試著睡在又薄又硬的泡棉墊上一個月（我建議採用一吋厚、尺寸為八十乘四十八吋的高品質合成橡膠床單，價格約一百五十美元）。
- 嘗試可以幫你保持咬合正確的防磨牙套。
- 如果你認為自己受睡眠呼吸中止症所苦，試試 Night Shift 睡側易的側睡頸帶。
- 最起碼，別再平躺著睡覺了！

◎推薦你聽

- Phillip Westbrook and Dan Levendowski, "Sleep for Performance," *Bulletproof Radio*, episode 129
- Dwight Jennings, "A Live Look at Bite Realignment & How TMJ Impedes Performance," *Bulletproof Radio*, episode 182

法則二十一：在警鐘敲響前上床睡覺

那些擁有最高水準表現、同時承受最多壓力的人，最有可能不睡覺，而他們也會付出最高的代價。你累的時候就沒辦法拿出厲害的表現了。睡眠由不得你選擇。

訪問雅莉安娜．哈芬頓（Arianna Huffington）真的充滿樂趣，她是暢銷作家、幹勁十足的創業家，《哈芬登郵報》創辦人，而且還創辦了兩次。我們首次見面時，她在《哈芬登郵報》總部工作室親切地招待我，我們相處得很融洽。雅莉安娜是公認的狠角色。二〇一一年，《時代》雜誌將她提名為「全球百大最具影響力人士」，要達到如此成就，無疑需要一番努力，而雅莉安娜在犧牲睡眠以換取事業高峰後，不得不為此付出代價。

二〇〇七年，雅莉安娜在辦公室工作時昏倒了。她倒下時，頭撞上了辦公桌，撞斷了顴骨，割傷了眼睛，醒來時人躺在血泊之中。她看了一個又一個醫生，想知道讓她昏倒的背後是不是隱藏著什麼疾病問題，結果發現她倒下純粹因為精疲力盡和睡眠不足。

這是很典型的當頭棒喝，也讓雅莉安娜開始檢視過往的生活型態，以及她對成功的定義。兩年前她創辦的《哈芬登郵報》以驚人的速度成長，為了發展事業，她需要一週工作七天，每天工作十八小時，結果確實成功了。表面上雅莉安娜極為成功，她登上雜誌封面，公司業務蒸蒸日上，她彷彿火力全開。

但她倒下後才開始問自己，這真的是成功該有的模樣嗎？她發現，多數人都把成功定義為擁有財富與權力，但這些只是頭兩個衡量標準，光靠這兩者來定義成功的生活，就像試著坐在兩腳椅上：你每次都會倒下。根據雅莉安娜的看法，第三個衡量標準是**健康幸福**。健康幸福包含了花時間好好休息，讓自己恢復元氣，同時也不忘使命感和內在智慧。

自那次意外起，雅莉安娜在生活方式上做出許多改變，尤其是睡眠習慣。而就連她本人也對成果大感驚訝。花時間恢復活力沒有讓她的事業放慢腳步，反而帶她登上成功的更高境界。美國線上公司（AOL）在二〇一一年收購了《哈芬登郵報》，雅莉安娜則在二〇一六年成立了名叫「芮福全球」（Thrive Global）的新創公司，提供健康與幸福的相關內容和訓練。她接著加入 Uber 董事會，協助改善其企業文化。她發現當她越優先考慮與內心對話並照顧好自己，就變得越有生產力、越成功。雅莉安娜認為自己之所以現在擁有更多成就，是因為每晚都睡上七到九小時，每天都花時間靜坐、散步、做瑜珈。

直到她達成了健康幸福這第三個衡量標準，才意識到自己以前遠遠稱不上擁有健康幸福。如果你在她倒下的那個早上問她，她過得好嗎，她會回答說自己過得很不錯——而且她真心這麼認為。她就和大部分人一樣相信為事業所做的犧牲是必要且值得的。如今她認為這只是錯覺，我們不必以成功之名犧牲健康幸福。事實上，我們優先考量到自己的健康幸福，就會變得成功。

雅莉安娜將人必須努力工作到累壞的地步才能成功的這種假設，比作人們從古至今所抱持的諸多錯誤觀念，例如以前的人相信地球是平的，或是太陽繞著地球轉。她成立芮福全球公司的目的就是要打破這個觀念，她的努力也收到成效。該公司近期與摩根大通（J.P. Morgan）合作後，資深的高階主管注意到，當他們要求員工注重睡眠、重新充電、表達感激、進行正念時，對利潤產生了正面影響。

我們有太多人都經歷過像雅莉安娜那樣的當頭棒喝。我們不斷驅策自己直到身心俱疲，彷彿最賣力的那個人就會贏得大獎，但這完全與達到「防彈狀態」的定義相反。

在我明白這點以前，有一次從舊金山飛到中國進行主題演講，隔天就跳上飛往佛羅里達的班機，趕赴另一個當時看似很重要的科技研討會，發表另一場演講。隔天早上，我還沒喝防彈咖啡甚至喝口水（因為我得在安檢處丟掉）就登上凌晨五點飛離佛羅里達的航班，然後真的在起飛後沒多久昏倒在飛機走道上。我不記得自己昏了過去，卻記得被搖醒前睡了有史以來感覺最香甜的一覺。

我當時累壞了，可能也脫水了，而且老實說，我應該更清楚自身狀況才對。我醒過來時，一名空服人員正在用廣播系統著急詢問機上是否有醫生，另一名空服人員則試著讓我喝杯柳橙汁。「不，」我在半睡半醒的狀態下堅持道：「我還處於酮症狀態！」幸運的是，我倒下時沒有撞到頭，或因為跌倒而出現其他健康上的問題。這足以提醒我們，在警鐘被迫敲響前，一定要上床睡覺。

儘管我們的解決方法略有不同，我駭入了自己的睡眠，因此能在短時間內獲得品質更好的睡眠，雅莉安娜則是把重點放在每晚睡了幾小時，但我們兩人的經驗卻非常相似。我很清楚當自己重新充電也獲得充分休息時，我會是一名更好的丈夫、父親、執行長。我和雅莉安娜昏倒的時候，可是什麼也完成不了啊！雅莉安娜知道這樣的故事很常見，她想讓大眾從我們的錯誤中學習，所以現在就請你開始重視健康福祉，這樣你才能真正成長茁壯。

如今，我會和助理一同安排行程，讓自己獲得充足的睡眠，每天也至少會有半小時的「升級時間」，而這段時間是原本就包含在**工作日程**中。如果你不為自己安排出這樣的時間，其他較不重要的某人或某事將會占據這段時間，而你將因此付出代價。

行動項目

- 請你利用一週的時間，每天逼自己比平常早睡一小時，看看隔天感覺變得有多好。
- 從頭到尾檢視你的行程，取消對你的使命來說無關緊要、也不必強制參加的會議和活動。
- 把上述原本預約好的時間，用重新充電、恢復元氣、補充精力的個人時間取代。

◎推薦你聽

- "Arianna Huffington Is Thriving," *Bulletproof Radio*, episode 133
- Arianna Huffington, "Preventing Burnout & Recharging Your Batteries," *Bulletproof Radio*, episode 384

◎推薦你看

- Arianna Huffington, *Thrive: The Third Metric to Redefining Success and Creating a Life of Well-Being, Wisdom, and Wonder*（雅莉安娜・哈芬登，《從容的力量》，平安文化出版）

8 朝獵物擲石，別窮追不捨

當我們說到成功和拿出最高水準的表現，通常會想到逼迫自己突破極限。而我們也看到了，把身體逼到筋疲力竭的地步是必敗之策。獲得充份的休息，才是擁有高成就的關鍵。此外，你也可以採取前文探討過的策略，如在行程表中空出時間靜坐、做瑜珈、練習呼吸技巧，或只是花很長的時間去散步。

你會發現我在第七章列出的清單沒有包括綜合體能訓練、飛輪課或馬拉松訓練，這並不是說進行這些消遣有什麼問題——運動有益健康，也讓人感覺很棒，更是顛覆傳統者對於表現更厲害所提出的第四項策略。問題在於，我們太過專注於**「運動」**，而忘了**「動作」**。人體毫無疑問是專門為了動來動去而打造，但大部分人卻動得不夠多。當然，嚴格來講運動也是一種動作形式，只不過是短期而激烈的爆發式動作，而持續的功能性動作並不等同於運動。

因此，儘管許多來賓都把運動視為成功的關鍵之一，但我希望稍微修改這個建議，專注在動作上。根據我的經驗，當一般人太過注重運動這個概念，往往會浪費大量時間和精力。當我重達三百磅時，我下定決心要靠運動擺脫體重，我每天運動九十分鐘，一週鍛鍊六天，就這樣持續了十八個月。無論這樣的運動方式讓我多痛苦，或讓我多累，我依然每天做足四十五分鐘的有氧運動，以及四十五分鐘的重訓。不料最後的結果讓我失去幹勁，也令我非常洩氣，我成了一個非常強壯的肥胖者。

事實上，我指導過的高水準表現人士——包括執行長和避險基金經理人——正好屬於過度鍛鍊或為了鐵人三項比賽拚命、同時經營著公司的這一類人。結果不難預料，他們的性慾減退、性荷爾蒙減少、睡眠品質降低，受傷和發炎導致慢性疼痛；諷刺的是，這種疼痛讓他們更少動用到全身的肌肉。少數幾個人確實努力熬完所有訓練，但長期維持下去的人並不多。

一旦你讓肌肉和關節自由做它們本來該做的工作，就會看起來更健康、感覺更良好。你可以抱起小孩而不會痛得縮手，你可以整天站得直挺挺而不會到了中午慢慢開始駝背，你也終於可以用有效的方式運動，並且在不會受傷的情況下持續好幾年。

能用正確方式移動，是任何鍛鍊方式或運動消遣的基礎，地球上沒有哪種運動鍛鍊是不需要功能性動作的。因此，本章把重點擺在動作的重要性，以及專家對於如何運動才能顛覆傳統發表的看法。

法則二十二：會走路之前，先別學跑

高風險運動——包括跑步——不會讓你成為更好的人，但隨之而來的運動傷害對你在生活中所能做的每件事，都會是個負擔。當你重建自己的神經系統以便活動自如，就會降低高風險運動的風險。而你浪費在以錯誤方式移動的所有精力，都能供你用在更值得去做的事情上。為了運動而運動，不只是浪費時間，而以錯誤的方式運動，對你的身體更是一種傷害。

還記得電影《駭客任務》中有一幕是主角尼歐看著世界，眼中所見只有駭客才有辦法看到的數字「一與零」嗎？有些專家只要看一眼你是如何站立、如何走路、如何移動，就比你以為的還要瞭解你。凱利．史達雷（Kelly Starrett）就是這樣的專家。他是混合健身訓練界的知名人士，教導過全球頂尖運動員和企業高層達到活動自如的境界。他也是一名教練和物理治療師，著有內容獨特的健身書籍《靈活如豹：掌握動作技巧、提升運動表現、預防傷痛的終極指南》（*Becoming a Supple Leopard: The Ultimate Guide to Resolving Pain, Preventing Injury, and Optimizing Athletic Performance*）。

凱利希望改變大眾對於跑步與移動的觀念。熱愛跑步的人相信，跑步是一種健康又聰明的運動方式，甚至是某種「人之所以為人」的獨特之處。但這是真的嗎？人類真的生來就要跑步嗎？凱利在訪談中解釋，他一直以來都是個運動人，但高中打美式足球時，他開始出現膝痛，這毛病困擾了他好幾年。後來他發現造成疼痛的原因是不正確的跑步姿勢，他的雙腳並不強健，他的關節活動度（又稱「關節可動範圍」）也不足以讓他用正確的方式跑步，於是膝蓋為此付出了代價。

這並非罕見的問題。根據凱利所言，每週至少跑步三次的人當中，百分之八十的人都會在一年內受傷。這樣的數據也許嚇人，但並不是因為跑步本身具有危險，而是因為多數人沒有安全跑步所需要的運動控制（也稱「動作控制」）和關節可動範圍。為了運動，無論是皮拉提斯、混合健身訓練或跑步，你必須確保自己是在要求身體完成它能妥善執行的動作，這通常需要你回歸基礎，學會以正確方式做簡單的動作。然而，我們目前久坐不動的生活習慣卻讓我們無法正確做好這些動作。換句話說，你必須先掌握如何做好**動作**，才能開始做好**運動**。

那麼，該怎麼展開動作的練習？一九九五年，格雷・庫克（Gray Cook）與李・波頓（Lee Burton）兩名物理治療師攜手合作蒐集了統計資料，希望幫助病人預防運動傷害。他們針對人類運動方式的研究漸漸發展成現今稱為「功能性動作系統」（Functional Movement Systems）的組織，專門評估每個人是否能以正確的方式移動。

任何計畫如果沒有建立一個基準，就很難知道要從哪裡著手。雖然有些問題顯而易見，但關於人的動作範圍極限，可能就沒那麼容易看出來。功能性動作系統公司打造出一套標準程序來測試你能活動的程度，針對你的動作範圍極限提供適用的技巧，一旦你擁有正確運動的技巧，你就能跑步或做任何種類的運動，而不會冒著受傷的風險。

據凱利所說，好消息是人的身體一旦學會以正確方式活動，就能自動修正。身體正確的排列姿勢線路早就存在，而當你練習讓身體擺出更恰當的姿勢，它會重啟這條線路。凱利協助患者練習正確的移動方式，他形容這個過程就像把電線穿過早已佈好的導線管。人並非天生就肌肉僵硬、缺乏柔軟度，造成問題的是積年累月的壞習慣，但你可以改掉它們。

凱利在患者身上看到引發問題的頭號原因，就是**坐太久了**。令人意外的是，這點不只出現在久坐不動習慣的一般人，連運動員也是如此。這是「運動」概念的另一個問題：大家通常在早上或晚上確認自己有運動之後，就把其餘時間耗在一張椅子上。所以，這些人基本屬於久坐不動的類型，一天動個四十五分鐘就自認超級健康又自命不凡。凱利請跟他合作的職業足球隊隊員追蹤自己的運動習慣，發現他們一天會坐上十四到十六個小時，而這些人還是職業運動員！果然，他們之中有許多人都有慢性膝痛和下背痛的毛病，對他們的表現產生了負面影響。凱利發現他們的問題並非來自運動傷害，而是缺乏活動導致。

另一位動作界的先驅是B．J．貝克（BJ Baker），他是波士頓紅襪隊的首位肌力與體能訓練員，涉足職業運動員的訓練、準備、營養諮詢、復健工作，幾乎每種運動都有他的蹤跡。他同意凱利的評估，並且表示一天坐六或八小時可以抵銷健身一兩個小時的效果。

貝克對患者進行功能性的動作評估，量化他們做得到和做不到的動作。在評估一些八歲兒童時，他經常看到他們無法做出簡單的深蹲。這些孩子也震驚地發現自己無法做出相當基本的動作，而這些動作都不需要花費很大的力氣。要做到這些動作，需要的不是力氣，而是關節的穩定度和活動度，這些是整天坐著的小孩所缺乏的。不過，只要減少坐的時間，並且練習正確動作，就能重拾這些能力。

貝克的許多患者光靠學習正確動作，就體驗到驚人的療效。比方說，貝克有一名叫比爾的客戶因為高膽固醇而服用還原酶抑制劑降血脂藥物，也服用其他藥物來降血壓。他比標準體重多了十八公斤，姿勢糟到不行。事實上，脊椎彎曲導致他身高整整矮了五公分。貝克矯正了他的動作，處理他的姿勢問題，也針對他的飲食做了細微的調整。八個月後，比爾不需服用上述藥物、瘦了十八公斤、身高長回四公分左右，而他所做的就只是改善姿勢及核心肌力，並重新恢復肌肉組織應有的長度。光這麼做的效果，就相當於抵銷了比爾累積了二十年的壞習慣！

我從小到大都以為活動時感到疼痛是很正常的事。因此疼痛沒有阻止我踢了十三年的競技足球，結果踢球時我總是處於極大的痛苦之中。此後，我與經驗豐富的老師每週練習瑜珈數次，持續五年後，我學會了微調移動方式，大部分的疼痛及反覆受傷的情形就這麼消失了。

要訓練柔軟度和學習活動到身上的特定肌肉，做瑜珈是很棒的方法，但卻不是學習如何以最有效方式走路、坐著或移動的最佳方法。即使做了那麼多年的瑜珈，我也是在請專家評估我的動作，並且微調我坐著、移動和走路的方式，藉此學會正確的功能性動作之後，才在運動方式上擁有更上一層樓的自由度；而我從中獲得的好處則反映在下半輩子都能展現出突破自我的表現上。

當你學會以正確的方式活動身體，也可能得到相同的好處。無論你選擇跑步、游泳、舉重、把腳放到頭後方或跳舞，用正確姿勢活動身體，將提升你顛覆傳統規則的能力。不過，選擇一種可以在短時間內提供最大效益的運動方式也很重要，我們來看下一條法則。

行動項目

- 找一位功能性動作教練，請他協助你改掉不正確的身體動作。「功能性動作系統」是很適合的入門方法。
- 買一個可調整高度的升降桌，你才能每天又坐又站（我是用 www.standdesk.co 的商品）。

- 試試伊格修（Egoscue）運動療法（參考網頁資訊 www.egoscue.com），改善姿勢、將疼痛降到最低、強化表現。

◎推薦你聽

- Kelly Starrett, "Bulletproof Your Mobility & Performance," *Bulletproof Radio*, episode 43
- Kelly Starrett, "Systems Thinking, Movement, and Running," *Bulletproof Radio*, episode 156
- BJ Baker, "Primal Movements," *Bulletproof Radio*, episode 93
- Doug McGuff, "Body by Science," *Bulletproof Radio*, episode 364
- "Mastering Posture, Pain & Performance in 4 Minutes a Day with Egoscue," *Bulletproof Radio*, episode 429
- John Amaral, "Listen to the Force: Upgrade Your Life," *Bulletproof Radio*, episode 462

◎推薦你看

- Kelly Starrett with Glen Cordoza, *Becoming a Supple Leopard: The Ultimate Guide to Resolving Pain, Preventing Injury, and Optimizing Athletic Performance*（凱利・史達雷與格倫・科多扎，《靈活如豹：掌握動作技巧，提升運動表現，預防傷痛的終極指南》，大家出版）
- Doug McGiff and John Little, *Body by Science: A ResearchBased Program for Strength Training, Body Building, and Complete Fitness in 12 Minutes a Week*

跑馬拉松會讓你成為更好的人——一般人很難抗拒這種念頭。第一次跑馬拉松時，也許真是如此，因為它會增強意志力。然而，更重要的事實是，做太多有氧運動會對身體造成壓力，而要達成結果需要花費的時間也太長了。擁有高水準表現的人會以有效的方式運動，這意味著在對的時間採用對的計畫，刺激身體分泌對的荷爾蒙。

查爾斯．波利金（Charles Poliquin）是世界上最早出現的「生物駭客」，遠比我定義這個詞彙還早。他是全球知名的肌力和體能教育學家與教練，協助過許多世界菁英運動員拿出超常的表現，讓他們在多達十七種運動中獲得數以百計的獎牌、勝利和最佳紀錄。數十年來，查爾斯都在研究人向肌肉發送的訊號是如何為身體帶來改變，完全不在乎其他人是否喜歡他從中獲得的洞見。他是個有遠見的人，往往在其他人帶動趨勢前，就已經對現有研究知之甚深，這正是許多職業選手與他合作的原因，這也是為什麼我喜歡和他相處，還邀請他上節目。

查爾斯透過研究得到的結論是，比起他聲稱會造成大腦老化的長距離有氧運動，**肌力訓練**對大腦健康和整體表現更加有益。這個看法的確激怒了某些人（即耐力運動員），但最新醫學研究證實了這點。如果你屬於那些熱愛耐力運動而被激怒的人，請耐著性子讀下去。我不是說你應該完全放棄你最愛的運動，但我建議你務必要鍛鍊到自己的肌力。（無論男女）

二〇一三年，科學家研究了哪一種運動對深受帕金森氏症所苦的病患最有益。[1]他們在臨床試驗中測試了三種運動：低強度的跑步機運動（走路）、高強度的跑步機運動（跑步）、結合伸展與阻力的（重量）訓練。我與查爾斯對談時已經熟悉這項研究，但我不曉得那群科學家採用的試驗計畫書早已諮詢過他。查爾斯在研究展開前就告訴他們，有氧運動會讓病患的症狀惡化，他是對的。查爾斯稱這是個「不用廢話我也知道」的研究。正如他所預料，進行了結合伸展與重量訓練的病患獲得了最好的結果，而某些病患也受益於在跑步機上進行的低阻力走路運動。

這些研究結果可以套用在沒有罹患帕金森氏症的人身上嗎？查爾斯認為答案是肯定的。不過他表示，有氧運動確實有公認的好處，特別是對高血壓患者、肥胖或久坐不動或腹部滿是內臟脂肪的人，但長期進行有氧訓練，卻具有許多人沒有意識到的嚴重負面影響。

首先，有氧訓練會讓皮質醇（壓力激素）濃度上升，造成發炎並加速老化。皮質醇濃度高會增加體內的氧化物含量，這些氧化物會增加大腦、心臟、消化道和其他器官內的發炎情形。要澄清的是，阻力訓練也會提高皮質醇濃度，但這種提升所帶來的影響將被做完有氧運動後不會分泌的有益荷爾蒙所抵銷。

二〇一〇年的一項研究針對逾三百名耐力運動員（長跑者、鐵人三項選手、自由車手）進行皮質醇的濃度測試，再將測量結果與非運動員的對照組相比較。結果顯示，有氧運動員的皮質醇濃度比對照組高出許多，而皮質醇濃度越高與訓練量越多呈現正相關。研究人員下了結論：「數據顯示，耐力運動員因密集訓練和競技比賽而反覆承受的身體壓力，與長時間暴露在提高的皮質醇濃度下有關。」[2]

二〇一一年的另一項研究則檢視自行車運動對健康、活動力充足的年輕男性造成的影響，結果發現該運動大幅提高皮質醇濃度與發炎指標。[3]這可是相當嚴重的問題，因為慢性發炎是許多致命疾病的根源，包括心血管疾病、癌症、糖尿病與阿茲海默症。[4]發炎也與思緒清晰程度下降和精力衰退有直接關聯。

此外，為了回應有氧訓練期間呼吸加快而造成的富氧環境，人體會產生有害的自由基，這些自由基會帶來氧化壓力，意味著它們的數量遠遠勝過體內可以抵消自由基傷害的抗氧化物。氧化壓力是造成老化的主要因素，而研究已經證實，過度的有氧運動會造成氧化壓力。[5]

我和查爾斯都建議補充抗氧化劑或益生菌來抵消有氧運動帶來的老化影響，但查爾斯認為，只需在固定的運動習慣中加入阻力訓練，就會更有效果。肌力訓練會促使人體分泌同化荷爾蒙，協助抵消氧化壓力的影響，並打造肌肉、骨骼和結締組織，這種組織也能讓你做更多的有氧運動，卻不受到氧化壓力的傷害。舉例來說，我們都知道要預防骨質流失的骨質缺乏症，阻力訓練非常有用，而有氧運動卻會降低骨質密度，導致骨質缺乏症的出現。[6]

查爾斯跟我分享了一九八〇年代在塔夫斯大學（Tufts University）進行的一系列研究，檢視可預測老化的因素。研究揭露了最重要的衡量指標是肌肉量，第二重要指標則是肌力，這些指標的重要性都遠高於膽固醇濃度、高血壓、靜止心率、最大心率，以及所有被視為可以預測健康老化的因素。

事實上，我們從三十歲起，肌肉量就以每十年高達百分之三到五的速率減少，[7]這種肌肉量退化性減少的情形稱為「**肌少症**」。不過，雖然肌肉流失幾乎無可避免，卻也完全可逆，只要藉由結合動作和重訓的運動，並且刺激肌肉和神經系統，就可以重新打造失去的肌肉、減少發炎情形、降低氧化壓力、擁有較佳的肌力與骨骼健康，同時減緩老化速度。聽起來相當不錯！

馬克．希森（Mark Sisson）是健康與健身專家，著有暢銷書《原始藍圖：基因重新編程打造毫不費力的減重方式、健康活力與無窮精力》（*The Primal Blueprint: Reprogram Your Genes for Effortless Weight Loss, Vibrant Health, and Boundless Energy*），十年前他創造了「慢性有氧」這個詞來形容許多耐力運動員所採用的訓練方式：長時間維持最大心跳率的百分之七十五到八十。馬克本人就是用這種方式進行訓練。身為前長跑者和鐵人三項運動選手，馬克以前會攝取大量的碳水化合物，讓自己有足夠的能量進行耐力運動。然而這種攝取發炎食物的生活習慣加上訓練過度，導致他患上骨關節炎和腸躁症候群，運動生涯只好畫下句點。

成為教練之後，馬克看到自己訓練的運動員出現同樣的問題——他們訓練過度、訓練時間過長，獲得的成果卻不如預期。於是他開始研究如何在不訓練過度的情況下提高耐力，他終於發現一套方法：做大量動來動去的初階活動，偶爾搬搬重物，每週衝刺一次。他說，肌耐力訓練的關鍵是結合初階訓練與偶爾進行全力以赴的扎實訓練，這就是我們祖先活動的方式。他們一次不會跑上一小時或超過一小時，反而始終在做一些低強度活動，燃燒儲存的體脂肪，然後每隔一陣子身陷危險之中或外出打獵時，才會竭盡全力。

對於今日的多數人來說，要仿照這樣的活動模式並不容易，因此馬克建議我們做三十分鐘到一小時不等的低至中強度的有氧動作，例如快走、健行、騎腳踏車等。你不需要每天做，但每週至少做個幾次才是重點。進行這些活動時，目標是維持最能燃燒脂肪的心跳率。對於身材勻稱的人來說，這個數值可能高達最大心跳率的百分之七十到八十之間，但對大部分的人而言，則接近百分之六十到七十。這種理想的活動程度會讓人減少體脂肪、增加微血管網、降血壓，並降低發展為退化性疾病的風險，包括心臟疾病。許多好處都源自強度相對低的活動——低到像**每天快走二十分鐘**。

馬克也建議我們，在這樣的運動習慣中加入每週一兩次的有氧間歇運動。他表示，負重、無氧的爆發型運動都是打造肌肉的最佳方式，而要減少發炎並增進整體健康，肌肉量不可或缺。這種訓練方式也會增加有氧耐力、促進分泌自然生長激素，並且提高胰島素抗性。

儘管查爾斯和馬克的背景天差地遠，但有趣的是，兩人以幾乎相同的原因建議採行相似的健康計畫。你可能會驚訝地發現，同一領域的另一名專家也深感同意，他就是年屆七十八歲且聞名全球的比爾．席爾斯（Bill Sears）醫師，他探討神經系統發展與父母教養的著作超過三十本。

席爾斯醫師到新加坡演講時造訪了一個漂亮的溫室，儘管溫室中一草一木都受到最好的照料，但那些花草仍以驚人的速度枯萎。最終，負責照料的人注意到一個現象：樹木都沒在動。因此他在溫室內放置了風扇。沒想到，當這些樹木能稍微活動之後，便開始茂盛生長。席爾斯醫師以此作為人類健康最基礎程度的比喻：如同植物，人類要成長茁壯不只需要食物、水和陽光，也需要能刺激我們動一動的環境。

任何有意識的動作都會帶來一連串的效果，促進神經生成、神經保護、神經再生、細胞存活、突觸可塑性、新記憶的形成與保留。動一動也會讓你更快樂，最可能的原因是，這麼做將促使腦內啡分泌。蓋洛普與共享照護的幸福指數（Gallup-Sharecare Well-Being Index）顯示，每週至少運動兩天的人，比起沒有運動的人會感到更快樂，而且壓力較少。

雖然凱利・史達雷與席爾斯醫師相隔一整個世代，出身背景也大不相同，兩人的看法卻完全一致。正如凱利所言，認知功能與神經系統的運作密不可分。如果你想向上調節認知功能，就必須先把動作向上調節。唯一有待商榷的就是：你得多久動一次。

行動項目

- 從葉子的觀察中學習：當你靜止太久、坐太久之後又不活動，就會枯萎而死；但是當你以自然又自由的方式適度活動，就會成長茁壯。
- 每週搬重物一次。
- 每週伸展兩次。
- 每週衝刺一次。
- 走路或做慢速有氧運動二十到六十分鐘，每週三到六次。

◎推薦你聽

- Charles Poliquin, "Aerobic Exercise May Be Destroying Your Body, Weightlifting Can Save It,"

Bulletproof Radio, episode 378

- Mark Sisson, “Get Primal on Your Cardio,” *Bulletproof Radio*, episode 314
- Bill Sears, “How to Avoid & Fix the Damaging Effects of Diet-Induced Inflammation,” *Bulletproof Radio*, episode 397

◎推薦你看

- Mark Sisson, *The Primal Blueprint: Reprogram Your Genes for Effortless Weight Loss, Vibrant Health, and Boundless Energy*

法則二十四：靈活有彈性，讓你表現更厲害

雖然伸展運動未必帶來明顯的成果，卻能為活動與表現的方式帶來改變。高水準表現的關鍵要素之一就是「復原力」，而藉由伸展運動、瑜珈或正確的呼吸方式使身心達成一致，將是打造復原力的強大方法。

一提到菁英般的表現，很難不想到美國的海豹部隊。這就是我邀請已退休的海豹部隊隊員馬克・迪范（Mark Divine）上《防彈電台》的原因。馬克分享他如何成為軍事界的箇中高手。如今他

不再率領菁英部隊作戰，而是教導高階主管團隊如何保持精力充沛、高集中力、堅忍不拔、鎮定自若，也就是他在戰功彪炳的軍事生涯中展現出來的特質。馬克給人感覺性格沉著，而且為人和善，事實上，我提到他的名字比較適合脫衣舞男時，他沒有感覺被冒犯，反而開懷大笑。

馬克解釋，最有助於他顛覆傳統規則的事情之一，就是練習阿斯坦加（Ashtanga）瑜珈，有部分是因為這種瑜珈令他想起曾經受過的武術訓練。他熟記每個等級的動作，按照等級難度循序漸進，從一級升到下一級，就像他當初學武術時一次次取得各級腰帶一樣。練瑜珈的整個過程都使人獲得成就感、富有鬥志，而這正是這派瑜珈的寫照。（也有其他有效但較溫和的瑜珈類型。）

不過，由於馬克一而再再而三做著同一套動作，身體開始因為過度使用而出現傷害，類似於每天做同一套軍事體操或混合健身訓練動作所造成的傷害。反覆相同的動作會導致一種功能不良的動作模式，難免令人受傷。馬克很欣慰能從瑜珈練習中獲得好處，包括思緒清晰、獲得彈性，但他因此受了傷，而且筋疲力竭。

當時馬克還是一名是預備軍官，二〇〇四年被派往伊拉克。在不久前，他的友人史帝芬（Stephen "Scott" Helvenston）正是在法魯加被叛亂份子伏擊的四名黑水（Blackwater）軍事承包商護衛隊員之一。史帝芬慘遭殺害，殺戮的寫實影像令馬克驚惶不安，他很清楚自己即將踏上讓他朋友慘死的地區。然後，就在派駐前幾天，一群恐怖份子上傳了尼克．貝爾格（Nick Berg）的斬首影片，那是一名來自美國賓州的無線電塔維修人員。

前往巴格達途中，馬克一輩子從未那麼緊張過，他強烈意識到什麼事都可能發生，他處於最高警戒狀態。搭機期間，坐不住的他走向飛機尾端開始做起瑜珈，這讓他的腦袋頓時冷靜下來，重新控制住情緒。當飛機朝伊拉克沙漠方向飛去，他感覺好多了，等到降落巴格達，他的狀態雖稱不上完美的禪定——畢竟身處作戰區——但他已經更冷靜地處於當下、專心一致，準備好面對接下來的挑戰。

結果，做完瑜珈讓他的身心狀態迅速得到調節，並且冷靜下來。馬克踏上戰場不到十五分鐘，就聽到有人大喊「炮火來襲！」緊接著出現了迫擊砲呼嘯聲，迫擊砲朝他飛來，在距離他四百公尺遠的地方炸開。「好，」馬克對自己說，「歡迎加入戰鬥。」

之後，幾名海豹部隊隊員開車接應馬克，前往海豹部隊位於曾經作為海珊行宮的營區。在那裡，他很難找到可以鍛鍊的場所，然而海豹部隊總能臨機應變地找到方法訓練，就算正執行持續到三更半夜的戰鬥任務。距離最近的健身房位於勝利軍營，需要開武裝悍馬車才能到達，一路上還可能碰上戰鬥，實在不值得馬克冒著風險或花那麼多時間。他開始繞著營區跑了五公里，接著做徒手訓練，沒多久他心癢難耐地升起做瑜珈的念頭，但他很清楚巴格達或伊拉克沒有人在開瑜珈課。所以，他決定憑直覺做起瑜珈，根據他從熱瑜珈、動力瑜珈和阿斯坦加瑜珈學來的動作。

馬克在營區湖邊找到一小塊地，畫出自己的地盤。實際情況可能不像聽起來那樣美好，首先，那個區域滿布交火留下的坑坑洞洞，不過附近有樹遮蔭，不受沙漠熱風吹襲，地點也夠遠，讓馬克不會被同基地的戰士以奇怪目光盯著猛瞧。馬克每天早上跳過早餐不吃，在他的新訓地點尋求慰藉，他以各種方式嘗試結合瑜珈姿勢、功能性間歇運動、自衛招式、呼吸與觀想練習。他發現完成整套訓練後，不可思議地感到既敏銳又鎮靜。

此時他已經對動作和呼吸練習有了足夠瞭解，可以十分順暢地將兩者結合起來。如果他需要恢復精力，就會選擇能幫助復原並抵擋作戰壓力的姿勢、呼吸技巧與觀想。如果他想鍛鍊一番，就會選擇強度更高的姿勢來熱身，再完成一套徒手運動的動作，接著做些瑜珈坐姿和專注力訓練。這樣的訓練慣例成了馬克在混亂交戰情形下的核心基礎，在伊拉克戰爭正酣之際，讓他能在展開每一天時感到冷靜、身處當下、精力充沛，並且控制情緒，也為作戰任務做好準備。我們每個人都可以擁有這樣的體驗。

漸漸地，馬克將這套練習發展為一種訓練方式，任何人都能依喜好進行，他也將之用來訓練其他的海豹部隊隊員。在這個過程中，他發現瑜珈是一種最適合與功能性健身訓練互補的運動，而不是彼此取代。瑜珈與某些類型的負重訓練搭配起來可以提供平衡荷爾蒙、增強肌力與柔軟度的全面訓練，在促進生長激素分泌方面也有驚人的成效，這種激素對細胞複製與再生來說不可或缺。

馬克的訓練方式融合了呼吸練習、心智訓練（專注力、觀想或冥想）與功能性動作，具體內容包含傳統的瑜珈姿勢、混合健身訓練、甩盪壺鈴，或是任何能迫使你意識到自己處於當下的動作，並將呼吸與動作連結在一起。持續不斷地鍛鍊之後，馬克成功強化了內心、可以掌控思緒與情緒，感受到所謂的「戰士精神」。他將這套訓練方式稱為「心瑜珈」（Kokoro yoga），源自日本的武士精神。

運用這種方式鍛鍊精神層面，讓馬克得以在訓練後復原得更好，也讓他逐步建立起健身技能，而不會因為碰上停滯期、筋疲力竭或受傷使得表現下滑。他認為這種訓練方式為身體帶來的最大好處，就是促進脊椎的健康。訓練能讓脊椎骨之間保持一定的空間，讓血液與能量得以流通。一旦脊椎保持健康，神經系統就會健康，乃至於身體其他部位也會健康。

心瑜珈的另一項好處是排毒。扭轉的身體姿勢能幫助體內排毒，心智訓練則能為內心與情緒排毒，讓人擁有更高的集中力與專注力。第三個好處是柔軟度，包含關節活動度和肌肉柔軟度。這並不表示你必須學會把腳放在頭後方，或把自己扭成蝴蝶脆餅那樣——正好相反，馬克稱這類炫技招式是「愚蠢的人類把戲」，真要說的話，它們不會帶來什麼影響。

說是這麼說，我自己練習瑜珈、學會正確動作已經好些年了。我很高興自己是個四十五歲、一百九十三公分高、稱得上肌肉發達的人，而這傢伙可以做到把腳放在頭後方的「愚蠢人類把戲」——可是我十六歲時做不到的事。（沒錯，大家有時會盯著我瞧，因為我登上長途飛機前會在機場這麼做。）

所以，你需要練習瑜珈才能顛覆一切嗎？不一定。但如果你想增強身體肌力與柔軟度，同時獲得內心平靜、思緒清晰，瑜珈會是最有效的方法。透過線上訓練，你可以獲得某種程度的改善，但什麼也取代不了一個優秀老師親自幫你微調動作的成效。

行動項目

- 試試幾種瑜珈（要不要穿緊身褲都可以），看看哪一種對你有效、哪些瑜珈老師能引起你的共鳴。阿斯坦加、流瑜珈（Vinyasa）或動瑜珈，以及艾揚格瑜珈，都是常見的入門種類。

◎推薦你聽

- Mark Divine, "Becoming a Bulletproof Warrior," *Bulletproof Radio*, episode 38
- Mark Divine, "Downward Dog like a Real Life Warrior One," *Bulletproof Radio*, episode 319

◎推薦你看

- Mark Divine with Catherine Divine, *Kokoro Yoga: Maximize Your Human Potential and Develop the Spirit of a Warrior* synthetic communities

9 吃下什麼就得到什麼

讀到這裡，你可能會想知道顛覆傳統者的頭號建議是什麼了。你可能也希望，無論這項建議是什麼，都不會需要你再做什麼大腦訓練，或是鍛鍊神祕的忍者能力。我有好消息要告訴你。我曾訪問過的高水準表現人士當中，超過百分之七十五的人都表示，對提升表現來說最關鍵的一點，是你每天都會碰到的事，也希望你有樂在其中：

食物。

沒錯，四分之三的顛覆傳統者都說，他們所吃下（或沒吃下）的東西，是讓他們可以表現更厲害的最重要關鍵。比靜坐更重要，比運動更重要，真的比任何其他事都還重要。當然，你可以說，這可能是因為我訪問了不少全世界數一數二的醫學與營養專家。有一部分原因是，我為了成為各方面都更好的人，意識到我所吃下的東西會影響自己所做的一切，所以自然而然訪問了對食物極為瞭解也非常在乎的人。這些人包括了正在大幅改變一般人如何看待食物的專家。

但上述理由都無法說明為何這項數據資料如此有力。我的來賓當中，有太多與健康領域無關的人都告訴我，要成為自身領域的佼佼者，他們所仰賴的精力、專注力、腦力，都是刻意用高品質食物為身體與大腦補充燃料所產生的直接結果。

當然，關於究竟什麼才符合人類專用高品質燃料的資格，眾說紛紜。如果你想瞭解我的看法，不妨去讀讀《防彈飲食》。本章的重點不是告訴你該吃什麼，而是聚焦在為何食物對身為領域先驅的人來說如此重要，以及為何食物也應該位於你清單上的前幾名。我保證，這些法則中沒有哪一條會叫你把奶油加進咖啡裡！

法則二十五：確定你是真的餓到想吃東西

當我們感到不滿足時，就會吃東西。有時是食物不滿足，有時是精力不滿足，有時是睡眠不滿足。不過，最常見的情形是缺乏愛、人際關係，甚至安全感。你要盡你所能搞清楚你的飢餓感究竟是因為想吃東西，還是因為渴望某種更深層的東西，然後努力不懈直到讓自己感到有所匱乏的問題解決了。

辛西雅．帕斯奎亞—賈西亞（Cynthia Pasquella-Garcia）是知名營養學家、靈性領導者、模特兒、媒體寵兒和暢銷作家。噢，在擁有這些身分前，她是一名電腦工程師。如今，她是營養變革研究所（Institute of Transformational Nutrition）創辦人兼所長，這間研究所提供結合營養科學、心理學與靈性的營養認證計畫。她也負責主持《你真正渴望的事》（*What You.re REALLY Hungry For*）節目，這系列線上影片談的不再是食物，而檢視是哪些事物讓人無法獲得自己想要的身體、健康和生活。

幾年前，辛西雅以模特兒和主持人身分在娛樂圈打拚，過著典型的好萊塢生活。她工時長、不睡覺、參加太多派對、喝的酒比身體能負荷得還要多，這些習慣的惡果最終全數出現，她過胖了約十二公斤，長出囊腫性痤瘡，頭髮脆弱而且脫落，橘皮組織長在她原本不曉得能長出來的地方。然而，飽受折磨的不只是她的身體，辛西雅公開談論自己一輩子都在跟憂鬱症奮鬥，而她的生活方式又引起了另一次發作。她也被診斷出慢性疲勞症候群，不管睡了多久，從起床到上床睡覺這段期間總是筋疲力盡，然後，她得努力對抗短期記憶喪失的問題。

辛西雅深知她需要幫助。她看了醫生、營養師和訓練員，試了各式靈性儀式與能量療法，吞了藥也喝了奶昔，但什麼也沒改變。某天早上，她在洛杉磯的小套房醒來發現一個乳房裡有硬塊，接著另一個乳房也出現硬塊。她跌落在地，感覺麻木，彷彿已經放棄人生，她自問怎麼會發生這種事。

這不是她第一次面對人生重大障礙。在她成長過程中，全家人得很努力才能勉強過活，滿足食物和基本需求的錢非常少。她受過家暴，小時候遭受性虐待，留下深層潛意識的情緒枷鎖。在發現硬塊的那天早上，她不想再奮鬥下去了。她覺得自己一輩子都在掙扎，而那麼多糟透的事接二連三發生，讓她感到氣憤。我很欽佩她在訪談時展現出來的率直與勇氣。

接著，她靜了下來，聽到內心有個聲音告訴她要懂得感激，而且**這些事情是為了妳才發生**，**不是針對妳才發生**。她發覺她把自己代入了「受害者」角色，而也有很多人都經歷過類似的掙扎，並一度感到絕望又挫敗，覺得自己毫無價值。她意識到幫助這些人，就是她的使命。

但首先，她得幫助自己。辛西雅研究自己的症狀，鑽研營養學的每個層面。她參與訓練課程和計畫，學習整體健康（holistic health）與心理學的相關知識，也學習靜坐與草藥知識，留意食物不耐症和減重抗性，找到正確方式幫身體排毒淨化。她試驗靈性修習，體驗到這些方法能讓一切合而為一並開始在生活中應用所學，起初的效果很慢，但堅持下去之後，症狀隨著時間完全消失了，她的身心都受到療癒，而她想分享自己所學的一切。

辛西雅開始運用一套結合科學、心理學和靈修的方法，與正經歷類似掙扎的人合作。她在這些人身上看到明顯的轉變。他們不只瘦了下來、肌膚變得光滑、增添活力，也擺脫了無用的感情關係、辭掉無法讓他們擁抱熱情的工作，並想起自己是個怎樣的人，也注定會成就大事。食物僅僅是其中一部分。

她發覺，對那些與體重搏鬥的人來說，問題根本不是出在食物，而是一種更大的渴求，如果飲食習慣上的改變沒有與心理和靈性方面配合，就無法滿足這種渴求。她稱這個方法為「營養變革」，因為這種方法會讓生命改頭換面，而不只單純改變飲食習慣。她成立「營養變革研究所」專門指導教練根據每個人的需求，設計個人化的飲食計畫。

我很贊同這種個人化營養計畫，因為它能協助你看出什麼時候問題出在食物，而什麼時候不是（以及為什麼你手裡拿著吃了一半的餅乾，卻不知道它是怎麼跑到你手中）。很長一段時間以來，我就清楚同樣的事物未必對每個人都有效，這就是我在《防彈飲食》一書中納入了「可疑食物」這個類別的原因，這些食物對有些人來說有效，對有些人則否。辛西雅則進一步打造出完全個人化飲食計畫，同時配合心理和靈性方面的需求。這種方法就是讓與她合作的人改頭換面的神奇力量。

辛西雅的故事可能有點極端，但事實上，大部分的人有時都會出於某種情緒而吃東西——高興、生氣、無聊、難過，你想到的各種可能。情緒化飲食深植於文化之中，讓很多人難以察覺自己正在這麼做。但辛西雅表示，要知道自己什麼時候是出於情緒而吃東西很容易——簡單來說，就是當你吃東西是因為飢餓以外的任何理由。這並不代表你永遠都不該為了慶祝某事而享用你最愛的大餐，只有當你太常這麼做，出於情緒而吃東西才會是個問題。要迅速察覺到這種習慣，辛西雅提供了明顯的跡象作為參考：

- 即便你不餓，還是多吃了一份
- 得知激動人心的消息時，第一個念頭是「吃東西慶祝」
- 當你感到無聊，而吃東西聽來是消除這種感覺的理想方式
- 吃東西讓你感到安心
- 當你朋友或你愛的人讓你心煩意亂，吃療癒食物是讓迅速恢復心情的最佳方法
- 當你感到壓力又不知所措，想從食物中尋求慰藉
- 當你失望自己沒有好好遵循飲食計畫，因此決定大啖最愛的美食讓自己好過一點
- 你吃完食物，卻不記得它們嚐起來的滋味

以下行為也列在辛西雅的名單上，不過以我的經驗，這些可能是情緒化飲食的徵兆，**也**可能是因為你吃下了對自己生物系統來說是「錯的食物」、食物或環境中帶有毒素，或吃下像味精這類化學添加劑。如果你只有下面這些症狀，問題可能出在生物系統，而非情緒。如果這些症狀和上述徵兆一同出現，那兩方面都必須仔細研究。

- 當「飢餓感」突然來襲，伴隨著強烈的渴望
- 吃完之後仍然覺得餓
- 當你只渴望某種特定的食物

根據以上列舉，如果你確定自己不是飲食過量，而是吃了錯的食物，就適用下一條法則。

行動項目

- 當你不舒服時，留意一下自己吃了什麼、喝了什麼。
- 利用不會追蹤攝取熱量的應用程式（具有熱量追蹤功能的應用程式大部分都不夠精確），逐項記錄自己吃下的東西。如果你知道自己會出於情緒而吃東西，那麼 Rise Up + Recover 會是很適合你的應用程式，因為它會讓你在吃東西時追蹤情緒變化。YouAte 這個應用程式可以讓

你拍下自己吃的食物，你才能回顧，查看自己是否真的吃下你讓自己吃的東西。

- 考慮採用辛西雅・帕斯奎亞－賈西亞的飲食計畫，或是另一個吸引你的個人發展計畫。
- 如果你不知道自己為何感到渴望，考慮尋求治療師的協助。

◎推薦你聽

- Cynthia Pasquella-Garcia, "Transformational Nutrition: Why Food Isn.t the Only Source of Nourishment," *Bulletproof Radio*, episode 433
- "Dinner and a Side of Spirituality" with Cynthia Pasquella-Garcia, *Bulletproof Radio*, episode 328
- Marc David, "The Psychology of Eating," *Bulletproof Radio*, episode 114

法則二十六：飲食建議？聽奶奶的話

古老智慧告訴了你的祖先要吃什麼、怎麼吃、什麼時候吃。主導食品產業的大型食品公司以便宜的速食取代了這項與生俱來的知識。回歸根源，仔細留意「你的族人」世世代代都吃了些什麼。你的遺傳背景可能有一部分決定了最適合你的食物，而有些飲食習慣可是在一百多年前幾乎普遍適用於任何人身上。好好利用這些知識。

巴瑞・席爾斯（Barry Sears）醫師是營養學的權威，他的專業領域涉及荷爾蒙反應、基因表現與發炎研究。你可能有聽過「區域飲食」，他針對這種飲食撰寫的系列書籍極為熱門，早在一九九五年就開始讓人注意到抗發炎的醫學領域。席爾斯的研究成果斐然，發表過四十篇科學論文，擁有十四項美國專利，涉及包括治療癌症的靜脈藥物輸送方式，以及治療心血管疾病的荷爾蒙調節。他也是非營利組織「發炎研究基金會」創辦人兼主席，他持續發展新的飲食法以治療糖尿病、心血管與神經疾病。

根據席爾斯的看法，你的奶奶可是走在二十一世紀生物科技的最尖端。她擁有從祖先一路累積下來的千年觀察結果，知道什麼對人體有用、什麼沒有用。但二次大戰後，我們開始無視這些源自觀察的智慧，食物逐漸轉變為一種大型事業，從當地雜貨店或農夫購買「產地直銷」小批量食品的日子不再；戰後，企業以機械將食品生產工業化，並向消費者保證自家製造的「食品」不只對健康有益，也極其美味便宜。此後數十年間，人人追求這樣的目標，卻沒有考慮到可能的壞處，這些壞處如今不只是罹患糖尿病與疾病的人數屢創紀錄，也包含人類基因結構上的改變。這些基因改變會一代傳一代，你現在吃的東西會影響幾年後你小孩的基因。所以，務必吃得像你的奶奶——甚至吃得像她母親。身陷危險的不只是你的健康，下一代也要指望你了。

我為了向營養學專家學習，找來凱特・香那翰（Cate Shanahan）醫師，她是營養學權威，發言頗具有份量，還跟洛杉磯湖人隊密切合作。香那翰也是通過認證的家庭醫師，在康乃爾大學攻讀生物化學與遺傳學，她的研究結果讓她認同席爾斯醫師的看法，寫下了《深度營養：為何人類基因需要傳統飲食》（*Deep Nutrition: Why Your Genes Need Traditional Food*）這本值得你花時間一讀的書。

我們對談時，香那翰醫師解釋，我們會生病，是因為基因預期的結果有太多沒有達成。要從遺傳基因的角度瞭解人類健康，就必須回溯到不僅是昨天吃了什麼，或者上星期吃了什麼，而是過去幾年和幾十年來（年紀夠大的話）的飲食選擇與生活方式，以及我們父母和祖父母所做的選擇。

在與香那翰醫師合作的明星運動員中，有些人擁有完美體態以及自認巔峰的表現，卻一天吃上十幾條糖果棒。她表示，像這樣的飲食習慣確實得付出代價，即便代價不會立刻顯現出來。這類運動員擁有經世世代代充分滋養的基因，這些基因是保護著他們免受不良飲食習慣所苦的健康堡壘。另一方面，如果你的祖先營養不良或曾遭受饑荒之苦，這些經歷已經對你的基因造成了損害，讓你更容易出現健康問題。換句話說，也許你所有的問題，真的**都是**你父母的錯。

香那翰醫師表示，如果你採用「達美樂披薩＋多力多滋飲食法」，最終將會自食惡果——更精確的說，將讓你的子孫吃足苦頭。我的著作《優秀寶寶手冊》（*The Better Baby Book*）也針對這個問題做了探討，我認為我的孩子（和孫子）都將因此受益。你的後代也可以。

少了馬克・海曼（Mark Hyman）醫師的研究，針對營養學的探討就不算完整，他是十一度登上《紐約時報》暢銷書排行榜的作家，也是知名的克里夫蘭醫學中心（Cleveland Clinic）功能醫學中心主任。他睿智地說，食物不單只是提供熱量，還有資訊。食物中包含的訊息會傳遞給身體與基因中每個細胞，並即時影響基因的表現，這正是為什麼注重你吃下食物品質是如此重要。換句話說，是時候重拾奶奶們的智慧了，你不用吃得像個穴居人，但必須吃真正的食物。

從和席爾斯、香那翰和海曼的對談中，我清楚得知奶奶說了四件格外走在流行尖端的事：

一、奶奶說，一整天下來不要太常吃東西，每餐都要少量。她會這麼說，是因為從前食物非常昂貴。席爾斯醫師表示，要檢驗你的飲食方式究竟行不行得通，最好的方法就是留意你吃完一餐後有多快感到飢餓。如果你吃完飯之後，過了**五個小時**才覺得餓，就顯示你的新陳代謝運作正常，而對你的生物系統和遺傳基因來說，你的上一餐能讓荷爾蒙正常分泌。當然，奶奶以前吃東西的頻率無法比每五小時一次還要高，因為她很忙碌，食物也不像現在那麼方便取得。此外，她每餐都吃有益健康且有飽足感的食物，不會讓她的血糖在一兩個小時後驟降。

持續很長一段時間不吃東西來保持健康，這種作法由來已久。斷食會讓你的身體懂得利用儲存的脂肪，有助於你燃燒脂肪並產生酮體，後者是肝臟用脂肪酸轉化的水溶性分子，作為燃料使用。然後，你吃東西時，就會對這些食物覺得感激，因為你不是因為渴望那些古怪化學與人工物質才感到飢餓。

直到我打造出防彈體質之後，才真正體會到不必總是飢腸轆轆是什麼感覺。我這輩子頭一次可以六個小時維持厲害的表現，然後才想「我可以吃點東西了」，而不是「我現在就得吃東西，不然會死！」根據席爾斯醫師所言，這種情況顯示出我的新陳代謝恢復了健康，我替自己的基因和身體吃下了對的食物。我讓飢餓感不再阻礙我以後，才瞭解到自己有多大的能耐。

二、奶奶說，要吃足夠的蛋白質，特別是富含「白胺酸」這種氨基酸的蛋白質。（當然，她不是用這麼專業的說法！）在二十種不同的胺基酸中，只有白胺酸可以活化一種基因轉錄因子，稱為「哺乳動物雷帕黴素靶蛋白」（mTOR），它會增加肌肉中的蛋白質合成，協助打造肌肉，並在老化時預防肌肉流失。含有白胺酸的食物來源包括乳製品、牛肉、雞肉、豬肉、魚類、海鮮、堅果和種子。你在上一章也讀到，隨著老化，預防肌肉的流失很重要，因此奶奶針對這點的看法是對的。不過，奶奶從來沒有採取高蛋白質飲食，因為蛋白質很昂貴。吃太多（來自植物或動物的）蛋白質有害健康，吃太少也是。

三、奶奶說，在吃完所有蔬菜前不可以離開餐桌。為什麼？蔬菜含有多酚，這種物質在香草、香料、咖啡、巧克力、茶葉、蔬菜中都找得到，**也是細胞要全力運作所需的物質**。我們現在知道，就算只攝取少量多酚也能活化抗氧化基因，而這種基因能製造抗氧化劑酶。這點很重要，因為多數抗氧化物質都是用完就沒了，它們解決一個自由基後，工作就結束了。但是抗氧化酶可以一而再再而三摧毀上千個自由基，它們是專吃自由基的機器。

多酚多一點還可以活化抗發炎基因，抑制轉錄因子NF-κB的活性，而NF-κB是引起發炎的主控基因。更多多酚還可以活化抗老基因SIRT1，讓細胞強大並且更年輕。多酚也包含了醱酵纖維，是腸道中好菌賴以為生的食物，這些好菌的影響力之大，讓席爾斯醫師稱牠們為「腸道的雕刻大師」。

根據席爾斯醫師的看法，人一天需要約一公克的多酚才能啟動抗發炎基因。許多人都相信喝葡萄酒就能獲得多酚的好處，但要攝取足以影響人體的多酚量，你一天得喝十一杯紅酒或超過一百杯白酒才行，這帶來的傷害絕對會比好處還要多！席爾斯醫師建議，以濃縮多酚營養補充品的形式攝取，好的含酚食物包括藍莓、葡萄及其他藍、紅、橘色食物，還有黑巧克力與我個人最愛的咖啡。

自從我訪問了席爾斯醫師並為《防彈腦力》做研究後，就知道光吃蔬菜沒辦法提供足夠的多酚以獲得最理想的健康狀態，即使你真的很愛吃蔬菜。我下定決心每天至少攝取四公克多酚，於是在飲食中加入更多香草和香料（咖哩粉、薑、孜然、肉桂、奧勒岡、鼠尾草、迷迭香、百里香、荷蘭芹全都是很棒的多酚來源），下午都喝低咖啡因咖啡。我甚至調配出高多酚含量的營養補充品，叫做 Polyphenomenol。

我最近做了檢測，利用納維恩・杰恩（他出現在第四章）成立的 Viome 公司提供的服務分析了腸道菌，得到了一些好消息和一些壞消息。壞消息是，吃了近二十年的抗生素對我腸道菌的生態平衡與多樣性造成了傷害。好消息是，我飲食中的高多酚含量真的有用，它們抑制了壞菌和發炎，我比以往都來得精實與健康。要獲得如此高含量的多酚，光靠食物是不可能足夠的，你必須每天吃下比腸胃能應付更大量的蔬菜才能攝取這麼多的多酚。所以，照奶奶說的去做：吃掉那該死的蔬菜。同時考慮補充多酚，給腸道更好的支援。

四、奶奶說，除非你喝下一大匙鱈魚肝油，否則不准出門。當然，她會這麼說是因為她買不到純化的 EPA 和 DHA 魚油，或是效果更強的磷蝦油。席爾斯把研究重點放在 omega-3 脂肪酸，這是人體所需卻無法製造的兩種不飽和脂肪之一。另一種是 omega-6 脂肪酸，而我們可以從食物攝取到這種脂肪酸的含量遠比 omega-3 脂肪酸高出許多。omega-6 脂肪酸是發炎荷爾蒙的基本組件，omega-3 脂肪酸則是抗發炎荷爾蒙的基本組件，只要體內含量適當，兩種脂肪酸都有益健康，也不可或缺。

理想情況下，你的 omega-6 脂肪酸與 omega-3 脂肪酸的攝取比例應該介於一：一．五至三：一之間。也就是說，你每吃下三公克很容易攝取的 omega-6 脂肪酸，就需要一到兩公克很難攝取到的 omega-3 脂肪酸。席爾斯表示，這是控制發炎的最有效比例，但採取標準美國飲食的多數人攝取的含量比例接近十八比一。你有沒有納悶過，為什麼吃垃圾食物時表現會變差？檢查一下你的 omega-6 脂肪酸攝取量吧。

奶奶的時代過去以後，整體社會的發炎情形急遽上升。席爾斯說，幾乎每一種我們正在對抗的疾病如肥胖、糖尿病、心臟疾病、癌症和阿茲海默症，都屬於發炎疾病，然而我們卻在飲食中加入越來越多 omega-6 脂肪酸，火上加油。

植物油是 omega-6 脂肪酸的主要來源，多數人都吃下太多這種油了，就因為它們是全世界最便宜的脂肪熱量來源。聽來可能很偏激，但香那翰認為我們應該稱植物油為「液體死神」，因為這種油的化學物質太不穩定，也促使體內生成可以直接破壞 DNA 的自由基，與輻射所造成的影響非常類似。香那翰說，吃植物油就像吸收輻射！對於想改善健康的人來說，兩者都不是好的選擇。

然而，今日飲食中所含的植物油，遠比以往任何時候都來得多。芥花油是美國用量第二多的植物油，一九八五年以前還不存在。現代美國人是由比以往多的這些脂肪構成。香那翰表示，現在做人體脂肪組織的切片檢查將得到不同於五十年前的結果，這些組織如今由更多液體脂肪組成，而後者很容易降解並引起發炎。

如果你還沒被植物油嚇跑，思考一下「大腦有百分之五十是由脂肪組成」這件事。當身體無法使用健康脂肪，就會拿任何你吃下的脂肪來建造大腦。打個比喻，這種情況就像在建築工地的承包商說：「我知道你想蓋一棟磚造房子，但這裡沒有磚塊。不過我們有保麗龍球，就用這些蓋吧，看看結果會如何。」身體會利用現有材料盡其所能，但如果你的大腦是以致炎油構成，你很可能無法拿出最好的表現。你的大腦會長出肚腩！

香那翰告訴病患，直到他們用健康脂肪來重新建構大腦之前，他們根本連自己真正該有的樣子都不知道。她表示，他們通常需要花兩到六個月才能感覺大腦重回正軌——這也是我的親身經歷。我把飲食中的脂肪整頓了一番，從奶油、酪梨、椰子與防彈中鏈脂肪酸油（Brain Octane Oil）、草飼牛的酥油，在飲食中加進比以前更多的穩定脂肪，才得以運用原本就存在的大量精力與復原力。

在我的來賓當中，妮娜・泰柯茲（Nina Teicholz）是另一位抗議植物油普遍使用情形的人。妮娜是一名調查記者，報導見於《紐約時報》、《紐約客》、《經濟學人》等刊物，也著有暢銷書《令人大感意外的脂肪：為什麼奶油、肉類、乳酪應該是健康飲食》（*The Big Fat Surprise: Why Butter, Meat, and Cheese Belong in a Healthy Diet*）。（你能不愛這個書名嗎？）

妮娜講述了「美國心臟協會」的歷史，它在一九四〇年代還只是由心臟病學家組成的一個不太活躍的小協會，而當時像亨氏食品（Heinz）、最佳食品（Best Foods）、佳格食品（Standard Foods）

等食品製造商才開始要擴大規模與影響力。一九四八年，寶僑家品公司（Procter & Gamble）表示想讓美國心臟協會脫穎而出。一夕之間，近兩百萬美元流入了美國心臟協會的帳戶。該協會忽然在全美各地都能用補助預算開啟新的研究，也慢慢建立起今日聞名的影響力與權威。該協會在一九六一年發行第一套營養指南時，建議美國民眾從攝取飽和脂肪改為攝取不飽和脂肪，後者包括了植物油。巧合的是（或許不是），Crisco（固態植物油）是寶僑家品的主打產品之一。

但是，我們的身體和大腦需要飽和脂肪。它們是唯一能增加高密度脂蛋白（HDL，或是「好的」）膽固醇的脂肪，也是荷爾蒙的基本組件，更是最穩定的脂肪。飽和脂肪沒有會和氧反應的多餘雙鍵，這也是為什麼它們在室溫下很穩定。這表示，飽和脂肪加熱時，不會製造出有毒的氧化副產物。

另一方面，植物油是多元不飽和脂肪酸，意味著它們有一大堆能和氧反應的雙鍵。它們在高溫時反應劇烈，尤其長時間暴露在高溫下的時候。你知道「餐廳的油炸鍋」是怎麼回事吧？

食品產業想靠增加反式脂肪解決這個問題，這種脂肪是固化植物油時的副產物，可以讓植物油更穩定，並擁有類似飽和脂肪的特性。諸如麥當勞等速食企業以前都是用飽和的動物脂肪來油炸薯條，但為了降低成本捨棄飽和脂肪之後，便以固態植物油（反式脂肪）取代。二〇〇七年起，大眾開始意識到反式脂肪有多大的害處，因此餐廳都把它們汰換成一般的植物油了。

用植物油來烹飪很危險，不只因為加熱的植物油異常容易引起發炎，也因為它們不穩定到可能引發火災。沒錯。妮娜跟我分享她與一家大型製油公司副總裁所進行的訪問，對方告訴她，自從主要速食連鎖店改採植物油油炸之後，一直出現可怕的問題：各式各樣的廢物逐漸積聚在牆上，阻塞了排水管。當他們把浸滿了植物油的餐廳制服放到卡車後車廂送去清洗時，衣物還會自燃。

你知道什麼脂肪很適合烹飪，室溫下呈現固態，而且很穩定還不會氧化嗎？那就是飽和脂肪。猜猜奶奶都用什麼煮菜？最可能是豬油或奶油，兩種都有益健康也很美味，不會燻得整個廚房都是煙。西方文化自古以來就在使用這些油了。席爾斯醫師是對的：奶奶們確實比我們向來承認的還要聰明。

行動項目

- 別吃下植物油，像是大豆油、玉米油或芥花油，尤其是去餐廳吃飯的時候。改用飽和脂肪（奶油、豬油、酥油、椰子油或是防彈中鏈脂肪酸油）。橄欖油則用在已經烹調好的料理上，不要用於烹飪。
- 如果你吃完後不滿五個小時就感到飢餓，調整一下飲食。
- 預約做 Viome 檢測，這是瞭解你吃的食物對腸道菌有什麼影響的最佳方法。可參考網站 www.viome.com。
- 攝取更多 omega-3 脂肪酸和魚油，但別吃過頭了。
- 從健康的動物或富含白胺酸的蔬菜中獲得足夠但不過量的蛋白質，每磅（一磅約〇．四五公斤）體重約需〇．五公克，若是你想打造肌肉，每磅體重則需高達〇．八公克。

- 攝取更多的香草、香料、咖啡、茶葉、巧克力和有色蔬菜，獲得更多的多酚。考慮服用高品質的營養補充品，再攝取更多的多酚。

◎推薦你聽

- Barry Sears, "Fertility & Food, Flavonoids & Inflammation," *Bulletproof Radio*, episode 300
- "Vegetable Oil, the Silent Killer" with Dr. Cate Shanahan, *Bulletproof Radio*, episode 376
- Mark Hyman, "Meat Is the New Ketchup," *Bulletproof Radio*, episode 288
- Nina Teicholz, "Saturated Fats & the Soft Science on Fat," *Bulletproof Radio*, episode 149

◎推薦你看

- Barry Sears, *Mastering the Zone: The Next Step in Achieving SuperHealth and Permanent Fat Loss*
- Catherine Shanahan, *Deep Nutrition: Why Your Genes Need Traditional Food*
- Mark Hyman, *Eat Fat, Get Thin: Why the Fat We Eat Is the Key to Sustained Weight Loss and Vibrant Health*
- Nina Teicholz, *The Big Fat Surprise: Why Butter, Meat and Cheese Belong in a Healthy Diet*（妮娜·泰柯茲，《令人大感意外的脂肪：為什麼奶油、肉類、乳酪應該是健康飲食》，方舟文化出版）

法則二十七：好好餵養腸道中的小傢伙

你的腸道菌所能控制的範圍，可能比你想像的還要廣。牠們有辦法讓你身材變胖、感到疲憊、動作變慢，也能讓你擁有額外的精力，藉此運用新獲得的力量。此外，牠們甚至也可能讓你感到憂鬱。腸道菌掌控著大局，所以你不好好對待牠們，表現就會變糟；好好對待它們，牠們會對你很有用。學會如何讓牠們聽你的話吧！

大衛・博瑪特（David Perlmutter）醫師以暢銷書《無麩質飲食，讓你不生病！：揭開小麥、碳水化合物、糖傷腦又傷身的驚人真相》（*Grain Brain: The Surprising Truth About Wheat, Carbs, and Sugar—Your Brain.s Silent Killers*）而聞名，同時他也是頂尖醫師，改變了大眾看待大腦和食物關係的方式。擁有經認證的神經學家身分並身兼美國營養學院院士的人寥寥可數，博瑪特醫師就是一個，這樣的雙重專業讓他得以將論文大量發表於經同儕審查的科學期刊，例如《神經醫學期刊》（*Archives of Neurology*）、《神經外科》（*Neurosurgery*）、《應用營養期刊》（*The Journal of Applied Nutrition*）等。當擔任邁阿密大學米勒醫學院副教授的博瑪特醫師沒有待在學校時，你會看到他在研討會上發表演講，而負責主辦這些研討會的包括了哥倫比亞大學、斯克里普斯研究所、紐約大學、哈佛大學等專業醫學機構。很少有醫學專業人士有資格稱得上橫跨多種專業，而且博瑪特本身還是個非常棒的人。

博瑪特醫師形容人體與腸道微生物群系（由細菌、病毒、菌類和其他微生物組成的共同體，在人類腸道生活數百萬年）是自給自足又互惠的美好關係。這些細菌也許在我們的身體內已經待了很長一段時間，但直到不久之前都還是個謎。根據博瑪特所言，已出版的同儕審查期刊文獻中探討人體微生物群系主題的，有百分之九十都是過去五年內發表的。

那麼，為什麼我們突然認真看待微生物群系？首先，因為該學科是一門新興領域：約五年前美國國家衛生研究院的研究人員才完成了微生物群系的定位分析。第二，大家已經開始瞭解我們對這種共生關係造成多嚴重的威脅，導致今日出現的許多健康危機。博瑪特認為，過度使用抗生素會耗盡腸道中的微生物數量，對人體微生物群系造成巨大傷害。這種傷害可能是永久性的，而有研究認為我們減少的微生物與目前的肥胖流行有關，尤其在小孩身上。

抗生素與增重有關係並非新鮮事。一九五〇年代畜產業就發現了這個事實，他們在餵食動物吃抗生素之後，動物就變胖了。如今，美國製造的抗生素有百分之七十五都拿去餵養牛隻正是出於這個原因：抗生素可以讓牛變胖，得以宰殺，並且讓農民省下飼料費。

抗生素會讓動物增肥，即便牠們吃下的熱量與別的動物一樣多。如果減少熱量攝取就是減重的祕訣，或者「一卡路里就是一卡路里」是事實，那在熱量攝取一樣多的情況下，抗生素就不可能讓牛隻或人變胖。稍微岔個題：人工代糖也會大幅降低腸道菌的多樣性，這說明為什麼喝無糖汽水的人罹患糖尿病的機率更高，就算他們沒有多攝取額外的熱量。簡言之：**問題不是出在熱量多寡，而是微生物群系**。

人的腸道健康與心血管健康也有關係。許多以老鼠為實驗對象的研究顯示，比起久坐不動的老鼠，有運動的老鼠擁有多樣性更豐富的腸道菌。[1]同樣的關係也出現在人類身上。二〇一六年，科學家分析了三十九位健康受試者的糞便微生物叢（大便），這些受試者年齡、身體質量指數（BMI）和飲食習慣相近，但心血管健康程度卻各不相同。科學家發現，心血管較健康的受試者擁有豐富的生物多樣性，他們尤其擁有大量可製造丁酸鹽的三種細菌，體內的丁酸鹽含量自然就增加了，而丁酸鹽是一種草飼牛奶油中含有的短鏈脂肪酸，是健康大腦不可或缺的物質。[2]（我的 Viome 檢測結果顯示我的腸道菌製造的丁酸鹽比一般人多一．五倍，表示我吃下許多來自草飼牛的奶油。）另一項令人震撼的近期研究則顯示，心臟疾病患者體內的脂肪斑幾乎**全部**都是由人體腸道內的微生物所製造，[3]構成這些脂肪斑的並不是患者吃下的脂肪。

為什麼只吃來自農場主不使用抗生素或餵動物吃穀物的草飼肉是如此重要，這就是理由，尤其那些穀物還灑過除草劑嘉磷賽（glyphosate），而這種除草劑——你猜猜？——是一種抗生素！嘉磷賽會改變人體內的微生物群系，讓我們無法好好利用維生素D，也會改變我們消化食物的方式。目前已經有近二百九十億磅（約八十六億公斤）的嘉磷賽被釋放到環境中。將這個事實與博瑪特說的互相對照，吃一次療程所需的抗生素，就能永遠改變你下半輩子的微生物群系了。

抗生素除了讓人變胖，博瑪特醫師表示，大量濫用抗生素，就是在為具有抗生素抗藥性的「超級細菌」鋪路，世衛組織已將其列為未來十年全球健康風險中的前三大。在全球目前面臨了各種威脅的情況下，這件事相當可怕。

我為了寫《防彈飲食》和《防彈腦力》而進行研究時，開始相信人類的存在，就是要為自身的腸道菌提供服務。你體內特有的微生物平衡將在很大程度上決定你的生物系統，包括新陳代謝、皮膚、消化和體重。過去幾年來，研究發現腸道菌也涉足了心智控制，多虧了一個叫做「腸—腦軸線」的通道讓你的腸道和大腦持續交流，實際上，有些細菌還會製造直接影響大腦活動的神經傳導物質。

知道這一切後，我們該怎麼辦呢？雖然奶奶以前可能不曉得，但她所有的建議（請見法則二十六）都對你的腸道微生物群系有益。除了要避開加工食品、工廠加工肉品、穀飼肉品、所有（更有可能灑過嘉磷賽的）基改食物之外，只有在絕對需要的情況下才服用抗生素，並把重點放在吃可以培養出健康腸道菌的食物上。這些包含了多酚和一種稱為**益菌生纖維**的特殊纖維，後者是腸道菌會吃的食物。

博瑪特醫師表示，益菌生纖維是擁有健康的關鍵。而富含這種纖維的食物有菊芋（Jerusalem artichoke）、豆薯（jicama）、蒲公英葉、洋蔥、大蒜、韭蔥、蘆筍、菊苣。甚至連煮過再放涼的白米也都含有能餵養你體內細菌的一些抗性澱粉。（壽司時間！）發酵食品也對餵養腸道菌極為重要。這又是源自老祖宗的智慧了。從人類開始撿地上的食物吃以來，發酵食品就一直是我們飲食中的傳統，結果，原來這種食物可以滋養微生物群系，因為食物發酵時，細菌就會增生，包括韓國泡菜、發酵優格、德國酸菜、紅茶菌（kombucha）全都是富含健康益菌的發酵食品絕佳例子。你不需要當個美食家或格外講究健康的人，也能自行選擇這些食物。而擁有高水準表現的人，吃的就是這些食物。

馬克．海曼醫師表示，基本上，你每吃一口東西就會改變你的腸道微生物群系，而這意味著你最終會變得跟腸道一樣健康。你在吃東西時，真的就是在從事園藝。你的腸道微生物群系就是你的內在花園，你用對的食物為花園施肥，就會長出對的「植物」。

海曼醫師為了要改變病患的人生和健康情形，他所能做的最重要的事情，就是解決他們的腸道問題。一旦他們攝取了該有的營養，腸道也恢復健康，他說，病患有百分之九十的症狀都會消失。這可是相當驚人的結果。海曼醫師的飲食原則很簡單：吃的食物不要帶有條碼或營養標示。這表示你要吃真正的食物，像是酪梨、杏仁、草飼肉品，以及一大堆蔬菜。

換句話說，你要按照老祖宗的智慧來吃東西。吃得像你奶奶一樣。

行動項目

- 每餐都吃一些纖維或抗性澱粉，以及一堆蔬菜。
- 把重點放在完整且未經加工的有機食物，肉品如果不是有機和草飼就別吃。
- 盡可能不要服用抗生素，也不要吃以用抗生素餵養的動物所製成的肉品和其他產品。
- 吃適合你的發酵食品。
- 考慮在 www.viome.com/bulletproof 網站預約 Viome 檢測，看看你的腸道裡都長了些什麼，以及你可以針對自己的飲食做什麼微調。

◎推薦你聽

- David Perlmutter, "Autism, Alzheimer.s & the Gut Microbiome," *Bulletproof Radio*, episode 250

- "Connecting Your Gut and Your Brain" with David Perlmutter, *Bulletproof Radio*, episode 359

◎推薦你看

- David Perlmutter with Kristin Loberg, *Brain Maker: The Power of Gut Microbes to Heal and Protect Your Brain—for Life*（大衛・博瑪特與克莉絲汀・羅伯格，《無麩質飲食，打造健康腦！揭開腸道菌影響腦力、免疫、心理健康的驚人真相》，天下文化出版）

法則二十八：環境充滿毒素，只從食物中獲取營養素是不夠的

以往人類在乾淨的環境中發展演化，足以讓自己感覺夠好、活得夠久，而只要有足夠的高品質食物，便能繁衍後代。像這樣的日子已經過去了。現在要有高水準表現，需要克服乾淨空氣、食物、水日漸稀少的問題，而要做到這點，光靠從最富營養食物中所獲得的一切並不夠。擁有高水準表現的人也會使用營養補充品，讓自己當下表現更好，並活得更久。吃你的維他命吧。

仔細研究我的來賓數據資料後，會發現有為數眾多的顛覆傳統者提到服用營養補充品的重要性，很顯然，這些佼佼者不只是單純吃維他命而已，他們也把這件事視為讓自己成為專業領域頂尖好

手的不可或缺一環。我也是。

就以比爾・安德魯斯（Bill Andrews）為例吧。他亟欲治療老化，至死方休。身為西耶拉科學公司（Sierra Sciences）的執行長，比爾是全球抗老化領域的頂尖專家。就像許多其他人，他是受到個人興趣驅使才投身這個領域。比爾的動機源自五十多年前，當時，他父親告訴還是小男孩的他說：「我不懂為什麼還沒有人在治療老化。比爾，既然你對科學那麼有興趣，長大後應該要成為醫生，找到治療老化的方法。」自那之後，比爾便滿腦子都想著這件事。

在研究過數十萬種化合物之後，比爾將研究重心擺在端粒（telomere）上，這是DNA具有保護功能的末端，可以讓染色體在複製時不會損壞。當你越老，端粒就會越短，也比較不能保護你的DNA。最終，你的遺傳密碼末端會磨損殆盡，讓你罹患疾病和過早死亡的風險提高。比爾在一九九三年瞭解到端粒會隨著時間縮短，以及這可能是老化的成因，此後，他就秉持著一項使命：預防端粒的縮短情形，同時還要延長端粒。他的公司西耶拉科學就是致力要達成這項使命。

端粒酶（telomerase）基因負責維持端粒的功能。比爾解釋說，人體中的任何基因都能像電燈開關一樣開啟和關閉，而這個電燈開關通常是與基因和染色體相鄰的蛋白質。他著手尋找端粒酶的開關，但過了七年還是沒有找到，全球各地的其他實驗室也都沒有。他決定暫時擱置這個尋找開關的方法，改成備用方案，也就是篩選出合成化學物（藥物），當這種物質加進細胞時，可以開啟或關閉端粒酶的開關。比爾假定，這類藥物會與他想識別出來的蛋白質相結合。這類藥物基本上會像魚鉤一樣，釣出對的蛋白質，同時也能當作延長端粒與壽命的可能療法。

比爾和他的團隊在這個方法上大有斬獲。然而，他當初開始篩選時，全球各地的科學家都告訴他這件事不可能成功，他永遠不可能找到開啟端粒酶基因的分子。如今，他已經找到了將近九百種不同的化學物質，全都可以開啟端粒酶基因。這才是所謂的顛覆傳統規則！

我將在第十五章介紹伊麗莎・艾波（Elissa Epel）博士，她與諾貝爾獎得主伊莉莎白・布雷克本（Elizabeth Blackburn）博士合著了《端粒效應：諾貝爾獎得主破解老化之祕，傳授真正有效的逆齡養生術》（*The Telomere Effect: A Revolutionary Approach to Living Younger, Healthier, Longer*）一書，後者發現了端粒與端粒酶所具有的功能。艾波博士曾上《防彈電台》談論端粒與壓力，我們也聊了營養補充品是否在抗老化中占有一席之地。她簡短版的答案是「可能有」，不過，她也覺得生活習慣因素和壓力至少一樣重要。

無論如何，比爾和艾波博士都認為，讓端粒維持較長的長度，以及減緩其縮短的速度，兩者所帶來的結果不只能影響老化的情形，也能影響任何與健康有關的每種疾病，尤其是與細胞分裂相關的疾病。這些包括了癌症、心臟疾病、阿茲海默症、骨質疏鬆症、肌肉萎縮症、免疫系統疾病與其他多種疾病。甚至是患有愛滋病毒或其他退化性疾病的人，也有可能受益於服用某種能延長端粒的東西。導致愛滋病引起那麼多病症的主因之一，就是免疫細胞中的端粒加速縮短了。這就是為什麼感染愛滋病病毒的人，體內的T細胞會消失。

這些高度專業化的營養補充品現在都很昂貴，但將來未必會如此。隨著越來越多人欣然接受擁有更好免疫系統以及逆轉老化的想法，像這類營養補充品的價格無疑會下跌，就跟手機在一九八五年一支要兩萬五千美元，降到現在幾乎是免費的一樣。我已經等不及那一天的到來了。

既然涉及不死的話題時，性急是件美德，我找到了營養不足這方面的專家，讓我瞭解如何使自己現在所擁有的肉身硬體可以運作得更好、維持得更長久。過去十年以來，凱特．洛姆—布魯（Kate Rhéaume-Bleue）醫師都在運用自身的醫學與生物專業，檢視維生素 K2 的作用，並向全世界推廣這種鮮為人知卻效用強大的營養補充品。

洛姆—布魯醫師最初開始對維生素 K2 感興趣是在二〇〇七年，當時她讀了牙醫溫斯頓．普萊斯（Weston Price）的著作《體質大崩壞：啟發生酮、低醣、全食物和原始飲食法的最佳實證》（*Nutrition and Physical Degeneration: A Comparison of Primitive and Modern Diets and Their Effects*），這本一九三九年出版的開創性著作記錄了原住民社群吃加工食品之後出現健康下滑的情形，這些社群包括了美國原住民、非洲俾格米人、澳洲原住民。幾個月後，她開始研究維生素 K2，並注意到它的作用與她在普萊斯書中所讀到的有驚人的相似之處。

一九三〇年代，溫斯頓．普萊斯展開從瑞士到非洲的環球之旅，發現原住民社群的人都有一口漂亮、完美、整齊、潔白、健康的牙齒，而令他震驚的是，儘管他們都不刷牙或用牙線，甚至沒有牙醫，卻都沒有蛀牙。他們有辦法維持這樣的口腔健康，是因為有良好的飲食習慣。他們吃的食物種類豐富，飲食富含了維生素和礦物質，尤其是脂溶性維生素。他發現有大量的維生素 A 和 D，以及同樣多的另一種脂溶性維生素，而他從未見過後者。他不知道那是什麼，因此就只稱這種維生素為「活化因子 X」，因為他觀察到它會活化一種 DNA，而這種 DNA 能讓人受益於飲食中的其它維生素和礦物質，並加以運用。

普萊斯研究了活化因子X，發現它在與維生素A和D一同作用時，對治療齲齒非常有效。因此，他還真的不再幫患者鑽牙、補牙，反而提供他們一套營養飲食計畫。之後，他發表了治療前後的照片，顯示出滿口未補的蛀牙已經完全恢復原狀了。他發現，牙齒真的有可能痊癒，只要補充對的營養素，它們本來就能做到。普萊斯發現，某些食物含有大量的活化因子X，尤其是我最愛的食物來源：草飼牛的奶油。

長久以來，活化因子X一直是個謎，在醫學界和營養學界中也是爭論不休的議題。直到二〇〇八年，科學家才曉得這個因子正是維生素K2。差不多同一時期，許多研究發表了關於補充鈣質營養品會提高心臟病發作與中風風險的問題。洛姆—布魯醫師表示，補充鈣質本身沒有所謂安不安全的問題，我們只需要找到如何讓身體可以安全利用鈣質、把鈣質送到對的地方、別讓鈣質進到動脈當中就行了。可以協助鈣質做到這點的，恰好就是維生素K2。

人體需要鈣質協助維持骨骼和牙齒，而這兩處正好就是一般缺鈣的地方。缺鈣的情形發生時，礦物質就會從原本的位置被溶濾掉，在骨骼或牙齒上留下小洞。我們就是這樣出現骨質疏鬆症和蛀牙的情形。從另一方面來看，受骨質疏鬆症和蛀牙所苦的同一群人，鈣質通常會累積在體內不應該出現的地方，像是動脈、腎臟、腳跟、乳房組織。這是相當矛盾的情況，因為我們需要鈣質，但當它跑到錯的地方時就會造成危害。

結果，原來這就是維生素K2的功用：隨時讓鈣質出現在適當的地方。只要攝取一種維生素，就可以促進骨骼健康、牙齒健康，甚至還能維持心臟健康，實在令人難以置信。我有在服用維生素K2，因為服用的好處遠大於風險。

我已經相信維生素K2具有驚人力量好幾年了，也都一直在服用營養補充品來幫身體排毒，效果都很棒。研究維生素K2功效的這段過程，還包括了訪問營養學界的卓越人士之一威廉．J．威爾許（William J. Walsh）博士，他發現營養不足與心理疾病有所關聯。過去三十年以來，他發展出生化療法，治療被診斷出行為異常、注意力缺失症、自閉症、臨床診斷的憂鬱症、焦慮、躁鬱症、思覺失調症和阿茲海默症的病患。

這一切全都始於超過三十五年前，當時的威爾許博士擔任芝加哥地區的監獄志工，開始研究起一些暴力罪犯的生化系統。他發現，在許多暴力罪犯和前科犯的血液中，微量金屬的含量都非常高。更進一步的研究顯示，像是銅等金屬會直接影響神經傳導物質的濃度。威爾許博士得以用營養療法醫治許多罪犯，而自那之後，他也利用類似的營養計畫治療上述各種疾病。

這是營養補充療法中很極端的例子，但實際情況並不是非黑即白。就算你沒有受心理健康方面的問題所苦，適當的營養補充品還是很可能提升你的表現，足以讓你帶來真正重大的改變。我很幸運，由於我自願經營一個抗老化的非營利組織超過十年以上，讓我一開始就接觸到了這些知識，它深深改變了我的大腦，以及我作為丈夫、父親、創業家所能表現出的能耐。過去十年以來，擁有菁英表現水準的人服用營養補充品，使自身的營養攝取更為完善，這種流行趨勢越來越普遍。這裡談的不只是職業運動員——幾乎是各個領域的菁英人士都有在服用營養補充品。

不久前，我有幸能認識丹．佩納（Dan Pena），這位白手起家的男人至今已募集了五百億資金。他應我的邀請來防彈大會（Bulletproof Conference）演講時，我注意到他是如此充滿活力、朝氣蓬勃，比年紀只有他一半的多數人還要精力充沛，也更勝於我。我在他位於蘇格蘭的城堡參加晚宴時，發現了背後的原因，當時，我拿出了我那一袋營養補充品。大部分的人看到我一餐要搭配那麼多藥丸都笑了起來，不過，丹只是看著我說：「我吃的量比你還多，」然後他拿出自己的那一袋。他還給我看了他用來追蹤記錄的試算表。我很驚訝，但其實不該那麼驚訝，任何領域中表現水準最高的人都會投資在營養補充品上，因為報酬率實在太高了。如果你沒有在服用營養補充品的話，就是讓自己無法盡情發揮某些本事。

如果你擔心自己的身體不會好好利用吃下的營養補充品，而把它們都尿出來了，你大可放心，我的小便大概比你的還要值錢。

行動項目

- 竭盡所能幫助你的身體健康強壯起來，方法之一就是服用以下營養補充品：維生素 D3、維生素 K2、維生素 A、鎂、磷蝦油／omega-3、銅、鋅、碘、酪胺酸（tyrosine）、具有甲基葉酸的甲基維生素 B12。
- 補充從植物中萃取而來的多酚。

- 考慮找一位功能醫學醫師，檢測體內的營養素濃度。
- 尋找專門為你想得到的結果所打造的營養補充配方，試試看是否有效。

◎推薦你聽

- Bill Andrews, "The Man Who Would Stop Time," *Bulletproof Radio*, episode 10
- Kate Rhéaume-Bleue, "The Power of Vitamin K2," *Bulletproof Radio*, episode 106
- William J. Walsh, "Gain Control of Your Biochemistry," *Bulletproof Radio*, episode 132
- Elissa Epel, "Age Backwards by Hacking Your Telomeres with Stress," *Bulletproof Radio*, episode 436

◎推薦你看

- William J. Walsh, *Nutrient Power: Heal Your Biochemistry and Heal Your Brain*（威廉・威爾許，《營養的力量：修復大腦的關鍵元素》，博思智庫出版）
- Elizabeth Blackburn and Elissa Epel, *The Telomere Effect: A Revolutionary Approach to Living Younger, Healthier, Longer*（伊莉莎白・布雷克本與伊麗莎・艾波，《端粒效應：諾貝爾獎得主破解老化之祕，傳授真正有效的逆齡養生術》，天下文化出版）

10 為了未來，現在就駭入自己

有好幾年，我把自己當作人體實驗的白老鼠，努力想瞭解人類表現的生物祕密，當時常常覺得自己像個異類。但是，原來我並不孤獨。在自己身上做實驗，是四百五十名以上極為成功的人士所認為是前二十大的優先重要事項之一。你可以主張說，這是因為《防彈電台》本身就偏好邀請其他生物駭客來上節目，這的確是事實。而另一個事實是，各行各業的頂尖人士之所以能有如此優秀的表現，正是因為他們很有興趣找到可以更進一步提升表現的新方法。這些努力需要兩個步驟：量化體內目前正在發生的事，接著採取行動，做出改變。

儘管有那麼多呈現出相反情況的證據，有些人還是對生物駭客法表示懷疑，因為他們不相信體內所發生的一切會影響心智表現。我想對這些人說：「在大肆慶祝又晚睡的隔天早上，試著解決一個困難的問題。」你現在看出關聯了嗎？你的表現——你在情感與認知方面要如何拿出真本事——會直接反映出你身體的運作情況。這正是為什麼衡量你的**生物系統狀況**很重要。不過，量化本身就像在蒐集多個小袋裝的尺寸不合的鈕扣，當作嗜好會很棒（如果你很迷這種事的話），但成效不怎麼好。數據資料只有在具有意義時才有用。生物駭客法需要**知識與行動**：首先，你必須量化體內正在發生的一切；第二，你必須決定需要做出那些改變；第三，你必須實際做出這些改變。

碰巧的是，人體本身就內建了感測器，具備了相當好用的生物回饋機制。這些感測器叫做「感覺」，當沒有科技可用時，它們能提供即時性的資料。你可以嘗試我針對營養方面所寫下的每一項建議，但如果你仍然覺得糟透了，那麼你做的一切都沒用，你根本不需要透過實驗室來檢測結果，因為到頭來，「我覺得糟透了」和「我覺得好得彷彿無所不能」的檢測法，就是你可以用來評估自己是否有所進展的最可靠方式。它們比全世界任何資料點都還要來得有價值，因為當你覺得糟透了的時候，就不會拿出你想要的表現，但當你讓自己的身體準備好產生很棒的感覺時，就可以改變世界。當然，如果你能獲得更多詳細的生物數據資料，也許就能夠準確找到為什麼覺得糟透了的原因，並且想出解決方法，讓你到達遠遠超出你曾想像過的境界。

我成為生物駭客的起源，是來自我對科技與電腦科學的熱愛。我取得的學士學位是稱為決策支援系統（decision support system）的人工智慧（AI）領域。在當時，AI是充滿爭議性的領域，沒有大學教授想把自己的終生職賭在這個領域上，跟我同屆的人畢業時都被警告說，只要把這個專業領域叫成AI，就會找不到工作。誰管這麼多啊！自那之後，我們建立了雲端，全世界現在有多到不行的運算能力，讓我們可以揮霍在追蹤最瑣碎的細節上，統整這些細節，再拿它們與其他看似瑣碎的細節互相比較——這就是我的熱情所在，也是我所能想像到自己能夠從事的最重要工作。這就是我要顛覆一切所用的方法，也確實成功了。我靠著做自己熱愛的事，賺進大筆財富，（然後又失去了！）晚上也會夢見電腦。直到有天早上，我醒來發現發展科技本身不再是我熱衷的事了。我想運用科技弄清楚一些重要的事。我就是這時候加入了生物駭客的行列。

我之所以失去發展科技的熱情，有一個原因是，當時的電腦很不擅長在一批批毫無關聯的資料中找出有意義的模式。不過，在過去幾年間，新一代的編碼員做了遠比建立雲端更重要的事：他們找到了辦法，讓電腦能夠用很接近我們大腦的方式來運作，其所使用的科技稱為「類神經網絡」，或是「機器學習」。我們終於能叫電腦去搞清楚真正重要的是什麼，完成了以後再告訴我們。反正，這跟實際情況差不了多少。

我們才剛開始將機器學習演算法應用在來自數十萬人的生物資料上，想找出新的關聯性，揭露什麼樣的干預才會收到成效。舉例來說，保羅．扎克（Paul Zak）博士利用這些技術，準確判斷出將會讓一個人催產素濃度上升的因素（以及會上升多少），甚至不必驗血就能知道。研究人員可以使用這些資料，研究背後的**成因**，並找到之所以有效的特定機制，但這類研究通常需要花上數年的時間。同時，我們其他人則能受益於研究**結果**。如果機器學習揭露了某種特定的干預——無論是營養、營養補充品、睡眠或靜坐——對百分之九十的人有莫大好處，我們就可以選擇這麼做，而不用去理解為何這麼做有效。

以前，要散播像這樣的知識需要花上好幾個世代。和尚坐在佛寺內，使用稱為感覺的內建感測器進行靜坐冥想，為下個世代留意什麼方法有效、什麼無效。現今，我的神經回饋新創公司從表現超高水準的人身上蒐集腦波數據，每秒可蒐集兩萬四千個樣本，全部都送至一個幾乎是立刻就能找到模式的機器當中。想像一下，如果那些靜坐功力超強的和尚能運用這項科技，那會發生什麼事！

在健康專業領域中，許多具備遠見的人都按照數據資料行事，無視傳統觀念，這麼做有時會帶來令人吃驚的成果。有越來越多的人，即使他們不確定原理為何，還是決定採取激進的行動，使用那些有效的方法，結果都從中獲得了莫大好處。我們使用數據資料來檢驗什麼有效，並在必要的時候修正前進的方向，這對人類來說是個重大變化，而我對此真的感到激動不已。

法則二十九：追蹤是為了駭入

毫無疑問，你可以把任何你預期的高水準表現當作目標。決定你想改變什麼，衡量自身的狀態，然後迅速展開行動，之後再確認是否沒問題。整頓一番後，再重複進行。你之所以能勝過以往的世代，是因為你能取得更多關於自己與他人的數據資料，這件事比歷來任何時候都還容易。如今，人生賽場比以往來得更公平，而必要時，科技會協助你修正前進的方向。

威廉．戴維斯（William Davis）醫師是名心臟科醫師，他帶著「反穀」心態希望改變大眾對於營養和健康的看法。身為無穀生活方式的改革先驅，戴維斯醫師著有《小麥完全真相》（*Wheat Belly*）等系列著作及《不用看醫生》（*Undoctored*）一書。戴維斯醫師是針對麩質危險性最早提出警告的醫師之一，像他這樣身處醫療社群備受敬重的地位，卻敢拿職涯作賭注，公開反對標準美國飲食的專家極為少見，但戴維斯醫師正是個顛覆傳統者。

對談中，戴維斯醫師分享了他看到民眾在健康管理上出現了驚人的轉變。他們不再仰賴醫生給他們的健康建議，而是自行想辦法解決，這多虧了越來越容易取得的醫學研究與數據資料，以及市面上一般人負擔得起的大量追蹤裝置（無論是心率監測器、健身追蹤器，還是可監控睡眠與基礎體溫的裝置）。戴維斯醫師把這種現象視為好事，因為在他看來，主流醫療體系正在崩壞。

在美國，醫療健保支出占了國內生產毛額的百分之十七．五，相較之下，住宅與商業建設加起來才占了百分之七．五。從製藥產業、保險公司、醫院到醫療器材製造商，這可是龐大——也大有賺頭——的事業。醫療產業蒸蒸日上，美國人卻比以往更不健康。根據戴維斯醫師的說法，這是因為該產業比起病患照護，更在乎賺錢與否。這並不是說任職於該產業的人都很邪惡，而是參與其中的公司變得非常善於為了達到某種目的而做出決策。這些公司往往有錯誤的目標，做出的決定產生了看來邪惡的突發行為。就我來看，這些行為其實相當可惡，但我知道它們並非刻意帶來如此的結果。

好消息是，蘊藏著豐富資訊、專家研究和數據資料的寶庫，如今只有幾鍵之遙。以前的人認為醫生是唯一能取得並理解醫療資訊的人，這種觀點已不再適用。戴維斯醫師相信，未來幾年會有越來越多人利用科技掌控自己的健康，他們將「不用看醫生」。

戴維斯醫師表示，懂得教會自己什麼才是健康並自力救濟的病患，比起完全仰賴醫生提供資訊的人，通常會獲得較好的成果。因為當你追蹤記錄自己的數據，可以觀察到別人注意不到的結果，例如特定食物或營養補充品對你的血壓或發炎程度有何影響。你也可以學會鍛鍊自己的內建感測器，也就是那些會告訴你什麼時候感覺不對勁的感測器，然後把資訊納入解決方法。

戴維斯醫師提供給一般民眾的最簡單診斷方式，就是早上起床後立刻量體溫。體溫會反映出甲狀腺功能，如果太低，很可能表示甲狀腺功能不良（也就是甲狀腺功能低下）。戴維斯醫師說，他的鄰居曾告訴他，自己出現了某些甲狀腺功能低下的症狀，那位鄰居早上的體溫是華氏九十四．五度（約攝氏三十四．七度），表示他有甲狀腺功能低下症。（我在二〇〇年首次嘗試這個方法時，早晨體溫是不健康的華氏九十六度〔約攝氏三十五．六度〕。）戴維斯醫師回應：「你大概有碘缺乏症，所以攝取碘吧！」人體需要碘才能製造甲狀腺激素，碘含量低是甲狀腺功能低下的主因，這種疾病的主要症狀是體溫起伏不定。不到兩週，那位鄰居的早晨體溫就上升到華氏九十六．五度（約攝氏三十五．八度），之後也上升到健康的華氏九十七．三度（攝氏三十六．三度）。

就我的例子而言，補充碘沒有用，因此我嘗試了一種由控制系統工程師打造的體溫重置法：整天都喝熱開水，穿著羊毛衣站在電暖器前，服用治療劑量的三碘甲狀腺素。大體而言，那種感覺就像煮熟的龍蝦度過滿身是汗的漫長一週。不過這個方法奏效了，我的體溫上升，就此居高不下。（在沒有醫學知識或醫生的協助下別嘗試這種方法，尤其是服用高劑量的甲狀腺素，那可能致死。）

無論你是運用最新科技還是古早的體溫計，自行解決健康問題是你擁有的自主權。我已經試驗過追蹤裝置好些年，對這方面有深入的瞭解。幾年前，我為第一個可黏式連網心臟監測器設計了系統，之後擔任某追蹤手環公司的技術長，該公司後來被英特爾收購。我有個抽屜裡放滿了各種健康追蹤裝置，卻從來戴上超過一兩週，因為這些裝置提供的資料都不怎麼管用，而且很笨重，戴起來不舒服。

感謝老天，那些日子已經結束了。我現在睡覺都戴著Oura智慧戒指，它會追蹤我的睡眠狀態、心跳率、心率變異（可評估壓力程度）、體溫、呼吸速率、活動程度等。它的外觀就像普通的戒指，電量可達一星期，完全防水。戴著它時你甚至分辨不出戴著的人是不是生化人。這個智慧戒指能提供所有我必須知道的體內狀態，讓我能據此選擇進行什麼活動。

可以根據需求調整輸入系統的資料，是生物駭客法成功的關鍵。雖然發展出每天的慣例，或把某些決定「自動化」——例如穿什麼或早餐吃什麼（正如第一章所探討的，這麼做能避免出現意志力疲勞）——通常很有用，但日常慣例確實有風險：當你以自動駕駛的方式做這些事，很可能錯過來自內建感測器發出的重要訊號。你的身體是個動態的複雜有機體，而根據數不清的可變因素，身體的內在天天都會出現不同的變化。某個地方失靈時，身體會讓你知道。當你使用能隨時瞭解體內狀態的科技追蹤自己的生物系統時，就可以調整輸入的資訊，使其補足身體需求，而不是選擇去做過去在你身上行得通的事。

比方說，如果我的智慧戒指告訴我，我昨晚的睡眠沒有到達深層階段，因此沒有獲得足以恢復健康的睡眠，那麼我今天就會暫停訓練，讓身體好好恢復。如果我的心率變異很低，表示我的身體正處於戰或逃狀態，這時我會去休息靜坐一下，或者做點瑜珈，為那天的行程做好準備。當我從高心率變異得知身體已經獲得充分休息、準備好要表現時，我才會選擇接受挑戰，同時充滿自信。最棒的是，我每次從Oura智慧戒指獲得的數據都可以連結到當下的感受，這些資料顯示出我神經系統中的哪些訊號值得關注。

壓力無所謂好壞，但身體只能應付到某種程度，否則壓力就會造成傷害。壓力有各種形式，包括心理壓力、情緒壓力、身體壓力和環境壓力，壓力不會產生同等程度的影響，但確實都對會身體造成影響。比方說，心理壓力會讓你感到精力消耗殆盡，因此去健身房拚命鍛鍊或者斷食一整天，可能不是讓你從極為痛苦的分手中恢復精神的方式。實際上，你最好去做身體叫你做的事：爬上床，用被子矇住自己的頭。

有時候，壓力不是你會意識到的，因此在決定增加更多的壓力之前，請先找出你的身體正承受著多少尚未察覺的壓力。你可能感覺很不錯，但如果你的數據資料顯示今天不適合進行大量鍛鍊，你就得乖乖聽話。如果你的數據資料顯示你的心率變異長期下來都很低，表示你的身體正緊抓著某些未察覺的壓力不放。找出背後的原因很重要。你常常做哪些（或沒做哪些）讓你變得衰弱的事？你可能有輕度的慢性感染、對經常吃的某種食物敏感，或是環境中某種東西正在影響你。試著改變日常慣例中的特定部分，看會帶來什麼影響。

當然，你也可以採用完全相反的方式，來利用健康追蹤裝置提供的資訊，也就是藉此判斷你的身體目前是如何對你選擇輸入的資訊做出回應。你是不是因為太常採取間歇性斷食，而讓身體處於戰或逃狀態？你毋須擔心或感到疑惑，只要在你進行間歇性斷食期間檢查心率變異就行了。你是不是想知道很晚才喝咖啡會不會干擾睡眠？隔天檢查你的睡眠報告，找出結果。（但說真的，你不需要應用程式也能搞清楚這件事！）

根據生物回饋的結果，你可以採取多少行動似乎永無止盡。Oura的執行長兼創辦人佩特利·拉提拉（Petteri Lahtela）解釋，你甚至可以利用這枚智慧戒指判斷出自己的作息型態，或是個人晝夜節律的實際情況。你也可以根據自己晚上的體溫變化來斷定。[1]

戴維斯醫師解釋，體溫的改變可能暗示身體出了狀況。如果你的體溫低得不正常，就該思考造成甲狀腺問題的成因，例如是否吃了太多全穀食物，或者暴露在黴菌毒素之下。對女性來說，注意體溫變化也有助於月經週期的管理。女性排卵時體溫會上升約華氏〇．五度（約攝氏〇．三度），追蹤基礎體溫可以讓女性意識到自己什麼時候最可能懷孕，無論她是否打算生產，這都是很必要的瞭解。

另一間使用機器學習來瞭解人體體內狀態的公司就是Viome，該公司提供了可以監測腸道健康的工具。它不是靠評估心跳率、體溫或每日的慣例行動，而是檢測你的大便。沒錯。該公司以價值二十億美元的科技迅速辨識出生物武器，也就是你腸道中的每種細菌、菌類和病毒，詳盡程度前所未聞。真正讓人感到興奮的是，Viome會利用機器學習，拿你的腸道情況和其他人比較一番，因此你就能看出自己腸道中的微生物究竟是在幫你還是在害你，以及要調整這樣的平衡，什麼方法才行得通。Viome的創辦人兼執行長納維恩．杰恩表示，他的終極目標是要利用科技讓生病變成是一種選擇性的結果，他認為——許多醫生和科學家也認為——健康始於腸道，失衡的微生物群系則是疾病出現的前兆。

納維恩將人體視為一個生態系統，由僅僅百分之十的人類與百分之九十的微生物組成。腸道中有百分之九十的細胞構成了微生物群系，人體則有百分之二十五的代謝物都產自腸道。所以，當你搞清楚腸道內的狀態，就能精準預測身體系統將會對特定的輸入做何反應。比方說，如果你缺乏可製造有益健康短鏈脂肪酸的細菌，就知道自己不間斷採取生酮飲食法太久了。

Viome也會讓使用者看看存活在他們血液中的細菌、噬菌體和病毒，告知哪些酵素和輔因子低於正常值。當你服用適當的營養補充品，就能輕易修正這些失衡。最令人激動的部分是，我們可以利用這份資訊，在症狀出現前就先注意到這類失衡。納維恩相信，這最終會讓我們找到可預測疾病的生物指標，在這些疾病實際顯現為身體上的問題前先行治療。

這絕對是我想留下來探知的未來。長久以來人體都是一個謎，現在我們能利用上述工具找出體內究竟發生什麼事，難道不令人興奮嗎？你的生理狀態會大大影響你的表現，你怎麼可能不想擁有可以隨意改變身體狀態所需的資訊？

在防彈公司，數據資料深植於公司文化。公司團隊的成員會檢測並分享自己的作息型態、我們需要多少資訊才能做出決策的直覺反應，甚至是我們希望他人如何展現感激之情的量化結果。這聽起來可能很不尋常，但這些事都深植在我們的生物系統中，而意識到個體差異，將有助於彼此交流並且合作無間。如果數據資料可以讓我知道，某個人真的很希望能獲得一個表示感謝的擁抱，或者某個人真的喜歡獲得讚美，那麼我就會運用資料讓每個人都能得償所願。

作為一個人，我主張你有道德義務駭入自己——但駭入你的員工道德嗎？我認為答案是肯定的。你是在為他們做好成功的準備。當領導人協助公司旗下員工培養進一步的自知與自覺，將有助於造就更快樂的員工，他們不只會對自己與他人富有同情心，也會對自己的工作懷抱熱情。所以，放手去做，駭入自己，也幫助你周圍的人駭入他們自己吧！生命將會改頭換面。

行動項目

- 利用像是 Oura 智慧戒指的睡眠追蹤裝置，追蹤記錄睡眠情形。如果你前晚睡得很糟，盡量減少激烈的訓練或斷食計畫，在你能夠火力全開的日子，再努力鞭策自己。
- 如果你沒有睡眠追蹤裝置，就改用自身內建的感測器。起床第一件事，就是在一張紙上記錄你的睡眠情形，用一到十的量表來評估。評估分數的根據來自你感覺有多好、身體有多僵硬、你有多焦慮、起床有多容易。
- 別再拿無用的小玩意來記錄每天走了多少步，或採用虛構的「已燃燒熱量」衡量方式。這些數據會讓你把注意力從真正有用的資料上轉移開來，包括心跳率、心率變異、體溫和睡眠品質。獲知這些數據資料，才可能改變你的人生。
- 如果你的預算充足，請你的功能醫學醫師做一次健康指標的完整檢查會是很好的投資。要求檢測所有荷爾蒙、所有與甲狀腺相關的指標、發炎指標、營養素分析，加上任何你的醫生認為有幫助的項目。
- 請 Viome（www.viome.com）檢測你的大便，看看腸道內的情形。

◎推薦你聽

- William Davis, "How the Health Care System Keeps You Sick & What You Can Do to Change It!,"

Bulletproof Radio, episode 402

- "Hack Your Chronotype to Improve Sleep & Recovery by Wearing a Ring," *Bulletproof Radio*, episode 437
- Naveen Jain, "Listen to Your Gut & Decide Your Own Destiny," *Bulletproof Radio*, episode 452

◎推薦你看

- William Davis, *Undoctored: Why Health Care Has Failed You and How You Can Become Smarter than Your Doctor*

法則三十：殺不死你的讓你更強壯

經歷幾次激烈又短暫的壓力之後再好好恢復，你體內的每個系統都能受惠於這樣的循環。我們就是因此而變得更強壯的。只有不時擔心著會面臨恐懼的人，才會讓自己身處永無止盡慢性壓力的工作、感情關係或環境之中。將上述循環原則應用在生活中的所有壓力上，狠下心把無用的壓力源從你所做的一切及你的體內消除。

羅恩・翰林海克（Ron Hunninghake）醫師是美國堪薩斯州威契托知名瑞歐丹診所的醫療主任，

由他一手打造的看似違反直覺的治療計畫正在改變大眾對抗癌症的方式：運用維生素C和氧化作用。我們通常會認為氧化是件壞事，但翰林海克醫師解釋，短暫的激烈氧化作用（細胞壓力）有益健康，前提是氧化後要還原（細胞恢復）。

氧化作用是人體利用氧氣製造能量的過程，這種過程所製造的副產物有自由基、帶有不成對電子的不穩定高活性分子，這些自由基可能會破壞細胞、粒線體，甚至DNA。許多研究人員認為，自由基就是老化的主因。

「還原」則是與氧化相反的過程，還原發生時，帶有不成對電子的分子會獲得一個電子，使分子保持穩定，避免帶來更多破壞。你體內所有能量都來自這兩者之間的快速反覆循環。體內唯一不會經常失去又獲得電子的細胞，就是死掉的細胞。你的細胞越擅長在這兩種狀態間反覆來回，你越能在各方面拿出更好的表現。我們在此不會深入探討這個部分，因為駭入這個程序是《防彈腦力》的主要內容。

回頭談談維生素C。當你攝取維生素C時，它會作為抗氧化劑（抑制氧化的物質）發揮效用，但翰林海克醫師解釋，以靜脈注射維生素C會有不同的效果。（人類其實是少數可自行製造維生素C的動物，我認為，能以合成方式生產維生素C並且有效運用，是身為人類的美妙之處。）採用靜脈注射維生素C的方式會對身體產生氧化效果，這當然嚇得許多人不敢這麼做，包括大多數的主流醫師。翰林海克醫師把這種方法比作細胞層級的間歇性斷食或高強度訓練，這種氧化作用會殺掉功能異常或衰弱的細胞，其中包含癌細胞和癌前細胞。

翰林海克醫師的癌症治療計畫包括了採用維生素C靜脈注射，以去除不健康的細胞。接著，他會補充強效抗氧化劑，例如麩胱甘肽，讓存活下來的細胞變得更強壯。這是很典型的激效作用，也就是給予身體某種會造成壓力或具有毒性的物質，以刺激身體產生治癒反應。殺不死你細胞的，會讓牠們更強壯。而在癌症治療中，殺掉承受壓力的衰弱細胞，讓強壯的細胞可以取而代之，是一種絕佳的策略。

生物駭客的核心原則之一，就是**不做會讓你變得衰弱的事，而做更多讓你變得強壯的事**——一定要按照這個順序。前文提到你的身體一次只能應付某種程度的壓力，如果你的身體已經因為某些原因而變得虛弱，那就無法善用激效，或任何能帶來成效的壓力了。這正是知道什麼時候可以用力鞭策自己，和知道什麼時候不該鞭策自己，兩者同等重要的原因。而知道如何讓自己放鬆與恢復，就和舉重時保持正確姿勢一樣重要。那些優秀傑出者都懂得掌握兩邊平衡，將其應用在工作、家庭、健身、睡眠、吃飯等各種面向，必要時還會應用在細胞上。

運用靜脈注射維生素C的方法來對抗某些類型的癌症，聽起來是種絕妙的療法，我很期待未來能看到更多的相關研究。如果我罹患癌症，我願意採用這種療法。不過話說回來，我以前因為暴露在環境的黴菌毒素中而被醫生診斷出患有纖維肌痛症、慢性疲勞與萊姆病，康復期間就曾多次採用維生素C的靜脈注射。我在位於加州聖塔莫尼卡的「防彈實驗室」加設了獨立的靜脈注射維生素C診所，因為這種療法的功效之強，就算沒有生病也能使人恢復元氣。我們可以藉由觀察這些療法如何在患有阿茲海默症、帕金森氏症、糖尿病、癌症的病人身上奏效，來瞭解人體如何恢復健康。創新的療法往往用於幫助症狀最為嚴重的病患，而我們則可以利用這些療程的數據資料，預防自己未來也受到相同的疾病所苦。

行動項目

- 改採高強度的間歇訓練（衝刺或舉重都行），結束後則要有高品質的恢復與睡眠，以獲得運動較少、效益卻更高的結果。
- 當你的數據資料顯示你正在承受壓力，就要避免再給身體更多壓力。
- 當你受到的壓力超出可承受範圍，用強效方式來恢復。考慮用靜脈注射營養素；去做按摩；試試冷療；去做桑拿；去看電影！

◎推薦你聽

- Ron Hunninghake, “Vitamin C Is Taking the Fight to the Big ‘C,.” *Bulletproof Radio*, episode 379
- Erin Oprea, “Tabatas: Like Getting HIIT by a 4×4,” *Bulletproof Radio*, episode 313

法則三十一：像金鋼狼一樣快速痊癒，像班傑明一樣延緩老化

最值得投資的標的不是比特幣，也不是股市。針對你的生物系統所做的投資，才是最重要的。慢性傷害、慢性疼痛和一般老化，都會放慢你的腳步，減少你能用於重要事情上的精力。在替換或切除身上某個部位前，先盡你所能治好它。動手術之前，先試過其他可行的選項。讓你身上所有系統永保年輕與活力。

在生命中某個階段，多數人都學會忽略自身的慢性疼痛，教練鼓勵我們「咬牙撐下去」。如果你只是發牢騷，這是很棒的建議，但如果你真的受傷了，這是很糟的建議。二十多歲時，很多人已經有慢性傷害了——指身體仍能運作，某些部位卻長期疼痛。隨著時間過去，這些無效率的運作會導致身體的其他部位功能不良、隱約產生壓力、浪費能量。

多虧了青少年時期我用肥胖發炎的身軀踢了十三年足球，我身上有比一般人更多的慢性疼痛，此外還包括滑雪受的傷，以及動過三次手術、栓有螺釘的膝蓋。既然我打算至少活到一百八十歲，我完全無法接受這種情況！我試過醫療雷射、電刺激、注射、脈衝式電磁，以及根本像科幻小說所描述的方法來治療損傷，結果大獲成功。但沒有哪種療法比得上幹細胞療法。近幾年來，這種療法已經讓一般人逐漸負擔得起，也比多數手術費用還便宜。我打算在接下來的漫長人生中，每六個月接受一次幹細胞注射。

為了瞭解這種尖端療法，我找了三位專家來訪問。第一位是馬修・庫克（Matthew Cook）醫師，

他經營位於加州的生物重設醫療診所，治療許多肩膀受傷的美國職棒大聯盟投手；第二位是哈利．艾德爾森（Harry Adelson）醫師，任職於猶他州的多切雷診所，他從幹細胞療法誕生初期便開始採用研究，專門用以治療脊椎疼痛；第三位是艾美．B．基倫（Amy B. Killen）醫師，任職於多切雷醫療診所，他利用幹細胞進行美容治療。這三位醫師都治療過我，我利用訪問深入瞭解他們是怎麼發展出這套顛覆傳統規則的療法。

我先找了艾德爾森醫師。在美國還不知道有幹細胞療法的幾年前，他就前往委內瑞拉向布萊特（Carlos Cecilio Bratt）醫師學習該療法。布萊特是南美最有名的幹細胞醫師，他的醫療研究驅使艾德爾森尋找讓大眾負擔得起又有效的「黃金比例」療法，而我就親身體驗過。

多年來，大部分的人都以為使用幹細胞來治療慢性疼痛、強化受傷時的復原能力，甚至改善膚質，是只在科幻小說才會出現的情節。此外，許多人也以為這是提供給超級有錢人的療法，或者更糟的，這是某種有爭議性的做法，因為三十年前幹細胞還取自胚胎。如今，使用你自己身上的幹細胞療法變得普及，而我認為隨著時間過去，這類療法只會越來越受歡迎。

人體的自癒能力非常驚人，加上幹細胞療法提供的幫助，人體自癒力會發展到令人難以置信的地步。幹細胞療法已經用於為盲人恢復視力、讓耳聾的嚙齒動物恢復聽力、修復結締組織、治癒脊椎受傷，甚至讓中風病患恢復認知功能。蘇珊．桑默斯（Suzanne Somers）是美國廣受歡迎的知名人物，這位《紐約時報》暢銷書作家在訪談中告訴我，她是美國第一個動了部分乳房切除術，利用幹細胞重新讓乳房長回來的女人。

不過，幹細胞療法可不只用在治療疾病和損傷。逆轉老化的重點就在於從壓力與緊張中恢復健康，身體才能再次變得年輕，而幹細胞療法可以藉由讓肌膚持續保有膠原蛋白和彈性蛋白，以減緩老化的影響。幹細胞療法也能強化關節，使其更容易彎曲，甚至可以增加（嗯哼……）某些部位的長度和周長。

幹細胞療法需要從你身上某一處提取幹細胞，通常是下背部或骨髓的脂肪，再與生長因子混和注射進身體的另一個部位。艾德爾森從我的骨髓與脂肪取出幹細胞，並將幹細胞注射到我身體的每一處損傷。那是一次密集的療程，我總共接受十幾次的注射，沒幾天，我的疼痛程度就顯著降低了。你知道，你要等到持續性疼痛突然消失，才會發覺自己身上原來有那麼多問題！我對治療結果大感佩服，我決定再度拜訪艾德爾森醫師，這次帶著我的妻子拉娜醫師同行。她在療程結束後表示，有些小時候受的傷所造成的疼痛，就這樣神奇地消失了。

我們也拜訪了艾美．基倫醫師，這位醫師專精幹細胞相關的抗老化療程，特別是與性健康有關的療法。是的，你沒聽錯。基倫醫師將幹細胞注射到可能會讓你畏縮的地方。她使用血小板中的生長因子讓身上各種不同的部位再生，而她專門治療的就是皮膚、頭髮和性器官。

怎麼有人會想把東西注射到最敏感的部位？基倫醫師解釋，可以讓男性勃起的血管與陰莖中的細胞會隨著時間老化，甚至死亡，成為造成勃起功能障礙的原因之一。將新細胞和生長因子注入海綿體（也就是陰莖兩側能使人勃起的小血管）可以增加血流量，並且提高神經反應。基倫醫師大部分的患者都有某種程度的勃起障礙。坦白說我沒有，但如果可以讓那個工具能用多久就多久，我什麼都願意嘗試。既然我有新取出的幹細胞，總得讓它們有地方去才行。

這種療法對男性的副作用是尺寸會變大，尤其是療程結束後還使用了能增加血流量的真空泵。原本應該每天都用這個真空泵，持續一個月，但老實說，這樣打氣可是會花上很多時間。我試了兩次就決定我對成果已經足夠滿意了！我把不用打氣省下來的時間拿來為你寫本書中的某個章節。

不過，既然我們的話題是那塊區域如何升級，那麼就值得提一下「蓋世波」（GAINSWave），這是醫生會應用在陰莖的一種震波療法。十五分鐘的非侵入性療程就能對男性器官帶來很大的成效。我在西雅圖的一間診所嘗試了這個療法，自然勃起得就像二十歲的年輕人。這通常用於治療勃起功能障礙，但對想改善勃起反應的多數男性來說也行得通；至於女性適用的版本目前還在開發中。有時候，當個專業的生物駭客還真「堅」難！

我勇敢的妻子拉娜醫師也去看了基倫醫師，接受了她稱為「超強O點注射」的療法。如果是女性，基倫醫師會在兩處注射幹細胞與生長因子——陰蒂（真痛！）和陰道上前壁，後者就位於G點上方。治療過的患者都覺得陰道組織有所改善、更加潤滑，甚至連性高潮強度也有提升。幸好，局部麻醉藥膏讓治療過程遠比聽起來得還不痛。

我知道拉娜醫師不會介意我分享她在一週內就感受到很大的改變。她獲得煥然一新的活力，並且自言彷彿重返二十五歲（不過對我來說，她早已擁有完美無缺的美貌與活力）。從我的角度來看，這些經驗無不令人驚奇。拉娜醫師說，她會把陰道幹細胞療法推薦給朋友，以及讓她提供輔助生育治療服務的多位患者，幫助患者在分娩後恢復活力。

我的幹細胞之旅最後一站是馬修．庫克醫師，他是生物重設醫療診所的共同創辦人，在舊金山灣治療職業運動選手與名人病患，使用的療法涵蓋大量的回春科技，包括幹細胞。庫克醫師為《防彈電台》錄製了一場很棒的訪談，他解釋了市面上各種幹細胞療法，以及他正在做的開創性研究。

庫克醫師發現，我的頸部肌肉會在我手臂上的神經施加壓力，這是許多棒球選手慢慢浮現的問題。由於庫克醫師大量治療華盛頓國民隊的隊員和許多運動員，因此很清楚該怎麼治療。他採用一種他還在當麻醉師時首創的療法，將幹細胞液注射到神經周圍，以放鬆神經。這方法真的有效！我的其他醫生都建議我採取移除一根肋骨的治療方針，但那可能導致終身姿勢結構失衡與慢性疼痛。庫克醫師的一小時療程，竟然永遠解決了我的問題。

這種療法讓太多的人受益，因此庫克放棄了麻醉醫師一帆風順的職涯，專注在再生醫療領域，也首創一種以超小幹細胞——例如從你自身血液裡提取的幹細胞——發展出來的幹細胞療法。

庫克醫師研發的另一項創新技術，是用於治療創傷的幹細胞療法。他使用神經阻斷麻醉法，小心地將幹細胞注射到迷走神經周圍，重設身體的壓力反應。這種治療就像強制重啟電腦，它會關閉處於戰或逃的神經系統八小時，等到重新啟動，你就會處於「休息與放鬆」的模式。

如果你曾經歷過高壓事件，就算當時年紀甚小，你的神經系統有部分也可能被鎖定成戰或逃模式；這種對壓力反應更加敏感的情況，常見於創傷後壓力症候群的病患。完成重設程序之後，我發現我的復原力與認知功能好到極點。庫克醫師也沿著我的靜脈竇注射幹細胞，使其能進入大腦底部。不到一小時，我的視力就有了顯著的改善。整個療程有效得驚人。

我非常相信（也希望）在不久的將來，我們會利用幹細胞療程消滅絕大多數的退化性疾病，永保青春。這方面治療費用正迅速下滑。這種療法顛覆傳統規則不只讓你我受益，也有益於我們的孩子與全人類。

無論你是否有管道接觸幹細胞療法，我強烈建議你竭盡所能修復自己的舊傷。你的身體會把自己治好到確保你能繁衍後代，但你應該企圖將身體修整得更好，讓你可以隨心所欲地在世界上想做什麼、做多久都行。現在，我們有辦法保持年輕的狀態更久，甚至逆轉某些老化造成的退化影響。全世界表現水準最高的人都投資在這些創新療法，讓自己在人類所能達到的壽命範圍內發揮最佳的表現，同時避開會讓自己放慢腳步的疼痛與病痛。

行動項目

- 你現在馬上想到的最嚴重的意外或受傷部位是哪三個？
- 在這些部位中，有沒有哪個會讓你持續感到疼痛或感覺僵硬，或是無法活動自如？如果是這樣，你應該駭入這些部位，直到它們恢復原狀。
- 如果你身上的某個部位出現慢性疼痛，卻從未受過傷，可能源自尚未解決的感情創傷。我建議你重讀書中關於治療創傷的法則作為參考。

◎推薦你聽

- Matt Cook, "Everything There Is to Know About Stem Cells," *Bulletproof Radio*, episode 512
- "The Healing Powers of Stem Cells" with Dr. Harry Adelson, *Bulletproof Radio*, episode 332
- Harry Adelson, "The Real Deal on Stem Cell Therapy for Pain Conditions," *Bulletproof Radio*, episode 412
- Amy Killen, "Treating & Curing Erectile Dysfunction with Stem Cell Therapy," *Bulletproof Radio*, episode 407

第 III 部

更快樂

- 法則 *32* 為快樂標價
- 法則 *33* 財富只是快樂的徵象之一
- 法則 *34* 擁有愈少，獲得愈多
- 法則 *35* 讓朋友幫你一把
- 法則 *36* 你反映你所屬的社群
- 法則 *37* 沒有一種感情關係是孤島
- 法則 *38* 掌控腦中的聲音
- 法則 *39* 劫持身體的注意力
- 法則 *40* 快點！靜坐快一點
- 法則 *41* 把身邊打造成動物園
- 法則 *42* 讓身體製造防曬乳
- 法則 *43* 沐浴在森林，而非浴缸
- 法則 *44* 感激比恐懼更強大
- 法則 *45* 從故事中脫困，才是真正的原諒
- 法則 *46* 善用各種方法培養感激之情

HAPPIER

11 有錢不會變得快樂，但變得快樂可能會有錢

在我從表現巔峰者身上蒐集到的數據資料中，最發人深省的事實是，沒有半個人——無論是成功又有錢的創業家，還是大學教授——提到金錢名列他們優先考量事項的前三名。金錢完全不是鞭策或獎勵這群極具影響力者的動力來源。雖然他們中有很多人都因此累積了大量財富，但財富卻只是他們追隨熱情與超越原始心智所獲得的副產物。確實，當你掌控了自己的基本本能，並找到能夠維持長久的幸福快樂，就能省下大量的精力，用來讓自己變得更成功、更富有。

這是我花了很多年學到的教訓。小時候，我的臥室牆上有一張海報，上面寫著：「事業是一場遊戲，你要把賺錢當成在賺分數。」現在一回想起這件事就讓我覺得尷尬，因為我現在很清楚事業不是遊戲，而是一門技術、一種藝術，衡量一個人表現的方式，是看你帶來了多少影響。你的團隊都要靠你的事業來維持生計、養家餬口，你的顧客則信任你會履行承諾，並提供物超所值的服務。如果你覺得這就是一場遊戲，那麼你就輸定了。

我花了很多年想著要賺大錢，我越是這麼想，就越不快樂。賺錢不會讓我感到快樂，因為金錢做不到這一點。我稍微反思了一下，發覺自己的基本需求都獲得了滿足，生活也足夠富裕，於是我開始專注在幫助其他人，因為這確實能讓我感到快樂。當有人直視著你，由衷感謝你讓他的生活變得更美

好時，那種感覺是你無法用金錢來衡量的。此外，金錢方面的報酬也會隨之而來。

遠比我還要有錢的人，也不會把金錢列為優先事項，他們很清楚金錢是來自快樂，而不是反過來。的確，你可以賺別人身上的錢，或做你討厭的事來賺錢，而且還是很多很多錢。但只要你能吃得飽，你就根本不值得那麼做。

法則三十二：為快樂標價

一旦你的基本需求獲得滿足，就把精力放在你覺得最至關要緊的大事上。賺得比基本財務需求標準還要多的錢，無法讓你感到更快樂或喜悅。所以做好準備，不計代價，盡你所能完成所有必要之事，然後奮力出擊。

如果有誰知道什麼會讓你快樂、而什麼不會，那可就非更波禪師莫屬了，他是曹洞宗與臨濟宗禪宗流派的禪師與導師。自從他在四十五年前心靈覺醒後，便投身於協助大眾瞭解自己本質的工作，同時讓自己的心靈之旅更具深度。更波表示，快樂有一種可以永久持續的狀態，而非視情況而定。在這個狀態下，快樂就是你的核心基礎。

另一方面，有條件的快樂則取決於外部因素，這就是所謂的「當我……就會感到快樂」的心態。當我遇到對的人，就會感到快樂；當我獲得加薪或升遷，就會感到快樂。我花了很多年在追求這種快樂。在我二十六歲賺到六百萬美元時，我不敢坦承這件事，而且竟然還告訴和我同樣暴富的朋友：「當我有一千萬的時候，就會感到快樂。」我在兩年後失去所有那些財富時，不用想也知道，我感受到的壓力程度上升了，但快樂程度（或是不快樂程度）卻沒有改變。

當我們處於追求某種事物的狀態下，有時稱為「匱乏心態」，就永遠無法真正感到快樂，因為我們都把焦點擺在自己缺乏的事物上，快樂總是只差那麼一點就唾手可得了。要永久維持快樂狀態，你必須對目前擁有的一切感到知足。更波表示，當他發覺自己錢夠多了，就不再想著賺錢了。他並不富有，但錢對他來說已經夠用。

他不再想著賺錢，而開始順其自然發展之後變得更快樂，也有能力達成更甚以往的成就。更波表示，想要找到可以永久維持的快樂，只有當少數幾個條件符合時才辦得到，其中包括身心皆要感到自由。這意味著身上有足夠的錢，讓自己在某種程度上能感到安心，而不用經常為財務而焦頭爛額。當你的身體處於恐慌模式，只在乎是否能生存下去時，你很難感到快樂。

然而，這並非不可能。我讀完商學院後在柬埔寨待了一陣子，當地平均收入約每天一美金，當地居民也因戰爭而身心受創。在那裡常常能見到因為地雷爆炸而失去手腳的人。不過，即便這些人往往不知道下一餐在哪裡，我卻從他們眼中看出他們有多快樂，這使我自慚形穢。他們往往比我還快樂，他們的快樂可能源自社區、家人或宗教信仰，但絕非來自金錢。我以往的任何經驗都沒辦法讓我想的到，在前往這塊遭戰爭蹂躪的地區之後，居然能在當地人身上看到如此的快樂與韌性。

不過在西方世界，研究已經發現能帶來快樂的收入底線。在二〇一〇年普林斯頓大學發表的研究中，這個基準被判定為七萬五千美元。這份研究指出，這個年薪基準可以讓一般人更容易感到能夠永久維持的快樂，同時對自己的人生方向感到滿意。[1]（根據你的居住地，這個數字可能略高或略低，通貨膨脹也可能讓金額略微提高，但這個基準很適合你開始思考財務上會讓你感到安心的起始點。）沒有達到這個門檻的人不一定會感覺不開心，但比起薪水較高的其他人，他們會因為擔心基本需求而承受更多的壓力、更感到疲憊不堪。（你在本書中到處都能看到這個核心思想：**任何**會造成揮之不去又持續不斷的壓力，都會削弱你要顛覆傳統的精力。）

但這項研究最有趣的一點是，不管賺得比七萬五千美元要多了多少，人的快樂程度在基本需求滿足之後，就不會再提高了。有些研究把最低數字定的更高，但所有研究都顯示，在某個標準上繼續提高收入，對增加快樂程度沒有實質的影響。

我的播客節目來賓當中，不是每個人都在金錢方面擁有非常成功的結果，但所有人都在自己的專業領域擁有一定的聲望，而比起財務上的獎勵，絕大多數人都從工作中獲得更大的滿足感。有幾位來賓談到了多數人從未做到、卻夢想著的另一個門檻：成為百萬富翁。全美現在約有一千一百萬名百萬富翁（不包含持有比特幣的人在內）。如果管理得當，這筆錢足以確保**一整輩子**的基本需求都能獲得滿足。

許多我曾交談過的百萬富翁都提到，達到這個門檻之後所擁有的個人自由，並且提出警告，不要因為創業的野心而冒著失去這筆財富的風險。我首次聽到這種看法是來自約翰・波溫（John

Bowen），他協助非常富裕的家族管理財富。他表示，如果你真的夠幸運，得以累積一筆還算不錯的積蓄（也稱為「失敗資本」，或稱為「X你的錢」），絕對不要拿去冒險。但如果你在讀這本書，你可能就是那種願意賭上一切去追隨熱情的人。

我也是這種人，我認識的大部分創業家也是。就是這樣的天性讓我丟失了年輕時賺來的那筆驚人的意外之財。當你對自己正在做的事滿懷熱情，對風險也能泰然處之，要賭上一切實在是太輕而易舉了。然而，我認識最有錢也最成功的人都說，你要對抗這種天性，死命守住自己的積蓄。要是有人早點教會我這點就好了！

我曾與莎茲．維斯拉姆（Shazi Visram）對談過，她是「幸福家庭」（Happy Family）的創辦人兼執行長，這間她成立的有機嬰兒食品公司，後來據說以兩億五千萬美元賣出，這筆錢足以讓她退休過著奢華的生活。然而她說，在賺到了那麼多錢時，她並沒有獲得永遠幸福快樂的權利，她獲得的是永遠不用再去煩惱金錢問題（除非她失去這筆財富）的優勢。身為移民的女兒，莎茲人生頭十七年是在阿拉巴馬州的汽車旅館長大，因此，可以一輩子不用擔心金錢問題，對她來說意義重大。她表示，移民和他們的小孩絕不會忘記挨餓的感覺，這種感覺烙印在他們的DNA上。

等到她真的擁有夠多的金錢，卻仍害怕擁有的不夠多，正是這股恐懼驅使她不計一切代價保護自己的積蓄。不過，撇除這種盤旋在她腦中的恐懼感，她是個野心勃勃又認真工作的人，深信自己有能耐自行創造機會。她想要賭一把，把積蓄變成兩倍、三倍或四倍的念頭多次對這筆財富造成了威脅。為了避免這種情形發生，她選擇專注在讓自己高興的事上，而不是成功。一旦你嚐過成功的滋味，很難不想再嚐更多。你很可能嚐到更多，但這不會是最終結局。莎茲建議，花點時間把境界提升到更高的層次，讓一切不再只是以讚賞或金錢形式呈現出來的成功樣貌，而是要累積喜悅。

莎茲也建議，賺進大筆財富後，好好運用自己的非財務資產。對她來說，這代表把時間、精力、創造力、克服困難挑戰的能力，投入到她認為有價值的事業，而非冒著風險把自己資產淨值中很大一部分拿去買股票。（她認為我的公司具有價值，讓我深感榮幸。）

莎茲建議我們，以有紀律且有人協助的方式來維持金融資產。聰明投資，堅守原則，找個值得信賴的理財顧問，對方要懂得你怎麼用自己的錢，也會協助你界定有多少可以冒險拿去進行投資和新創事業的流動資金。金額可能是零，那也沒關係。你有可能不是決定自己資產——就算不多也不少——該怎麼配置的最佳人選，因為情況太過當局者迷了。

除此之外，她還提醒不要落入交易成癮的陷阱，因為交易帶來的刺激、創業家的魅力或執行任務的興奮感，有時會蒙蔽你的判斷。同樣的情況也適於股票選擇權的當沖交易，或者購買你在網路上讀到最近很紅的某個首次代幣發行（ICO）。如果你是在尋找追求刺激的冒險和活動，那就去做別的事（比方說，嘗試一下風箏衝浪），直到你真的有實際的那筆「X你的錢」，而我和莎茲都真心希望你有一天會達成目標。

但要記得，真正的成功是從生命中獲得的喜悅。金錢可能幫得上忙，但不是唯一、甚至主要能讓你獲得喜悅的途徑。把金錢想成是一輛稍微高級一點的轎車，坐起來舒適，也有優良的音響系統，坐這部車令人感到愉快，但任何一部還能開的車，同樣可以載你到目的地。

巧合的是，關於金錢買得到（或買不到）的東西，我最愛的故事之一也跟車有關，告訴我這個故事的是我的好友——知名行銷大師傑・亞伯拉罕（Jay Abraham），他幫助過全球超過一萬名客戶大幅提升企業的利潤。傑研究並解決了幾乎是每種商業問題、挑戰和機會。我的工作陷入瓶頸時也會打電話找他，他具有不可思議的能力，可以看出隱性資產、遭人忽視的機會、被低估的可能性。

傑剛開始工作時是個兼三份工的十八歲年輕人，他總是缺乏信心，認為自己不夠格；他覺得有必要獲得外在的裝飾，以向別人證明自己的價值。他二十六歲時就賺進相當於三千五百萬美元的財富。不過他其實不建議你這麼做，除非你異於常人地成熟、面面俱到、極其專注在想帶來影響深遠的改變。對傑來說，這讓他歷經了三次中年危機。他每次都問：「一切就是這樣而已嗎？」金錢沒有讓他感到快樂。換句話說，他還在追尋。

最初，傑賺進大把鈔票之後做的第一件事，就是去租賃一台他一直很想要的最高級賓士轎車。然後，他開去先前做低薪工作時的同事家，把嶄新豪華的賓士停在屋前，身高一七〇的他從容漫步，炫耀著他獲得的物質成就。他的朋友打開大門看著他，又看了屋前那台又大又貴的賓士一眼，然後對傑說：「真奇怪，你看起來沒有更高耶！」

傑說，他應該從那番話學到教訓才對，但出身低收入背景的他，的確渴望獲得來自眾人給予的外在肯定。因此，每次他一感到壓力，就會去買一輛無意義到了極點的豪華轎車。有趣的是，他可能頭一兩週會因為擁有新車而感到欣喜，然後就很少開上街，直到他最終明白車子無法給予他正在尋求的確信感、自信、目標、熱情或療癒慰藉。接著他往往很快把車售出，蒙受巨大的損失。最後他意識到多數人從擁有進口車和其他俗氣玩意所獲得的最大樂趣，是在你與他們擦肩而過的那個短暫瞬間，那些東西讓他人間接感受到的刺激。

傑試過一切方法想變得快樂。他去看了心理治療師，一如往常地進行五十五分鐘療程，但總覺得好像就在他們要開始深入瞭解問題時，時間就結束了。於是他付錢給治療師，讓對方一次與他進行幾個小時的療程，持續整整一星期。這麼做所費不貲，但他獲得了深入的見解，改變了他看待人生與事業的觀點。

治療師告訴他，多數創業家都一心想得到某種最終的結果，例如成長速度最快的公司、最大的房子、最多的小玩意兒、長得最好看的另一半等諸如此類的人事物。然而，如果你不夠走運，就無法只為了成就而達成上述任一個或所有目標，而且將會出現反高潮的結局：天空不會敞開，天使不會吟唱，純粹的快樂與喜悅不會自動就降臨在你身上。在現實情況下，你的問題、挑戰和壓力只會倍增。事實上，事業與人生真正刺激的地方在於過程、與人互動和人際關係的內涵、你為他人提供的價值，從上述故事中可得出簡單卻深刻的教訓：如果這段旅程不具意義也毫無樂趣可言，你認為終將搖晃你所坐的船隻（根據情況也可能是遊艇），也就是破壞現狀的那份成功，其實只會在船身上戳出大洞。

想變得有錢沒有問題，只要確保你的快樂沒有與金錢綁在一起就行了。

行動項目

- 如果你的基本需求已經獲得滿足，就別再繼續追求下去了。金錢不會讓你感到快樂。你要滿足這些需求，真正**需要**的年收入是多少？
- 如果你明天就能賺到這個數字的兩倍呢？

- 你寫下的這些事，都是會讓你感到快樂的絕佳提示。現在就開始做更多這類的事吧！
- 如果你夠幸運能獲得一筆積蓄，請賭上性命保護它。找人幫你謹慎管理這筆財富，把重點放在好好運用你的非財務資產，達成以喜悅來計算支付利息的目標，而不是用金錢來衡量。
- 專注在旅程，而非終點。如果你一路上不好好享受，到達目的地時也不會感到快樂。

◎推薦你聽

- Genpo Roshi, "Learn How to Meditate from a Zen Buddhist Priest," *Bulletproof Radio*, episode 425
- Jay Abraham, "Biohacking Secrets for Success from the Greatest Executive Coach & Marketing Strategist in the World," *Bulletproof Radio*, episode 396
- 傑．亞伯拉罕與我訪談的一系列短片可在亞伯拉罕集團（The Abraham Group）的官網 www.abraham.com 上觀看

◎推薦你看

- Dennis Genpo Merzel, *Big Mind Big Heart: Finding Your Way*
- Jay Abraham, *Getting Everything You Can Out of All You.ve Got: 21 Ways You Can Out-Think, Out-Perform, and Out-Earn the Competition*（傑・亞伯拉罕，《選對池塘釣大魚》，時報出版）

法則三十三：財富只是快樂的徵象之一

快樂的人專心致志、生產力高、有所成就。今日，你必須聚焦在會讓你感到快樂的事物，因為快樂的感覺會讓你無論做什麼都能激發出潛能，達到全新的境界。快樂讓你更容易就能改變自身條件、周遭環境，或許是整個世界。

快樂的人比起較不快樂的人要來得成功。聽起來可能是在誇大其詞，但的確是這樣。具體來說，比起不快樂的人，快樂的人平均生產力高了百分之三十一，業績高出了百分之三十七，創造力高出三倍之多。[2]研究人員將這些差異歸因於「正向思考」的力量。快樂的人在思考時較為正面，這種「樂觀進取」的心態讓他們越來越成功。

但快樂不只和個人成功有關。快樂的人同時會為自己和旗下員工賺進更多的錢。蓋洛普與健康之路公司（Healthways）共同進行的研究顯示，生活滿意度低的員工，比起其他快樂的同事，請假在家的時間每個月平均多出一．二五天，這個數字可以換算成一年十五天的損失。[3]此外，研究也發現，員工生活滿意度較高的零售店比起其他商店，每平方英尺店面所產生的利潤多了二十一美元，為所有連鎖店全部加起來的收益還多了三千兩百萬美元的額外利潤。

也許沒有人比維申．拉克亞尼還要瞭解快樂與生產力的關係了，他的公司Mindvalley獲得卓越職場研究機構（Great Place to Work Institute）的肯定，被認證為全球最佳職場之一。維申表示，快樂是讓人得以更快實現遠見的燃料。大部分的人都遺漏了這種燃料，因為他們都認為自己實現遠見**之後**，才會感到快樂。這些人緊張焦慮，他們把快樂從自己對未來的願景中分離出來，而且等著要到達目的地。就像更波說的，他們正在追尋。但當你明白自己可以在旅程期間找到快樂，一切都會改觀。

維申在自己的書《非凡大腦密碼：自行重新定義生活與成功的十個顛覆傳統法則》中談到「幸福法則」（Blisscipline）概念。他構想出一套日常方法駭入你的快樂程度，將快樂轉變成火箭燃料，讓你更快實現夢想。這個方法需要你改變自己設定目標的方式。維申解釋，目標有兩種：「過程目標」與「終極目標」。舉例來說，想取得大學學位、得到工作、結婚、想要銀行帳戶裡有一百萬美元，都是過程目標，這些目標與你的快樂並沒有真正的關聯，因為它們只是達成其他事情的手段。你想擁有大學學位，才能去做其他的事（比方說獲得工作和賺錢）；你想有一百萬美元，才能成為其他人（所有人都尊敬的百萬富翁）；你想結婚，才能獲得其他的感受（比如感覺與人連結、受人支持，而不會寂寞或害怕）。

這個所謂的「其他」人事物就是過程目標。這些目標通常都受感覺所驅使，比如說，我想環遊世界、我想每天起床時都看到畢生摯愛睡在身旁，或者是我想體驗養小孩的喜悅（與挫折）。然而，維申在創立公司時，心中則抱持著一個終極目標：「我之所想成立一間公司，是為了要學習如何在一個團隊中發揮作用、培養我的領導能力、獲得打造某種獨一無二事物的刺激。」專注在這樣的目標，為維申和他團隊的成員帶來了真正的快樂。

維申說，終極目標會落在清楚分明的三大項：你想體驗的事物、你想要如何讓自己成長、你想如何對這個世界做出貢獻或在這個世界留下影響。在你為自己設定實際目標時，花些時間考慮這些終極目標非常重要。

當你這麼做時，就不會再一心只想賺到一百萬美元，儘管這筆財富最終還是可能落入你的口袋。因為，專注在終極目標，將會帶來能讓你變得成功的創造性成果。不過，當你採用這種方式進行規劃，就能避開有太多百萬富翁落入的陷阱，意即雖然變得有錢，卻討厭自己的人生。這些人所犯的錯，就是把重點放在過程目標，卻犧牲了終極目標。

維申重構自己的目標清單時，決定完全放棄自己建立的一家公司，因為這間公司讓他感到很痛苦。他賣掉所有的股份，承擔損失，從中逃脫。這麼做之後，他立刻覺得快樂多了。接著，他創辦了自己的慶祝活動，這個活動後來成了「精彩節」（Awesomeness Fest），現在則稱為 A-Fest。當初維申想到這個點子時，他很清楚從商業角度來看，創辦慶祝活動毫無道理可言，但他就是覺得有必要這麼做，這個活動和他的終極目標相符。如今，A-Fest 是他最偉大的貢獻之一，每年都有上千人提出申請，想與他一同在景色優美的地點，向很棒的老師學習。這從來就不是他計畫中的一部分，但當他擬定並完成出自己的終極目標清單，便找到了通往成功與快樂的道路。

行動項目

- 為了設定新的過程目標，問自己以下問題，決定什麼才是你的終極目標：
    - 我想要體驗什麼？
    - 我想要如何成長？
    - 我想要如何對周遭世界有所貢獻？

◎推薦你聽

- Vishen Lakhiani, "10 Laws & Four-Letter Words," *Bulletproof Radio*, episode 309

◎推薦你看

- Vishen Lakhiani, *The Code of the Extraordinary Mind: 10 Unconventional Laws to Redefine Your Life and Succeed on Your Own Terms*（維申・拉克亞尼，《活出意義：十項讓人生大躍進的卓越思考》，三采出版）

法則三十四：擁有越少，獲得越多

擁有一定數量的個人物品著實有必要，也很有用，但我們的社會卻灌輸你一個觀念：這些物品會讓你感到快樂；實際情況應該相反才對：當你擺脫了那些不會帶來真正價值的東西，在生命中騰出空間給真正具有價值的事物，你才會變得更快樂、更知足。

約書亞·菲爾茲·密爾本（Joshua Fields Millburn）是一名極簡主義者，透過他的熱門播客、網站、書籍和紀錄片，他已經協助逾兩千萬人削減掉生命中不必要的東西了。但幾年前，他過的是非常不同的生活。他表示，自己以前的成功屬於狹義的成功，然而他卻健康狀況不佳、體重過重，感情關係不穩定，即便擁有一份高薪工作，他也不覺得自己的工作具有創造性，或能激起他的熱情。

約書亞覺得自己沒有成長或對周遭世界做出貢獻，而這兩者都是維申所說的終極目標。約書亞把精力放在所謂的成功與成就，而在我們的文化中，這代表要累積他稱為「成功戰利品」的東西。他住在一間豪宅，廁所的數量比使用的人數還多，電視機的數量也比看的人還多。他擁有多輛豪華名車、滿櫃的昂貴衣物，整個地下室塞滿了他認為應該會讓自己感到快樂的東西。然而，他沒有成功的感覺，反而覺得不滿、焦慮且不知所措。他是賺了很多錢，但花的錢更多，等到發覺時，他已經累積六位數的負債，他被困在債款的重壓之下。

然後，在一個月內，約書亞的母親過世，他的婚姻也告終了。這兩起打擊迫使他環顧四周，盤點自己的人生，結果意外發現了「極簡主義」這個概念。他自問：「我的人生如何在擁有更少東西的情況下變得更好？」他的答案是，他可以改善自己的健康狀況，因為他會有更多時間專注在「照顧自己」這件事情上。他可以把時間花在人際關係上，也終於有空閒從事他所熱衷的計畫。約書亞意識到，一直以來他都把東西當成屏障，讓自己不會感到脆弱，也不會去冒什麼風險。

展開行動時，約書亞首先針對個人物品謹慎考慮了一番，盡可能將其減到最少。他表示，這麼做以後，他從自己擁有的東西上看出了更多價值。如今，他有時會檢測一下自己做的選擇，偶爾從自己身上剝奪某件個人物品，看看這個東西是否真的有為他的人生增添價值。例如，他可能會一個月不使用手機，或者嘗試讓家裡沒有網路可用。當他把這些小小的奢侈享受再次納入生活後，使用時就會帶著更審慎的態度，並且具有一定的意圖。他可以看出這些物品如何提高了生活品質，同時清楚意識到它們如何浪費了寶貴的時間和精力。

最終，這個方法讓約書亞得以為生命中的重要事物騰出空間，這些事物當然不是指**物品**。想在生命中騰出空間，約書亞建議我們先從簡單的目標著手，也就是每天丟掉一樣物品，持續三十天。你可能最終會丟掉超過三十件的物品，因為當你開始在衣櫃和抽屜中搜尋一番後，就會越來越有幹勁。

如果你想提高一點難度，不妨加入一些責任感以及與朋友之間的相互競爭。比方說，在這一個月一開始，與一位朋友或家人合作，跟對方打賭。賭注可以是一美元、請一頓飯，或任何你想要的願望。（試著不要選有形的東西）這一個月的第一天，你們倆都要丟掉一件物品。第二天，兩人都要丟掉兩件物品，就這樣持續下去。剛開始很容易，但過了半個月之後就會變得相當困難。誰能持續最久就賭贏了。如果你們都成功撐到這個月結束，各自都會丟掉將近五百件物品，那麼實際上兩人都贏了。

在決定要保留或丟棄什麼東西時，問問自己是不是真的需要那些物品。它不可或缺嗎？它能提升你的人生體驗嗎？還是那是你用來安撫自己或滿足情感需求的慰藉？

就像維申所說的，約書亞也警告不要把「東西」當作終極目標。如果你工作只是為了賺取足夠買東西的錢，長期下來你也不會感到充實。最後那些你想買的東西往往會變成目的，直到你意識到——就像約書亞一樣——它其實不會讓你感到快樂。

但感到快樂是正確的終極目標嗎？約書亞不這麼認為。他認為，我們社會追求快樂是個問題，這會導致我們追著錯誤的事物跑。我們會把轉瞬即逝的愉悅之情，錯認為可長可久的快樂或知足感。對他來說，重點是要過上**更有意義的人生**，讓你的短期行動（你的工作、你如何做出貢獻、你花時間相處的人）與你的長期價值互相契合。當你做到時，快樂就只是一個棒到不行的副產物。

與約書亞談過後，我找來了詹姆斯．阿圖徹（James Altucher），後者是白手起家的百萬富翁、連續創業家兼暢銷書作家。詹姆斯把極簡主義提升到更高的境界：三年前左右，他把幾乎所有物質性財產都捐了出去，決定要過上流浪生活，不保留一個可稱之為「家」的地方。

約在我們交談的一年前，詹姆斯正在旅行，他當時租了兩間公寓，租約都快到期了。一間位於他工作的城市，另一間則在他小孩住的市區。由於詹姆斯常常出門在外，他請一位友人去打理那兩間公寓：賣掉、留下、捐贈或扔掉每一件物品。他一點也不想再去那些公寓，再應付這件疲勞工作，也就是，試著搞清楚該怎麼處理他的所有物。

在這之前，他過的不算是極簡生活，卻也累積了數以千計的物品。他的朋友拍下了裝滿東西的一百個垃圾袋，把照片寄給他時，詹姆斯震驚不已。他決定不要再次經歷租屋這種事，也不要累積更多的東西，他希望成為一個流浪者。為了體驗這種生活方式並改變自己，他透過 Airbnb 網站租用空間，在各地想待多久就待多久。

這種生活方式不只讓詹姆斯從被公寓租約束縛中解放出來，也幫他減少為了維持並更新一個家和其中的財產而必須做的上千個決定。他想把一天中更多時間花在做其他的決定，關於他真正想做的事，而不是他得做的事。果然，「大幅減少個人物品」的法則，讓他做到了這點。

大部分的人在首次購屋後，會發現他們被迫擔負了擁有財產所具有的隱性「管理負擔」。你要花多少的精力在修補東西、裝飾東西、清理東西，在你真正開始動手之前，那是幾乎無法想像的。如果你能把這些精力用在改善你的本身，而不是改善你的家呢？

詹姆斯總是隨身攜帶兩個旅行袋，一個裝三套衣物，另一個裝一台電腦、一台平板、一支手機。他會使用其他的物品，但它們不屬於他。詹姆斯不把這些稱為「共享經濟」，而叫它「取用經濟」。他有健身房會員資格，可以使用健身所需的器材，他也有圖書館借閱證，可以閱讀他想讀的書。他優先考量的是可以取得讓他能賺錢謀生並具有高生產力的一切事物。他可以叫一台要花十美元的 Uber，而不是花數十萬美元買一輛自己的車。他可以待在一晚要價三百美元的紐約市公寓，而不是花兩百萬美元自己買一間。

詹姆斯說，這不是極簡主義，而是「**選擇主義**」。盡可能把許多困難的抉擇從生活中排除，讓他有多餘的精力專注在他所愛的事情上。你未必有辦法做到這點，但如果你不再追尋、專注在自己的終極目標、放掉讓你感到安逸的定錨，就可以大大增加專注在自己所愛事物上的可能性。

在我訪問詹姆斯約一年後，他確實不再過著流浪生活，但仍然持續實踐著擁有更少之道。

行動項目

- 做出承諾，保證在接下來三十天內，每天至少丟掉一件物品。
- 在檢視所有的物品時，問自己：「這個東西會為我的生命增添價值嗎？」
- 試試「選擇主義」，排除經常逼迫你要做決定的物品與責任。

◎推薦你聽

- "Minimalism: Living a Richer Life with Less" featuring The Minimalist, *Bulletproof Radio*, episode 372
- "How Giving Away All His Possessions & Living like a Nomad Made Millionaire James Altucher Happier & More Successful," *Bulletproof Radio*, episode 405

◎推薦你看

- Joshua Fields Millburn and Ryan Nicodemus, *Minimalism: Live a Meaningful Life*（約書亞・菲爾茲・密爾本與萊恩・尼克迪穆，《心簡單：尋找生活意義的法則》，如果出版）
- James Altucher and Claudia Azula Altucher, *The Power of No: Because One Little Word Can Bring Health, Abundance, and Happiness*（詹姆斯・阿圖徹與克勞迪婭・阿祖拉・阿圖徹，《當下說不的力量：先學會說 NO，才能真心說 YES！勇敢說「不」，實踐生命中最正面的一個字！》，橡實文化出版）

12 你擁有的社群，就是你所處的環境

你是否曾注意到和朋友一起大聲腦力激盪，比起你自己單獨一人苦思竭慮，會帶來更有創意的結果？或是當你跟對的人相處，他們會替你正在應付的任何障礙帶來新見解嗎？或者也許你只不過是注意到，自己感到快樂的時候，是知道你會在每週打撲克牌、上瑜珈課，或是酒吧的優惠時段，看到同一張親切的臉孔。

如果以上有哪個例子讓你感同身受，你已經親身體會過社群的力量了。顛覆傳統者也有同樣的體驗：**成為社群的一份子**，是他們第二喜愛的建議。我訪問過的創新家當中，有驚人比例的人都讚頌著社群擁有改善表現、促使成功、培養快樂的力量。他們將高品質的人際關係視為高品質生活的基本要素。為這個世界帶來改變的人，會把建立人際連結當作優先考量的事項。

當然，不是所有人際連結都生而平等。錯誤的關係會產生巨大壓力，迫使你無法好好表現，或壓得你喘不過氣，讓你受困於現狀之中。不過，當你找到了適當的朋友、感情關係和社群，他們能為你帶來快樂、促使你成長、建立安全感、提供見解與支持、挑戰你去打破自己的常規。

我真希望，在我職涯早期階段就有人給了我這個建議。我浪費很多時間，試圖完全靠單打獨鬥的方式取得成功，而沒有接受人際連結所具有的力量。實際情況是，沒有人可以靠自己就顛覆一切。要

打破常規，不只需要一座村莊，還需要一座對的村莊。有意識地建立起自己的社群吧。

法則三十五：讓朋友幫你一把

人際互動會影響你大腦的化學系統——好壞皆然。找到一個能激勵你的強健社群，會讓你在生活的所有層面都獲益匪淺。社群會帶來快樂，快樂則會帶來成功。

近期研究顯示，人際連結與社群的好處不只是道聽塗說或經驗談而已，而有神經學方面的證據。適當的人際連結，會讓你的大腦變得更強大。身為某個長大不怎麼擅長社交、性格又偏內向的人，我希望能更瞭解社交連結在認知上會帶來什麼樣的好處。因此，我設法找到了保羅．扎克博士。他是位科學家、多產作家、專業演講家，研究的是催產素與感情關係，讓他也因此獲得了「愛博士」（Dr. Love）的綽號。他目前正在研究要如何把神經科學應用在改善行銷與消費者體驗上。因此，他自稱是「神經經濟學家」，全世界擁有這個頭銜的人屈指可數。

我初次遇到扎克博士，是在由喬恩．利維（Jon Levy）主辦的一場「影響家晚宴」上。喬恩的晚宴廣受媒體矚目，因為他堅持所有賓客都不能透露自己的姓名或職業，直到他們一同準備完餐點。扎克博士沒有跟我握手，而是直接擁抱了我——他就是這樣問候每一個人。他這麼做甚至不會讓人感覺（非常）古怪。

十幾年前，專攻經濟學和生物學的扎克博士，正在研究「信任」是如何影響國際經濟決策，這時，著名的人類學家海倫·費雪（Helen Fisher）問他：「你聽過催產素嗎？」這個問題改變了扎克博士的職涯走向。他發覺，自己找到了一種生物機制，影響的不只是個人行為與決策，還有國際政策制定的過程。

當你與另一個你覺得值得信賴的人互動時，你的大腦會發出一種荷爾蒙訊號，告訴你這段關係沒有問題，應該要繼續進行下去。這種荷爾蒙就是催產素。當你體內分泌出大量的催產素，將促使你繼續與那另一個人互動，因為這麼做會讓你感覺良好。這個機制會抵消我們內建恐懼系統的作用，這個系統反而警告你要小心謹慎，躲避或逃離陌生人。

對催產素有所瞭解很重要，因為很多好事都可能來自與他人的互動。所有人最初對他人來說都是陌生人，但某些人可能會成為朋友、事業上的合作夥伴，甚至是終生伴侶。你會不會將某個人際連結發展下去，很大一部分取決於你身體對一個人所產生的化學反應。

催產素也會提高同理心，而同理心是任何真實人際連結的關鍵構成要素。同理心讓你能想像另一個人的痛苦。當你對某個人產生了同理心，會促使你用更好的方式對待他或她，因為你在情感上能設身處地為對方著想。最新研究顯示，只有百分之十的同理心是與生俱來的，其他的百分之九十是後天可以學會的能力。[1]研究也揭露了催產素與鏡像神經元系統具有密切關係[2]，這點非常合理，因為當你做出某個動作並觀察到別人也完成同樣的舉動，彷彿你自己在做這個動作時，鏡像神經元就會受到激發。

扎克博士進行過數百次實驗檢測受試者組織與血液中的催產素濃度，然後利用注射或鼻噴的方式調控他們的催產素濃度，結果觀察到催產素濃度升高會讓人變得更慷慨大方、更容易信任他人，也比較疑神疑鬼，同時提升了解讀社交線索的能力。大腦一旦受到刺激，催產素會持續分泌約二十分鐘，在這段期間，你與其他人之間的隔閡會減少，你的自我會退居到次要地位，而你在自己與同為人類的其他人身上，會看出更多的共通點，以及更少差異之處。

任何一種人際互動都會提高你的催產素濃度，但其中有某些方式更有效。面對面交流能促使你分泌最多的催產素；視訊會議是第二有效的方法，然後是講電話，再來是傳簡訊，最後是社群貼文。在年輕族群中，同理心其實正在減少，因為他們都依靠科技來和朋友、同儕產生連繫。[3] 我也許是個科技人，但我很重視跟人面對面的互動，你也應該這麼做。

催產素的另一大好處就是能減少壓力反應，大幅提高快樂的程度。而人際互動是迅速產生大量催產素的簡單方式。扎克博士建議，當你下一次出現有壓力、孤立或抑鬱的感覺，向你在乎的人尋求幫助，跟對方說：「我今天過得很糟，現在很希望有人多給我一點愛。」這是優先考量你自身快樂和人際關係健康的強效方法。

我將這項建議運用在許多真的能使人受益的地方上。擁護防彈理念的人在我的線上論壇互動時，可以獲得一些來自催產素的好處，不過，我開了實體的咖啡廳，讓他們能有地方可以實際碰面、建立社群、促使身體分泌甚至更高的催產素。我之所以建立一間位於聖塔莫尼卡的防彈實驗室，這正是動機之一，大家在這裡可以與彼此產生連結，同時升級自己的身心。

此外，我也學會要優先考量在員工面前親自露臉，並且去會面我的朋友與創業夥伴。我住的有機農場位於鄉村地區的一座島上，住在這裡有很多好處，但其中一個缺點是，我必須搭上飛機，才能聯繫到我的團隊和我在全美各地最愛的一些社群。我不花時間這麼做的話，我的表現就會下滑，快樂也會減少。人際連結不是選擇性的，而是必要之舉。

行動項目

- 少握手，多擁抱。肢體接觸會促使催產素分泌。
- 預約按摩，提高你的催產素濃度。
- 可以的話，進行視訊會議，而不是只打電話。
- 可以的話，花點時間和力氣，與人實際面對面的互動。

◎推薦你聽

- “Hugs from Dr. Love” with Paul Zak, *Bulletproof Radio*, episode 334
- Lindsey Berkson, “How Our Toxic Environment Is Impacting Our Sexy Brains and Hormones,” *Bulletproof Radio*, episode 418

◎推薦你看

- Paul J. Zak, *Trust Factor: The Science of Creating High-Performance Companies*（保羅．扎克，《信任因子：信任如何影響大腦運作、激勵員工、達到組織目標》，如果出版）

法則三十六：你反映你所屬的社群

打造一個由朋友所構成的安全網，這些人是遠早在你需要他們之前，就待在你身旁給予支持的人。確保他們能讓你展現出最好的一面，也能鞭策你放大思考格局、表現得更好。勵志演說家吉姆．羅恩（Jim Rohn）曾說，你會是自己花最多時間與之相處的那五個人的平均值。請慎選這五個人。

你先前讀到了關於暢銷作家兼健康專家維珍的兒子格蘭特的故事，他在一場車禍中身負致命傷，卻奇蹟式地康復。早在這件事發生以前，維珍就建立了一個健康專家的強健社群，她時常透過研討會和活動讓這些專家齊聚一堂。他們之中有許多人都認為，是維珍協助他們達成了目標，讓他們成為今日成功故事中的主角。

然後，那起事故發生了。維珍的第一本大作《維珍飲食》（*Bulletproof Radio*）當時正要出版。維珍在那本書上投入了一切，她不只把從出版社收到的預付金全花在行銷與宣傳，甚至動用了自己的存款。身為家中主要負責賺錢照顧兩個兒子的人，維珍一定得讓書大賣。她極為在乎該書要傳達的訊息，也指望書的出版能為她提供生計，而現在，她兒子的性命真的全靠它了。

當然，維珍在建立自己的人際連結時，並沒有打算用來協助她出書。但當格蘭特住院時，那些人成群地現身，幫助她處理從出書到照顧格蘭特等各種大小事。有一個維珍在事故發生前幾乎不認識的友人安・麥爾（Anne Meyer）醫師，她是任職於錫安山醫學中心腦創傷科的復健科醫師。她在一個週五夜晚現身醫院，準備了精油，協助喚起格蘭特的感官。維珍的一名女性友人則幫她介紹了唐納・史坦（Donald Stein）醫師，後者研究用黃體素治療創傷性腦損傷已有數十年之久。另一個朋友幫她介紹了巴瑞・席爾斯醫師，他促成了二〇〇六年使用高劑量魚油治療創傷性腦損傷的首例（他也是《防彈電台》的來賓）。因此，維珍開始在格蘭特身上使用黃體素軟膏和魚油，讓格蘭特很快就脫離昏迷狀態。

維珍的社群在各自社交圈把消息傳了出去，讓維珍得以獲得許多來自素昧平生者的善舉。有個她先前從未見過的家庭開了三小時的車程到醫院，只為了在格蘭特的床邊禱告。不久，世界各地都出現了為格蘭特舉行的祈禱會。維珍坐在格蘭特床邊時，甚至可以感受到全球各地朝他發出的愛與治癒的能量。

有誰能評斷這些人介入時所採取的舉動，究竟在格蘭特康復的過程中幫上了多少忙？維珍確信他們每個人的行動都發揮了作用。而在她度過生命中最艱苦的一段時間，這些人讓她感覺受到照顧。這是非常寶貴的經驗，而如果維珍沒有在之前耗費精力打造一個情感深厚又彼此扶持的社群，就不會得到這些好處了。

事實上，格蘭特出事故之前，維珍一直強力說服我跟她一起去參加交流活動，因為她很清楚建立一個可以激勵我提升表現的人所組成的社群，具有什麼樣的價值。這個方法也確實有用，當我與更多顛覆傳統者建立關係，他們想幫助他人——甚至是幫助我——的渴望既感染了我，也啟發了我。

原來，快樂真的具有傳染性。在一項涉及近五千人的縱貫研究中，研究人員看到快樂的人會群聚在一起，而人與人之間快樂的影響力可延伸至三度分隔之遠（舉例來說，可擴及一個人的朋友的朋友的朋友）。[4]這不單純是巧合，或是快樂的人天生就會彼此吸引的結果。研究結論是，身邊被許多快樂者所環繞的人，實際上未來更有可能變得快樂。你已經知道了，快樂的人比較容易成功。

這會產生一個人際關係與快樂的正向回饋循環。快樂的人擁有較多也較優質的人際關係，他們自身的快樂會擴展到其他人身上，也會讓他們感到快樂。研究比較了始終非常快樂的人的前百分之十，與快樂程度普通和非常不快樂的人，發現那些最快樂的人比起較沒那麼快樂的人更善於社交，也擁有更穩健的感情與其他社會關係。[5]成為社群的一份子，也能產生安全感，而這種感覺能讓你的原始大腦平靜下來。

我聽取維珍的建議，開始花更多時間與其他顛覆傳統者相處，包含了多位本書中出現的人物，而在互動過程中，我從他們身上學到的事，讓我的生活徹底改變了。例如東尼．羅賓斯（Tony Robbins），他教會我可以從他人身上學到哪些事，又有哪些事是我得自行學習的。他表示，所有人都可以從他人身上學習達到成就背後的科學原理，或如何抱持遠見並使其成真。我們都應該站在周遭人的肩膀上，而不是浪費時間精力白做工。不過，你沒辦法從其他人身上學到他所謂的「滿足之道」，也就是那些能滿足你的事物——你必須自行摸索。這很重要，因為正如東尼所說的，成功卻沒有獲得滿足，終究還是一種失敗。

東尼說，他老是接到打來請教的電話，包括了億萬富翁的創業家、政治家、剛贏得奧斯卡金像獎卻很憂鬱的人。他們沒辦法告訴別人他們真正的感受，因為他們達成了所有的目標，卻仍然沒有滿足感。他們感受不到生命的意義。東尼表示，要解決這個問題，就要專注在自己以外的事物，這不只需要放大思考格局，還要放下自我才能做到。

本書中有那麼多顛覆傳統者都為了自身以外的其他人在奮鬥，畢生致力於讓世界變得更美好，不是沒有原因的。當你不再想著自己需要什麼，而開始思考別人需要什麼時，成功就會自然而然地出現。多數人都認為自己只能以小幅度進步，但東尼建議你，把自己所能帶來的影響放大十倍來思考。這麼做會把你的重點從再多賺一點錢，轉移到用你真正在乎的方式帶來比你個人還要大的改變。這就是能帶來真正滿足感與快樂的方法。

另一個督促我放大思考格局的人是彼得．戴曼迪斯（Peter Diamandis），他是X大獎基金會（X Prize Foundation）創辦人兼執行董事長，曾被《財富》雜誌提名為全球五十大傑出領袖，目前正在打造探勘小行星的機器人。我很感激彼得在幾年前質問了我，說我在思考自己所能造成的影響時，目標放得不夠遠大。這項建議以及我與彼得之間的友誼，深深影響了我生命中的許多層面。

彼得要你去思考：你最想成為哪個族群的英雄。你想激勵誰，這些人需要什麼？回答這個問題有助於你決定自己的目標。等到你更瞭解你的目標為何，你就可以自問：你的這個目標包含了什麼「異想天開的計畫」——也就是偉大又大膽的點子？彼得告訴我，我得想出真正能讓我感到興奮的大膽主意，同時要拋棄我自認不可能辦到的理由。

我就是這樣打造了異想天開的計畫：瓦解工業化食品生產，因為我認為食物最重要的功效是改變你的感覺，但食品製造商卻陷入了生產讓你感覺很糟、便宜又令人上癮食品的循環當中。防彈咖啡就是這項行動的開端，但彼得讓我把思考格局放得更大。在我向他學習以前，我以為讓公司維持小型電子商務的私人企業是最佳方式，因為我毋須透過中盤商，就可以直接將產品販售給一般人，但放大思考格局讓我看到，我真正的目標是協助上百萬人變得感覺良好，維持一間小型公司無法讓我做到這點。過去幾年間，人們已經喝下了超過一億杯防彈咖啡，少了協助我看清目標還不夠遠大的社群，這件事就不會發生了。

這並不表示，你應該花時間只跟思考模式和行動方式和你一樣的人待在一起。我極為享受偶爾和J．P．席爾斯（JP Sears）所進行爆笑又出乎意料充滿深度的對談。席爾斯是一名人生教練和喜劇演員，他以諷刺劇聞名，他挖苦的對象包括純素主義、新時代信仰、無麩質食品，還有——沒錯——防彈飲食。席爾斯說，他不喜歡和想法一致的人混在一起，因為他們無法讓他有所成長，他比較喜歡去找目標一致的人，這些人會接納他，但會從不同的角度思考。他在說這番話時還穿著他妻子的豹紋緊身褲。

和思考方式跟你一樣的人待在一起，的確令人感到自在，因為每個人都同意你的看法，你會覺得很有把握，也不會受到挑戰。不過，只有面對與自己看法不合的事物，你才有成長的機會。與其抗拒這些意見並造成更多分歧，席爾斯建議你設法從相反或不同角度去理解，這麼做的目的，不是要改變你的想法，或是說服他人改變想法，而是要在兩者間找到折衷，席爾斯說，這就是諒解與寬容的定義。當然，同理心在此占了吃重的角色，這就是為什麼比起與意見不合的人在線上互動，與他們親自見面時會相處得較好。面對面互動會提高催產素濃度，讓人更具同理心，也會帶來更牢固的人際關係。

這不只是可以運用於外在的重要建議，也能應用到我們自己內在的不和。許多人都不允許自己內心出現矛盾，而對自己的內在衝突感到不自在。但如果我們能看清，未必總是保持一致的意見或情緒並不是什麼大問題，那麼就能找到平靜的感覺，與內心產生連結。席爾斯表示，就像養分來自堆肥，接受矛盾能帶來平靜，無論內在與外在皆然。當你不再對抗內心的矛盾，以不帶批判眼光的方式欣然接納各種想法與感覺，你會省下很多力氣。

我們傾向尋找熟悉的人事物，同時反對向我們提出挑戰的東西，這是人類基本本能想要保障自身安全的結果，但是從來沒有人能靠著打安全牌就顛覆一切。就像席爾斯說的，只有當我們身處一團迷霧之中——當我們走過俗諺所說的黑暗森林，跨越懸崖，不清楚自己究竟會抵達何處、什麼時候會抵達，甚至不知道會不會抵達——才能感到振奮並且受到鼓舞。

就席爾斯來看，美好人生的必要元素，就是你要很樂意把自己嚇個半死，你才能真正活著，而不單純只是生存下來。這麼做能讓你逃出舒適圈這個棺材，你待在舒適圈是以自動駕駛方式在生活，重複同一套模式；逃離棺材才能實際接納難以理解與未知的事物。所以，請用意想不到且有時令你不自在的方式，與那些挑戰你、讓你成長的人建立關係吧。

說真的，如果常常環繞在你身邊的人都像席爾斯一樣說話發人深省又激勵人心（還很風趣），你的人生會有多棒？你選擇花時間一起度過的人，對你來說至關重要。留意一下你的社群中有沒有包含會帶出你最好一面的人，還是會把你拉到跟他們一樣層次的人。絕對不要害怕進行革新、建立新的人際連結，你身邊的人具有極大的影響力，他們可以決定是讓你自我設限，還是鼓勵你超越極限。

行動項目

- 在設定目標時，這個目標要反映出你想為世界帶來什麼影響，也要比你現在所想的規模大上十倍。
- 自問你想成為誰的英雄，這些人的需求是什麼。這將有助於你擬定一個異想天開的計畫——符合你那偉大又大膽的目標。
- 主動尋找會挑戰你以不同角度和更大格局來思考的人，花更多的時間與他們相處。

◎推薦你聽

- Tony Robbins and Peter Diamandis, "Special Podcast, Live from the Genius Network," *Bulletproof Radio*, episode 306
- Peter Diamandis, Part 1, "The Space Episode," *Bulletproof Radio*, episode 448
- Peter Diamandis, Part 2, "What the Hell Is a Moon Shot?," *Bulletproof Radio*, episode 449
- JP Sears, "Using Humor & Sarcasm to Improve Your Life, Revitalize Mitochondria & Defeat Self-Sabotage," *Bulletproof Radio*, episode 393

◎推薦你看

- Tony Robbins, *Unshakeable: Your Financial Freedom Playbook*
- Peter H. Diamandis and Steven Kotler, *Abundance: The Future Is Better Than You Think*（彼得・戴曼迪斯與史蒂芬・科特勒，《富足：解決人類重大生存難題的科技創新》，商周出版）
- JP Sears, *How to Be Ultra Spiritual: 12 1/2 Steps to Spiritual Superiority*

法則三十七：沒有一種感情關係是孤島

你所擁有的親密關係，它的力量可以驅使你達到新境界的成功或失敗。修補或結束一段糟糕的關係，省下精力，你才能做對你來說最重要的事。努力培養任何你覺得行得通的美好關係，以便取得比單打獨鬥所能獲得的更強大的力量。不適合你的傳統觀念就別去理會，但要向你的社群尋求支持。有了社群在背後撐腰，適合你的感情關係將會更牢固，維持得更久。

雖然實際情況可能未必總是如此（嗯哼），但如果你已婚，或是正處於一段長期交往的關係，研究始終顯示，不分年齡與性別，處於長期交往關係的人，通常都會比沒有關係的人要來得快樂。[6] 當然，很多單身者也很快樂，但科學證據告訴你，處於感情關係中的人通常比較快樂。從演化觀點來看，親密關係會給予三個F中的兩個F支援。知道自己有一個穩定交往的伴侶，會讓你有一種安全感，覺得自己屬於社群的一部分，減少暗藏的恐懼。至於另一個F開頭的字，當你的身體認為你有望為種族繁衍後代時，會降低暗藏著的壓力（就算你沒有那個打算也一樣）。

恐懼變少，性愛變多——有誰不會更快樂呢？很多人。然而，當你身處一段走不下去的關係時，情況則相反：你的快樂程度和你的表現會嚴重下滑。

這並不是說婚姻是唯一能讓你感到快樂的關係形式。許多與我合作的年輕人都擁抱「多配偶制」和其他「非傳統」類型的關係，這類關係可能很激進，但似乎都讓他們很快樂，也讓他們能夠發揮最佳表現。

克里斯多福・萊恩與人合著了《紐約時報》暢銷書《樂園的復歸：遠古時代的性如何影響今日的我們》，他告訴我，我們今天看待性關係的方式主要是源自文化的產物。在研究靈長類學、人體解剖學、當代性心理研究、人類學的相關文獻後，他認為我們的古代祖先看待兩性關係的方式顯而易見：他們比較追求平等、具有彈性且相互依賴的關係。他們降低風險的方式是共享資源，而不是像現代人會把私人財產（和配偶）保留給自己。克里斯提醒我們，我們不是**演化**自人猿，我們**就是**人猿。我們生活在人工創造的環境，而這個環境與我們天生的自然偏好有所衝突，也未必讓我們感到快樂。

由於知道親密關係是如何深刻地影響了人的表現，我找來一位全球頂尖的兩性關係專家埃絲特・沛瑞爾（Esther Perel）。埃絲特是心理治療師、《紐約時報》暢銷書作家，也是針對現代感情關係提出最一針見血看法的人。就像克里斯，她也認為感情關係比社會願意承認的要來得更為複雜又層層交織。我們對於是什麼構成了感情關係的看法，總是在改變。比方說，我們對單配偶制的定義，從只與一人成為終生伴侶，逐漸變為一次只與一個人在一起。而我們一生中因為分手、死亡、離婚的緣故，通常會擁有多位伴侶。

今日，感情關係的規範正在我們眼前發生改變。我們每個人都在一個世紀前尚不存在的大量挑戰與機會中摸索前行，當時替人做決定的是法律與宗教機構，沒有人知道將來會出現怎樣的發展。才不過一個世代以前，跨種族、跨文化、跨宗教、同性的伴侶都前所未聞，而如今，這些都是常態了。

有趣的是，埃絲特表示，任何一種感情關係——甚至是非傳統的關係——都會在獲得社群支持的情況下發展得更順利。每當某個文化規範開始變動，人人都會說不可能發生，新規範絕對行不通。埃絲特提醒我們，美國第一起通婚案例是一名天主教徒和一名新教徒，大家都說這絕對行不通；然後是猶太人與異教徒之間的通婚，大家也說這絕對行不通；接著是黑人與白人的通婚，這在不久前還屬於犯罪行為，大家也都說這絕對行不通。但這些婚姻之所以起初無法順利進行，是因為這些夫婦都被孤立了，他們沒有獲得社群的支持，因此資源較少，也較不快樂。當規範起了變化，通婚的夫婦開始獲得周遭人給予的支持，這樣的關係就會變得較容易進行下去。原來，單單擁有感情關係，並無法完全消除暗藏的生物恐懼感，除非這段感情也受到社群的支持。

所以，一次有一個以上的伴侶最終又會成為常態，就像克里斯認為以前一度如此的規範，也許這麼想並不算瘋狂。埃絲特表示，現今許多人想要長期交往的感情關係，是能結合所有傳統婚姻的價值——交誼、經濟支持、家庭生活、在社會上夠體面——自己擁有的戀人同時也是最好的朋友、熱情的愛人、知己。或者，他們也想擁有埃絲特稱為「自我實現」（self-actualization）的婚姻，其中包含了真誠與忠於自我的價值觀。根據埃絲特所言，這導致了數量驚人的人願意嘗試開放式關係。大家都想要一段彼此忠誠又穩固的感情關係，卻不想犧牲個人自由、自我表現或真誠的自我。

訪談期間，埃絲特在熱切的討論中解釋，雖然多配偶制沒辦法避免不忠的問題，但這種方式可能會讓感情關係維持得更久，因為伴侶雙方都可以在這段感情中體會到自我實現，因此會成為關係更牢固的情侶。這就是目標：讓關係維持下去、變得更牢固，也毋須讓自己在人際連結中委屈求全。如果能用誠實和坦蕩的態度做到這點，也許就可以避免出現伴隨不忠而來的祕密、謊言和欺瞞行為。

當然，不是每個人都適用這一套。埃絲特強調，重點在於要瞭解怎樣的關係才適合你，並且對此坦承。要做到這點，你必須走出孤立的狀態，如果你沒有獲得社群的支持，任何關係都會難以順利走下去。埃絲特表示，採行多配偶制的絕大多數人都因為怕遭人批判而對此事保密，這讓他們少了使感情關係得以順利進行的關鍵支持。

無論是哪一種感情關係，埃絲特都強調社群的重要性。尋找讓你深受啟發的伴侶實例。她表示，當她請患者說出讓他們深受啟發的伴侶時，絕大多數的人什麼都想不到。然而，當她請他們舉出啟發他們的商業人士、創意人士、音樂家或藝術家時，名單卻沒完沒了。就像你會認真看待生命中其他面向和自身表現，也請用同樣態度對待你的感情關係。找到讓你深受啟發的伴侶實例，努力獲得來自他們的支持。你的感情關係越融入你的社群，它越能成長茁壯，刺激你的表現。

成就大事的人可以在此學到一點。在經營感情關係時，用心程度就如同你在健身或工作，也要確保無論你擁有什麼樣的感情關係，都要與社群連繫在一起。花時間與精力經營感情關係並不是自我放縱的行為，而是為了變得快樂的必要之舉，而快樂對成功來說是不可或缺的一環。

行動項目

- 自問你現在身處的感情關係讓你有多快樂。如果它讓你覺得一團糟，就是在妨礙你的表現。因為你不是花時間修補這段關係，就是把精力改用在其他的事情上了。
- 列出三對讓你深受啟發的伴侶。連一對都不認識？現在開始仔細留意，直到你找到了為止。

____

____

____

- 你所身處的社群支持你正擁有或正尋求的那種關係嗎？如果他們不支持，那就開始尋找你的社群，當作是改善或展開一段最棒關係的策略。

◎推薦你聽

- Christopher Ryan, “Sex, Sex Culture & Sex at Dawn,” *Bulletproof Radio*, episode 52
- Neil Strauss, “Relationship Hacks for Dealing with Conflicts, Monogamy, Sex & Communication with the Opposite Sex,” *Bulletproof Radio*, episode 406
- “Sex, Marriage, and Business: Relationship Therapy” with Esther Perel, *Bulletproof Radio*, episode 456
- John Gray, “Beyond Mars and Venus: Tips That Truly Bring Men and Women Together,” *Bulletproof Radio*, episode 414
- John Gray, “Addiction, Sexuality & ADD,” *Bulletproof Radio*, episode 222
- Genpo Roshi, “Learn How to Meditate from a Zen Buddhist Priest,” *Bulletproof Radio*, episode 425
- “Make Bad Decisions? Blame Dopamine” with Bill Harris, *Bulletproof Radio*, episode 362

◎推薦你看

- Christopher Ryan and Cacilda Jetha, *Sex at Dawn: How We Mate, Why We Stray, and What It Means for Modern Relationships*（克里斯多福・萊恩與卡西爾達・潔莎，《樂園的復歸？：遠古時代的性如何影響今日的我們》，大家出版）
- Esther Perel, *The State of Affairs: Rethinking Infidelity*（埃絲特・沛瑞爾，《第三者的誕生：出軌行為的再思》，時報出版）

13 重設體內的程式設計

當我看著來自上百位成功人士的數據資料，我對於有那麼多人分享自己靜坐的經驗，實在覺得驚訝。確實，我時不時會找來專精於靜坐的來賓，但多數提出靜坐是最重要建議之一的領袖人物，他們根本不是靜坐專家，而是在其他毫不相干領域中的佼佼者——那種你可能想不到會對像靜坐這類「荒誕不經」的事感興趣的人。

如果你不滿三十歲，可能不懂成功人士透露自己會靜坐是什麼大不了的事，不過在二十年前，大眾看待靜坐的眼光更像今日對服用聰明藥所展現的態度：只有寥寥無幾的人會承認從中獲得益處，但其實許多表現水準頂尖的人都會這麼做。

幾年前，我在 LinkedIn 的個人檔案上列出自己在靜坐和使用聰明藥，我很確定有許多人認為我瘋了。但那可是矽谷，工程師早就很瘋狂了，加州向來以怪咖和跳脫框架思考的人聞名，而我很擅長自己的工作這一點，足以讓人對我有點古怪的行徑睜一隻眼閉一隻眼。

偶爾會有人在開完會時跑來小聲對我說：「所以你有在靜坐？我也是。」這些人之所以對此保密，是因為不想讓這件事影響他人對自己的評價。而快轉到今日的矽谷，對幾乎是任何公司的高層來說，**沒有**靜坐才更可能影響他人對自己的評價。

能夠公開承認靜坐會帶來好處，是往對的方向邁進了一大步，但要學習如何以有效且高效的方式靜坐，我們還有很長遠的路要走。靜坐練習是高水準表現人士所給予的前二十項建議之一，顯示出靜坐是多麼有效。無論你選擇哪一種靜坐方式，持續不斷的練習，都有助於你變得更能意識到自己的自動化思考和衝動，而隨著這樣的自覺提高，自制力也會提高。當你能夠活在當下這個時刻，選擇你要如何對生活中的一切做出反應，而不是讓體內的原始系統幫你選擇，就能踏上通往成功的道路。換句話說，靜坐會產生自覺，自覺則讓你擁有選擇權。

法則三十八：掌控腦中的聲音

你腦中的批判聲音會妨礙你進步。它會造成你的痛苦、使你分心、限制你的潛力。靜坐可以協助你明白腦中的聲音什麼時候是以謊言在令你分心，什麼時候又是在幫助你。你沒有理由過著無法掌控腦中聲音的生活。去靜坐吧，你的快樂與表現正等著要被徹底更新一番。

第六章我分享了比爾．哈里斯的故事，他在二〇〇八年經濟崩盤與經歷充滿壓力的離婚過程，度過了一段艱苦的日子。那段期間，他一時疏忽沒有練習靜坐，等他發覺時，已經累積了六張超速罰單，駕照也被吊銷了。

暫時沒練習靜坐和被吊銷駕照之間有什麼關係？靜坐有助於減少人體因壓力而產生的化學反

應。比爾表示，靜坐是透過增強副交感神經系統的作用（休息與放鬆就是源自這個系統），同時減緩交感神經系統的作用（這個系統會觸發戰或逃反應）。有證據顯示靜坐能強化前額葉皮質，這個部分的腦區與決策有關。所以，當你擁有規律靜坐的習慣，而有人在馬路上超你的車時，你不會覺得好像受到威脅，必須趕快逃離（或是像比爾那樣迅速開走），因為你的壓力反應會受到控制，前額葉皮質會插手干預，幫你做出好的決定。

那麼，要如何開始練習靜坐？比爾建議，開始進行靜坐時，重點是要忽略你有什麼預期，單純讓一切順其自然發展。許多人面對人生的方式，就是抵抗或躲避他們不喜歡的事物。因此，當那些被壓抑的感覺在靜坐期間浮現，他們會感到不自在；但造成這種不自在的不是感覺本身，而是這些人抗拒這些感覺的舉動。只要你讓自己有空間去感受和接受浮現出來的任何感覺，就不會再感到不自在，然後就能用適當的方式處理這些感覺。

你開始靜坐後，試著從大腦中跳脫出來，帶著好奇心觀察自己的想法。許多人都沒意識到，從某個刺激到某種感覺之間，會有一段間隔。當你受到刺激而有所反應時，你會認為是某個刺激讓你出現了某種感覺，但你腦中有個系統是以從恐懼的角度出發解讀外界的資訊，再將其轉換成感覺。畢竟，你的粒線體想要你注意並滿腦子想著潛在的危險。但是，這只會讓你受困在一個恐懼與反應的惡性循環。

引起我們注意並促使我們採取行動的，就是這種恐懼：有人超了你的車，你的壓力反應就會活化，你會感到生氣，對著窗外大聲罵髒話。如果你可以中斷這套系統，就能夠看出自己並沒有身陷危險，即便你的大腦說你有。然後，你就能有意識地決定是要用生氣還是恐懼的態度做出反應，或者乾脆放棄，完全不要有反應。

長期反覆訓練下來，大腦會形成新的神經傳遞路徑，變得偏好快樂、沉著、平靜、專注、有創造力的感覺，而不是容易產生反應、生氣、抵抗的感覺。比爾坦承自己以前總是渾身怒火、不拘小節、很難相處、不快樂又抑鬱。持續練習靜坐從本質上改變了他，讓他擁有了完全不同的人生。

維申．拉克亞尼也認為自己得以扭轉人生，都多虧了靜坐。幾年前，他拚命工作成為微軟工程師，才發覺自己討厭程式設計，他辭職了。然後，他花了數年時間想找到有意義且能實現抱負的事物，在成立了幾間失敗的公司、被開除了兩次之後，他把所有錢都花光了，還睡在跟某個柏克萊大學生租來的沙發上。

那是發生在二〇〇一年的事，就在網際網路泡沫破裂之後，維申當時唯一能找到的工作是幫一間科技公司打推銷電話，把產品賣給法律事務所。他必須翻遍電話簿，打給名單上所有的律師，向他們推銷科技產品。他沒有底薪，因此沒有達成交易就賺不到半毛錢。

在走投無路的情況下，維申上 Google 搜尋能夠推銷成功的訣竅。結果，他跑去上了一堂靜坐課。上課的老師是一位藥廠的業務代表，她自言學習並應用靜坐的技巧協助她提高了業績，而維申也決定試試看。他把自己從靜坐課程學到的技巧運用在工作上，在從黃頁裡挑出一個名字前，他會先進入靜坐的深層意識狀態。接著，他打開黃頁，沒有隨機打給某個律師進行推銷，而是用手指滑下一連串的名字，閉上雙眼等著一股衝動出現。然後，他睜開眼睛，就打給手指停留的名字。

沒錯，聽起來很怪。維申也不太能解釋為什麼，但不到一週，他的業績就翻倍了。彷彿他神奇地打給了那些更可能購買產品的律師。確實，他腦中的聲音向他發出訊號，告訴他應該打給誰、要如何為每個人調整他的推銷方式。他繼續把靜坐練習帶入深層的境界，在打電話給律師前，他會先告訴自己，只有在對當事人有好處時，銷售才會順利進行。然後，他想像把自己的心與律師的心連在一起，也想像一段友好的對話，談話期間，他將對方的需求聽進去，並表示自己能感同身受。

再一次，他的業績又翻倍了。四個月內他升遷了四次，最終成了業務經理，二十六歲就為該企業在紐約開了分公司。他開始熱衷於靜坐。他很清楚靜坐為他帶來多大的幫助，他很願意分享這份知識，最後，他的公司 Mindvalley 也因此誕生了。

如果你沒有被維申的故事說服，沒有關係。我知道很多生性多疑的創投家都承認，他們決定是否投資時，都是憑「直覺」行事。（我也曾極力向一位億萬富翁推銷一項投資，對方在決定要投資前，還針對與我合作的公司團隊做了中國占星術！）心存懷疑與靜坐並非互不相容的兩件事，只要問問丹．哈里斯（Dan Harris）就知道了。他是一名獲得艾美獎的記者，他形容自己是個懷疑論者，也坦承從靜坐獲得的好處多到出乎他意料。和維申一樣，他的使命是與人分享靜坐的益處。他認為，靜坐會成為公共衛生革命的重要核心，聚焦在人的身心健康，能處理如霸凌、教育、教養、婚姻、政治等問題，以及幾乎是生活與表現的每個層面。

遠早在丹成為《防彈電台》來賓與作家之前，他是美國廣播公司《夜線》節目的特派記者。他飛到溫哥華島來訪問我是怎麼使用莫待芬寧，並且在矽谷領先群雄。這場訪談讓莫待芬寧獲得全國關注，大家都知道它是聰明藥。訪談結束後，我們一起在我家後院靜坐。我看得出來他對靜坐有些懷疑，但他以前做過，也願意嘗試。我家的狗梅林肯定也感覺到了這點，因為他漫步到丹的腳邊坐下。梅林總會找到靜坐冥想的人，加入他們的行列；當一個人的能量在靜坐期間出現變化，連狗都能感覺得到。

當丹認真進行靜坐練習時，他開始看出自己之所以會去做不想做的事，是因為他沒有察覺出那是出於恐懼的想法，也讓這些想法控制了他。對他來說，靜坐就是在內心打造一個望遠鏡，讓他看到腦中的活動，不讓它們控制自己。靜坐雖然還可以讓你做到很多事，不過，上述是適合初學者或懷疑論者的簡單目標。它既不複雜也不神祕，它不需要你相信任何事、加入某個團體、穿上特殊服裝，或以可笑的姿勢坐著。它非常簡單，但還是需要你學習與練習。

丹認為，他現在在這個星球上所肩負的任務，就是盡可能清楚說出這個事實，越大聲越好，在越多地方宣傳越好，讓眾人開始把靜坐當成是一個能夠實踐的選項。任何人透過靜坐或正念，都可以做到在有用且有建設性的痛苦和無用的反思之間劃清界線。如果你要對這個世界產生影響，一定會經歷內心混亂痛苦的時期。你會擔心地進行策劃、制定策略，甚至出現合理的恐懼，但當你第十七次把某個出現的問題小題大作，想像著最糟的情境，所有小細節都不放過時，靜坐可以讓你停下來自問：「這麼想有用嗎？」這就是靜坐發揮作用的強大結果之一。

舉例來說，我和丹交談的那時候，他的兒子才一歲半，處於拒絕刷牙的時期。丹的腦袋立刻告訴他：他永遠都不會刷牙。他會有滿口爛牙，永遠沒辦法找到工作，他的人生會完蛋。丹的腦袋已經告訴他這類故事很多年了，但靜坐對他產生的效果，就只是讓他開始察覺到這些故事。然後，他可以在變得灰心、對故事做出反應之前，選擇從想法中跳脫出來。這正是比爾談到位於刺激與反應之間的間隔，而在我看來，這就是靜坐的最大好處。

丹想讓所有人明白心智是可以訓練的，而訓練心智的方法會開放給任何願意下功夫練習的人。你沒辦法讓你不喜歡的哪個自我就這樣單純消失，但隨著時間過去，你可以降低自己變成混蛋、毫無耐心，一貫對自己或他人刻薄的可能性。如果這還不算顛覆傳統規則，那我真不知道還有什麼能稱得上了。

行動項目

- 找到線上或實際的靜坐課程。快報名！
- 我喜歡用的一些工具：
  - 丹．哈里斯在 www.10percenthappier.com 網頁提供的 10% Happier 靜坐應用程式。
  - 貝瑞．莫葛蘭在 www.energyforsuccess.com 網頁提供的 Energy For Success 靜坐練習（我在撰寫這段文字期間，背景放的就是這個）。
- 頭一個月，跟自己約好，每天至少靜坐五分鐘。時間越久會越好。培養這個習慣就對了，此後你就會自然而然找到適合你的類型和練習量。

◎推薦你聽

- Bill Harris, "Hacking Meditation with Holosync," *Bulletproof Radio*, episode 186
- Vishen Lakhiani, "10 Laws and Four-Letter Words," *Bulletproof Radio*, episode 309
- "Mind, Buddha, Spirit" with Dan Harris, *Bulletproof Radio*, episode 343
- Barry Morguelan, "The Ancient Energy Discipline That Stimulates Healing and Vitality," *Bulletproof Radio*, episode 413

◎推薦你看

- Dan Harris, *10% Happier: How I Tamed the Voice in My Head, Reduced Stress Without Losing My Edge, and Found Self-Help That Actually Works—A True Story*（丹・哈里斯，《快樂，多10%就足夠：一個明星主播如何解除壓力、停止自我批判，並保持正念的靜心之路》，天下文化出版）
- Vishen Lakhiani, *The Code of the Extraordinary Mind: 10 Unconventional Laws to Redefine Your Life and Succeed on Your Own Terms*（維申・拉克亞尼，《活出意義：十項讓人生大躍進的卓越思考》，三采出版）

法則三十九：劫持身體的注意力

你的呼吸控制著你的大腦和心臟，因為缺氧會比任何事還要快引起身體的注意。善用你的呼吸，訓練身體在充滿壓力的情況下保持冷靜。訓練你的身體能更有效使用氧氣。當你的身體不再承受壓力，也獲得更多氧氣時，你將有潛藏的精力可用。無意識的呼吸會減少你對這個世界帶來的影響。而你讀本書的目的，就是要產生影響力。

文恩．霍夫（Wim Hof）因為能忍受極端氣溫而保持了二十項金氏世界紀錄，也曾經只穿著短褲和鞋子就登上聖母峰與吉力馬札羅山。霍夫最有名的外號是「冰人」，你可能在電視上看過他沒穿防寒衣就在冰河裡游泳。他發展出一套呼吸技巧，為細胞提供短時間內暴增的氧氣量，訓練細胞更有效率地利用氧氣。這項呼吸技巧是一種靜坐的技巧，它之所以能奏效，是因為這種技巧讓身體懂得在一般感到有壓力的情況下，不要感受到壓力。

我首次見到文恩時，他出現在防彈生物駭客大會的現場，於是我邀請他上台。不到一分鐘，他就讓我在三千人面前一邊練習他的呼吸技巧，一邊做伏地挺身。這麼做讓我出現有點喝醉的感覺，但他慫恿我繼續做下去。我搖搖晃晃站起來自言自語：「這傢伙究竟有什麼能耐？」原來，文恩真的過得無所畏懼。你可以在我們的播客節目中，從他對自己所做的事抱持了多大的熱情聽出這點。

文恩表示，我們現代人失去了與身體產生連結的最基本能力，也就是用氧氣來改變組織深層的化學作用，這種失去連結的影響又因為典型的西方飲食和生活方式而惡化，上述兩者便是引起疾病的元兇。如果你喝了被汙染的水或吃了加工食品，身體就要消耗很多資源和能量試著排毒，而這麼做會產生細胞壓力。要對抗這種壓力的方法之一，就是用呼吸來協助身體恢復平衡。文恩的深層呼吸技巧不只保護他不受低溫的影響，也讓他能控制身體的化學作用，使他從內部淨化細胞組織，產生更多細胞能量。他也提供了數據資料來佐證這點。

他的方法共由三個要素構成：**深呼吸、逐漸暴露在低溫之下、心態**。這套方法是以四十年來的實際研究為根據，成效相當驚人。他首先測試了一組人，這十八個人先前都沒有待在低溫中的體驗。經過四天訓練，他們能夠只穿短褲待在攝氏零下的冬季戶外，忍受長達五個小時。

這個技巧之所以如此有效，在於它讓血管系統達到最佳的運作狀態，使身體更有效地將氧氣輸送到細胞及全身各處的血流。這能幫你減緩心跳率，減少身體承受的壓力。你的呼吸速率會直接影響心跳率，而逐步暴露在低溫下，則能讓交感神經系統（戰或逃反應）的活化速度變慢。換句話說，在低溫環境下深呼吸，可以讓心跳率穩定下來，減輕體內的壓力。文恩表示，當我們這麼做時，會將身體從滿載壓力與焦慮的模式轉換為緩和模式，讓身體有多餘的能量使自己暖和起來，並且恢復健康。

文恩建議，一開始要慢慢來。每週一次，洗完溫水澡時，用大量冷水沖三十秒，逐次增加沖冷水的時間。如果要做他的呼吸技巧，那就坐下來讓自己舒服一點，閉上雙眼，確定你的姿勢可以讓你自由擴張肺部。文恩建議，一醒來就做這項練習，因為這時胃部還是空的：暖身的方式是深深吸氣，一直吸到你感覺有股輕微的壓力。屏住呼吸，再把氣完全呼出，盡可能把空氣全部吐出。盡量將吐氣的時間能拉多長就拉多長。這個步驟重覆十五次。

接著，從鼻子吸氣，再用嘴巴強而短促地吐氣，就像在吹氣球一樣。吐氣時縮肚子，呼氣時則讓肚子鼓起。以穩定的速度做這個步驟約三十次，直到你覺得身體充飽了氧氣。你可能會覺得頭暈或有刺痛感，或感覺到有一股能量湧出，那真的就是電流。試著感覺一下，身體有哪些部分充滿能量、哪些部分則缺乏能量，以及在這兩種極端之間，哪裡受到了阻塞。你一邊持續呼吸，一邊將氣息送到這些阻塞的地方。

如果暴露在低溫中非你所好，你從呼吸練習還可以獲得其他好處。我找到「茲瓦靜觀」（Ziva Meditation）的創辦人艾蜜莉·弗萊徹（Emily Fletcher），向她學習專為忙碌又活躍的人打造的靜坐技巧。艾蜜莉在印度瑞詩凱詩（Rishikesh）展開靜坐訓練，她之所以成為一名靜坐老師，是因為在擔任百老匯演員的十年間，她體會到靜坐為身心帶來的莫大好處。

我問艾蜜莉，她覺得哪種呼吸技巧為她的學生帶來最大的好處，她教導我一種她稱之為「**平衡呼吸**」的方法，用來平衡左右半腦。艾蜜莉表示，如果用簡化的方式來看待大腦，左側是掌管過去、未來、批判與分析的思考，這些活動都以對身心有害的程度接管了我們的現代生活，而我們之所以覺得難以持續專注在當下，甚至難以讓身體臣服地進入神馳狀態，這正是原因之一。我們可憐的小右腦則負責控制創造力與問題解決、處於當下的意識和直覺，而它正在萎縮。平衡呼吸是你可以在清醒狀態下做的練習，它能夠矯正左右半腦的失衡情形。

艾蜜莉說，靜坐的好處之一，是會讓胼胝體變粗。胼胝體是一條連結左右半腦的細白組織。這點非常重要，因為胼胝體越粗，你越能消除兩個半腦之間的差異，無論你周遭正在發生什麼事。所以，就算你的老闆正對著你大吼、你被困在車陣中，或是你正和另一半爭吵，你都更能找到有創意的解決方法，並且持續專注在當下這一刻，而不是出於恐懼或憤怒而做出反應。順帶一提，平均而言，女性擁有的胼胝體天生比男性來得粗。

要練習平衡呼吸法，請拿出右手的大拇指與食指。用大拇指輕壓右鼻翼，壓緊鼻孔，再完全用左鼻孔吐氣。然後完全用左鼻孔吸氣，再用食指壓緊左鼻孔。放開大拇指，完全用右鼻孔吐氣。然後完全用右鼻孔吸氣。持續用這種兩側輪流的方式呼吸，理想的情況是，怎麼開始就怎麼結束，也就是用左鼻孔吐氣。

艾蜜莉說，當你覺得很累又需要迅速補充精力以集中精神的時候，就快速做這種呼吸法；你覺得很興奮或緊張，需要放鬆時，就慢慢做。這也是讓你能放鬆進入冥想狀態的好方法。它幾乎就像是拉開弓弦，所以當你進入靜坐冥想狀態，身體才能真正臣服，並且放開一切。

艾蜜莉解釋，之所以有那麼多靜坐老師和瑜珈老師把呼吸當作展開練習的方法，是因為我們的呼吸與思考是人在某種程度上可以控制、卻都屬於自律系統的兩大功能。我們隨時不由自主地在呼吸，但我們可以介入這個過程，放慢呼吸速度、加快呼吸速度，或改變要用哪個鼻孔呼吸。我們也能對自己的想法做同樣的事。

人的腦袋會在無意識中思考，就像我們無意識的呼吸與心跳。我們永遠也沒辦法讓腦袋停止思考——反正這也不是靜坐冥想的目的。但我們可以積極介入，控制這個過程，到達某種程度。我們練習靜坐越多次，越能遠離左腦的批判聲音，並找到內心那個平靜細微的聲音。你開始靜坐時，就是帶著你的右腦上健身房。靜坐不會讓你清空腦袋。靜坐期間的重點不在於清空腦袋，但它確實會降低那股批判聲音的音量，然後你就能聽到來自直覺的低聲細語。你越助長並傾聽那股指引著你的微弱聲音，它會變得越大聲。

行動項目

- 晨浴結束時，沖三十秒或更久的冷水。如果必要，逐次延長時間。讓水打在你的臉上和胸膛上，才能獲得最多的好處。
- 每天練習幾分鐘的「平衡呼吸」，靜坐之前這麼做最為理想。

◎推薦你聽

- “Climb Everest in a T-Shirt and Shorts. Survive Submersion in Freezing Water for Hours. Wim Hof Tells You How He Did It!,” *Bulletproof Radio*, episode 403
- Emily Fletcher, “Greater Sex, Better Sleep with Ziva Meditation,” *Bulletproof Radio*, episode 224

◎推薦你看

- Wim Hof and Koen De Jong, *The Way of the Iceman: How the Wim Hof Method Creates Radiant, Longterm Health*（文恩・霍夫與庫帝永，《冰人呼吸法，我再也不生病：身體變暖的反常識

方法，肌力變勁爆、不感冒、遠離高血壓和糖尿病。醫學證實、運動員紛紛仿效》，大是文化出版）

- Scott Carney, *What Doesn.t Kill Us: How Freezing Water, Extreme Altitude, and Environmental Conditioning Will Renew Our Lost Evolutionary Strength*

法則四十：快點！靜坐快一點

靜坐只要你付出為數不多的時間與精力，卻能得到表現更好、快樂更多的報酬。減少靜坐所需的時間，同時增加益處，藉此從靜坐投資中獲得更好的報酬。去靜坐吧。不過一旦你有了基礎，就可以提升你的靜坐方式。

如你所知，我已經靜坐二十年了。這段期間，我曾在西藏與和尚一同靜坐，也曾在頭上貼著電極的情況下靜坐，幾乎任何一種靜坐方式，我都試過了。我這樣一路靜坐下來，發現到有一堆人花很多時間靜坐，獲得的好處卻比原本可以得到的還要少，就像有一堆人積極運動，卻無法獲得他們耗費力氣所應獲得的好處。

你的時間與精力是你最寶貴的財產。你怎麼會想花更多時間去取得超出必要的精力呢？顛覆傳統者會學習如何成為一名很厲害的靜坐者。當然，如果每次靜坐的時間更長，會讓你有個人或心靈上的滿足感，那麼就繼續下去！不過，如果你想得到最好的時間投資報酬比，你可以利用一些能幫你靜坐得快一點的方法。

我剛開始工作時是一名工程師，那時有個同事邀我跟他一起向一位印度大師學習呼吸技巧。我拒絕了。一群人坐在一個房間裡一起呼吸，感覺就像某種教派儀式，也很詭異。直到幾年後，我看到這個課程被形容成是提高表現的技巧，我才有興趣想嘗試看看。

我到加州沙拉托加（Saratoga）一間美輪美奐的大宅，參加為高階主管舉辦的「生活的藝術基金會」週末研討會，結果讓我大開眼界。自那之後的五年，我每天早上都會做該課程教授的呼吸練習。每個週六，我會在破曉時分起床，開四十五分鐘的車去和一小群科技公司高層一起做呼吸練習，而那些人賺得錢加起來差不多有十億美元。我瞭解了呼吸具有的力量，以及呼吸可以發揮的驚人成效，最後它為我帶來改頭換面的效果。我表現得更好，生產力更高，也對周圍的人更友善了。我的人際關係和生命中的一切也獲得改善。

那些公司高層人士花時間齊聚在那間房裡，是因為他們覺得這麼做**值得**。讓整個練習如此有效的原因不光是呼吸，還有一起練習呼吸時，覺得自己是社群一份子的感受。有個人告訴我：「我持續這麼做，是因為這就像每週為心智洗澡一樣。」顛覆傳統者會竭盡所能去做對自己有利的事，我也鼓勵你比照辦理。

有太多人開始靜坐後，不到幾星期就放棄了，只因為看不到成效。這可能是他們練習得不夠有效，或是他們的自尊心成了阻礙。有些人持續練習，但花了好幾年才勉強獲得顯著的改善，而他們原本可以更快看到成果。靜坐看似如此簡單，以至於有些人對於要雇用老師或教練來教導非常抗拒。其實，靜坐比看起來的更為複雜，如果少了老師或科技的協助來判斷你做得對與否，很難以確認你已經進入正確的大腦狀態，為你帶來真正的改變。除此之外，靜坐在今日大受歡迎，你很容易上網搜尋到一堆可能讓你做錯的劣質資訊。

為了讓靜坐技巧能更加完善，我仰賴了本章訪問的人——比爾．哈里斯、艾蜜莉．弗萊徹、丹．哈里斯、維申．拉克亞尼、文恩．霍夫——他們全都運用優異的工具與技巧教人如何靜坐。我也找來了尖端科技專家，協助我的靜坐技巧更上一層樓，並讓我在更短時間內獲得更多的好處，這一切的終極成果就是我在西雅圖設立了自己的神經回饋機構，讓我和許多顛覆傳統者的靜坐方式能夠有所提升。

運用於靜坐的基本技術之一，稱為「心率變異」（HRV）訓練。我們在第十章探討過，心率變異可用來評估壓力反應，它與心臟每秒跳動的次數無關。心率變異會測量每次心跳的間隔時間，再與其它個別心跳間的間隔時間相比較。當你處於戰或逃狀態，心率變異會呈現一直線，心跳的間隔時間一樣長。但當你處於平靜的神馳狀態，心率變異會大幅提高。兩次心跳的間隔時間會與接下來兩次心跳的間隔時間大為不同。心率變異會影響一切，從腦波到心血管健康，甚至是你周圍的人。

HeartMath 研究機構（HeartMath Institute）已研究心率變異多年，其所設計的科技裝置可以讓你用來體驗擁有高心率變異是什麼感覺，也能讓你學會有意識地進入那個狀態。它會測量你的心跳率，你呼吸時會看到信號（綠色是高心率變異，紅色是心率變異），告訴你表現得如何。幾年前我就對這項科技相當熟練，由於實在太有效了，我將它運用在我所負責訓練表現的高階主管身上。

我指導的一名客戶是一位億萬身價的避險基金經理人，他長期處於戰或逃狀態卻不自知，我建議他採用心率變異訓練，搭配正確的飲食、睡眠、靜坐和其他破解法。他起初對心率變異感到抗拒，但練習了六週後，他發現能夠隨意改變自己的壓力程度讓他的感覺煥然一新。他決定試著在工作時測量心率變異。他提早到達自己的交易工作控制台，別上感測器後，開市鐘就響了。他進入紅色「壓力區」，整天都處於這個狀態。他又花了六週才能以平靜狀態進行交易。他有辦法進入既放鬆又專注的神馳狀態，讓他做出更好的決定，變成更成功的交易員，而且結束工作時也擁有更多的精力。如果你整天都在浪費神經系統的能量，自己卻不曉得，你怎麼會覺得不累呢？

另一個選擇，是在靜坐練習中加入真正能改變腦波的方法。方法之一是透過聲音來達成，這種聲音具有能影響心智狀態的振動頻率。來自比爾．哈里斯的 Holosync 公司的音檔可以讓你在靜坐期間播放特殊的聲音。你也可以使用特定的禱文，協助活化想達到的狀態。光線也會影響靜坐的體驗。「光聲護目鏡」會在你閉上的雙眼外發出閃光，協助你在靜坐時更快達到不同的大腦狀態。

就如同心率變異訓練，當你很熟悉在科技的幫助之下達到靜坐帶來的感覺，就知道單獨靜坐時要以怎樣的大腦狀態為目標。我好幾次都成了在飛機上戴著全黑護目鏡的怪咖，閃爍的光還從眼鏡邊緣流洩而出。我看不到其他人，但很確定當我在三千英尺高空控制我的大腦時，一定被人用怪異的眼光看待。到目前為止，還沒有人因此把我踢下飛機，但我知道有幾位空服人員在我們聊過之後開始戴起了光聲護目鏡。盡你所能學會掌控心智的方法，別去擔心旁人的想法。

甚至連光線的顏色，都能影響你的大腦狀態。我會戴上TrueDark眼鏡，它配備了專門讓人進入深層睡眠的專利濾光鏡片。當我戴著這副眼鏡，即便沒有打算睡覺，大腦也會迅速進入平靜又放鬆的α腦波狀態。當然，我也可以透過靜坐進入這種狀態，但如果我能在進入這種狀態的同時在半空中回信，感覺會棒透了。

我的終極靜坐破解法，是靜坐時在頭上貼著可追蹤腦波變化的電極。科學家監測腦波變化已經有十五年了，但幾乎都只針對功能異常的大腦進行研究。我們現在知道資深靜坐修行者的腦波看起來是什麼狀態，也知道要如何訓練才能達到那種程度。

我在一九九七年買了第一台家用腦波儀，自那之後便持續以這項科技為大腦升級。試驗過每一種靜坐後，我發現沒什麼比得上擁有一台每秒給你一千次回饋的電腦——這正是我設立「禪修四十年」的原因。這間位於西雅圖的神經科學機構訓練成功人士拿出水準更甚以往的表現。我們打造了讓大腦表現提升到更高境界的客製軟硬體，將數年的靜坐功夫濃縮成五天的密集訓練，而訓練場所看起來彷彿像變種人學校「X學院」，目標就是要能產生與靜坐數十年的人一樣的大腦狀態。這是靜坐的終極作弊法，許多研究也顯示，神經回饋可以提高智商，[1]我可沒在開玩笑。「禪修四十年」的異想天開計畫，就是讓每個人都能輕鬆進行靜坐，大家就能一起讓這個星球上的平均智商提高十五分。

過去幾年間，我持續測量高水準表現者的腦波，現在則採用機器學習進行分析，這是史上頭一遭我們能瞭解這些正在改變世界的人，他們的大腦所呈現的共同面貌——然後使其成為能教授給其他人的方法。下一步則是讓人能以安全有效的方式在學校、辦公室和住家使用這項科技。我在撰寫本書的同時正努力做到這點，希望等到你讀到本書時，全球各地已經可以利用這個靜坐的終極作弊法剪接你腦中的聲音，展開一場快速又有效率的旅程，前往表現更好且提升自覺的目的地。

行動項目

- 報名參加靜坐課程，你早就該這麼做了。這沒那麼困難。
- 測量或訓練你的心率變異。我是用 HeartMath 內在平衡感測器來訓練自己，睡著時則用 Oura 智慧戒指監測我的心率變異。
- 試試其他靜坐破解法，比方說光聲護目鏡、比爾・哈里斯的中心點研究機構所提供的音檔，或是 TrueDark 暮光眼鏡（在此透露：我協助開發 TrueDark，也是這項產品的投資者）。盡你所能達成目標。無人協助進行的靜坐有其益處，但科技能讓你更快獲得同樣的好處。
- 考慮前往 www.40yearsofzen.com，用腦波儀監測你的腦波。

◎推薦你聽

- "Lyme Disease, Heart Rate Variability & Skincare," *Bulletproof Radio*, episode 297
- Eric Langshur, "Be a Boss with Your Brain, Heart & Gut," *Bulletproof Radio*, episode 457

14 在陽光下弄得髒兮兮

我絕對料想不到，在所有可能的建議中，簡單到像「到戶外把自己弄得髒兮兮」這種事，會是這些訪問者所提出前二十多名的答案。不過話說回來，我十年前就決定拋下矽谷的科技世界，雖然目前跟業界保持著一定的連繫，但我已經搬到溫哥華島的森林，以便花更多時間待在戶外。我的經驗告訴我，我能給孩子最好的禮物，就是讓他們在自然中成長。

大自然能讓心情變好，也能提升認知表現，原來不是只有我這麼認為。花時間待在大自然可以滋養大腦與腸道，有助於細胞產生更多能量，治療憂鬱症的效果至少跟藥物一樣好。不管你住在哪裡，你都有可能、也有必要找到時間與地點，來進行這件基本到許多人都忽略的事：到戶外去。這麼做也能讓你在室內時表現得更好。

法則四十一：把身邊環境打造成動物園

多數人都生活在人為的環境，就經濟角度來看，這麼做既有用又有效率，卻缺乏了可以促使你提升到新境界的活力。花更多時間待在戶外，看看樹木，嗅聞植物，品嚐真正的食物，在陽光下流一點汗，冷的時候就自然發抖。讓你的神經系統體會一下它演化時所處的環境，你才能在自己的生物系統產生變化以便提升表現時，好好享受成果。

丹尼爾・維塔利斯（Daniel Vitalis）熱愛「人類野性」的概念——這是指自由、不折不扣、未受馴化的人類生活。他的熱情建立在人類動物學與個人發展的交界處，換句話說，他一心一意想瞭解我們可以如何運用祖先的智慧，以及自然環境所帶來的益處，重新喚起野性，同時在今日世界大獲成功。他花了二十年逐漸仿照早期人類生活的習慣，並且實際應用，讓人可以與內心野性的一面產生連結。他做的事有點瘋狂，但他激勵許多人盡全力發揮的方式，與我的做法有異曲同工之妙。

丹尼爾使用「野化」一詞來形容將某事物恢復到自然、未經培養的狀態。它是「**馴化**」的反義詞，而該詞的字源與「住所」（**domicile**）的同義詞——是同一個。也就是說，馴化的意思是「家裡的」，而幾千年以來人類不只馴化了動植物，也馴化了自己本身。

這段期間，人類創造了許多自然野生動植物的馴化版本。我們吃的蘿蔓萵苣是馴化過的野生萵苣刺萵苣，我們當作寵物的狗是馴化過的狼。丹尼爾也主張，現今人類其實不是智人，而是已馴化的亞種，他稱之為「馴化的脆弱智人」（*Homo sapiens domestico fragilis*）。這麼稱呼也許有點太過頭了，不過確實引起了大家的注意。

馴化為人類帶來了什麼樣的改變？丹尼爾表示，比起我們尚未馴化的祖先，我們的身形沒有那麼健壯，而較為優雅。我們比較精實，身材更瘦，體型更小。我們在圈養的環境中交配繁殖。我們飲食中吃的都是馴化過的食物。因此，我們是被馴養的亞種——這種想法還真激進。

這意味著有一種「野生」的人類——至今仍生活在全球孤立地區的原住民族。丹尼爾說，這些野生人類比我們其他人更健康、更強壯、更強健，但他們已經所剩無幾。丹尼爾認為，我們正面臨人類史上重大的轉折點，也就是野生人類的滅絕，當滅絕發生時，我們的基因庫將失去強度。這正是為什麼我們必須透過可以點燃野性之根的日常習慣，重新喚起存在於我們 DNA 中的野性。

這個**野化**過程需要你仔細檢視自己的生活方式，自問如何重拾對我們這個物種來說是很自然的事。丹尼爾表示，想像把一隻黑猩猩帶離叢林，讓牠到北美生活。你會想讓這隻動物保持健康，牠才能過上長壽又高產的生活嗎？如果是，你會為這隻猩猩建立一個與牠原本自然環境盡可能相似的棲息地，而非把牠困在公寓房間，給牠遙控器，餵牠吃加工食品。

然而，後者正是我們目前對自己做的事，情況嚴重到丹尼爾認為我們正在終止自己的演化，而且會將傷害傳給後代的 DNA。他表示，我們這種遺傳窒礙的退化情形與現代疾病逐漸增加有直接的關係，這些疾病包括了癌症、心臟疾病、糖尿病、齲齒和骨質流失。我們本身正在分崩離析。

此刻，我們正生活在一個人類的工廠式農場。這個農場的作用不是要促進農場內動物的健康、快樂、福祉和壽命，而是不惜代價達到最高的生產力，目的是讓動物在短時間內結束生命。我們生下來就身處圈養的環境，我們出生後就開始受到各種修剪和形塑。我們受到創傷；我們受人灌輸；我們遭受洗腦。然後，我們不停製造產品、提供服務、繳稅，直到早死為止——這就是人類的工廠式農場。

這無疑是用很悲觀的方式在解讀我們的生活，也忽視了文明的好處。不過，在談到如何讓人的表現發揮到極致，上述觀點確實提供了一些有用的見解。

丹尼爾相信，我們應該打造一座**人類動物園**——這個地方可以促進動物的最佳健康狀態、鼓勵動物展現狂野行徑、保留其遺傳基因，如此動物才能活得長長久久。如果要住在動物園的環境，你必須重新打造棲息地和飲食，與在野外生活時越相似越好，儘管最終成果頂多只能算接近而已。

這麼做完全符合生物駭客的定義：**改變周遭環境，你才能完全掌控自己的生物系統**。丹尼爾不是建議你必須過上完全不用電的生活，開始住進森林裡。而是鼓勵你自問：如果你要把一個野生人類帶到家裡住，你會如何準備？你會提供什麼東西給他吃？你會計畫進行什麼活動？接著，想想你可以如何利用與上述相同的改變建立起你的生活，使你的環境更像一個動物園，而非農場。

當然，丹尼爾的論點引來不少批評聲浪。他表示，這是因為野性的概念在文明社會是個禁忌。為了維持文明世界，我們灌輸自己相信所謂的野性是帶有某種可怕、缺乏組織，而且本身具有「異質」特性的東西，一旦碰觸到這個部分，它將侵蝕掉我們一直以來取得的進步，讓我們再次成為野蠻人。

然而，野性不只正常，也有益健康。我們已經發現每遠離大自然一步，健康就會逐漸出現損壞的情形，不管是因為坐太久，還是沒有從植物和健康動物身上獲得足夠的營養素，亦或是新石器革命初期農耕時的操勞過度。我們以前待在野生環境時絕對是更健康的狀態。在人類住進室內以前，經常能接觸到新鮮空氣，不需要應付像灰塵之類的東西，而現在我們整天都會吸到這種死皮細胞，以及空調和冰箱自一九三〇年代起便釋放到大氣中的氟氯碳化物，加上所有來自工廠製造的地毯與家具所含的毒素。

我們再也沒辦法重新回歸完全野生的生活，但丹尼爾提出了幾個簡單的行動建議，有助於喚醒你基因中的野性，而這些行動全都反映著本書各個部分的建議：減少身體承受的毒素、改善飲食品質、增加暴露在新鮮空氣、陽光、土壤、乾淨水源的機會。基本上，展開野化過程的方式，就是當你可以走到戶外時，便沉浸在自然環境中，以及改變自己內在環境，使其變得更自然。

行動項目

- 擺上一些室內可種植的盆栽。（要確定你買的是沒有噴過殺蟲劑的有機盆栽，也要控制好土壤中的黴菌生長情形。我都使用 Homebiotic 噴劑，其成分包含了可對抗室內真菌的天然土壤細菌。）
- 每次旅行都找機會到大自然中散散步，能健行更好。
- 列出你可以把身邊環境變得更像動物園、而非農場的三種方法：

◎推薦你聽

- Daniel Vitalis, "ReWild Yourself!," *Bulletproof Radio*, episode 141
- Zach Bush, "Eat Dirt: The Secret to a Healthy Microbiome," *Bulletproof Radio*, episode 458

法則四十二：讓身體製造防曬乳

陽光是一種養分。就像吃太多可能讓你罹患糖尿病，曬太多太陽也可能讓你罹癌。但用垃圾光線取代陽光，就像是用垃圾食物取代真正的食物。當你裸露的肌膚沐浴在未經過濾的真正陽光之下，每天花至少二十分鐘讓雙眼接收這些陽光，你會表現得更好、活得更久。陽光也能改善睡眠，作為一種抗憂鬱劑，賦予你更多活力。就陽光這件事來說，你沒有選擇的餘地。

你先前已經讀到傑洛德·波拉克博士驚人的研究成果，他發現了水的第四相，那不是液態、氣態或固態，而是一種稱為禁區水的凝膠狀，或者簡稱EZ水。這種型態的水位於細胞之中，粒線體（細胞中數百萬個能量發電廠）也需要它來產生能量。最近科學家發現一個稱為「微管」的神祕細胞結構，你需要有微管才能打造新的粒線體，並讓粒線體在神經元四周移動[1]，研究發現，EZ水對微管的輸送功能來說不可或缺。

要產生更多的EZ水，有幾種方法。當你喝下生鮮蔬果汁、天然泉水或融化的冰川水，自然會獲得EZ水，而一般的水經過振動或攪拌後，也會自然形成EZ水。波拉克博士的近期研究顯示，在水中混入乳脂會形成甚至更多的EZ水。更棒的是，如果你不戴太陽眼鏡、不穿衣物或不擦防曬，每天花幾分鐘把皮膚暴露在未經過濾的陽光下，EZ水就會在你的細胞中自動形成。

具體來說，創造EZ水的是一千兩百奈米波長的光線，不過陽光也包含了其他有益的光譜光線。比方說，陽光中的紅光會被血液中的血紅素和粒線體吸收，可為細胞增加電子。這些電子與人體平常結合食物與空氣製造出來的是同一種電子。

大眾對於暴露在陽光下感到困惑與恐懼，許多人在出門前會費盡心力蓋住每一吋肌膚。我們塗上厚厚一層防曬乳，戴上太陽眼鏡，全身上下包裹在衣物中。但我們的身體唯有在自然陽光中才能獲得充沛的活力。當然，曬太多陽光導致曬傷並不健康，但每天曬一點陽光可以促使皮膚製造膠原蛋白，也有益於大腦、情緒、細胞內含有的水。

為了更瞭解曬太陽和防曬乳的相關資訊，我找來史黛芬妮·賽內夫（Stephanie Seneff）博士，她是麻省理工學院電腦科學與人工智慧實驗室的資深研究員，專攻營養與健康之間的關係。她已經針對現代疾病及營養缺乏與環境毒素對人類健康的影響寫了十篇論文，她是我最愛的那一種顛覆傳統者——原本是某領域的專家，後來轉攻另一個領域，然後顛覆後者，因為她看待事情的角度不同。

賽內夫博士表示，隨著防曬乳使用得越來越多，罹患黑色素瘤的人也跟著增加。雖然兩者間的因果關係還沒獲得證實，但使用防曬乳和黑色素瘤之間具有高度相關性這件事，感覺起來很沒道理，因為防曬乳應該要保護人不受有害光線的照射才對。不過，賽內夫博士解釋，兩者的關聯性其實要追溯至「嘉磷賽」農達中的這個除草劑成分，她表示，那會擾亂皮膚天生可以保護自己不受陽光傷害的能力。

腸道微生物通常會製造色胺酸與酪胺酸，也就是作為黑色素前驅物的胺基酸，而黑色素就是人在曬黑時，或深膚色的人身上的深色化合物。它們的功用是吸收紫外線，保護你不受任何紫外線可能造成的傷害。然而，當你吃的食物暴露在嘉磷賽之中，就會影響你的腸道微生物，讓牠們無法製造足夠的這類胺基酸。於是，你的陽光保護自然機制就停止運作了。這會導致嚴重的曬傷情形或黑色素瘤——不是因為暴露在陽光下，而是因為暴露在殺死了細菌的化學物質中，你需要這些細菌才能保護自己免受陽光傷害。你的飲食也需要含有大量的多酚（來自色彩鮮豔蔬果的化合物），讓皮膚可以製造黑色素，因為黑色素是多酚交聯作用下的產物。

當你有了適當的飲食與健康的腸道，就能安心曬曬適量的太陽，讓體內細胞製造更多的EZ水。一般的水暴露在紅外（可能還有紫外）線之下也會轉化為EZ水，如果你去做紅外線桑拿浴，或單純在沒戴太陽眼鏡、沒擦防曬的情況下在晴天時到戶外走走，藉此暴露在紅外光之中，你的身體就會吸收這股光能，打造EZ水。

光線會透過眼睛進入身體，直達大腦，也就是你最初感受到它影響的地方。光線對大腦至關重要，因為光線能協助產生EZ水，也因此你是在大腦深處製造黑色素，讓大腦可以產生更多氧氣和電子，為認知功能提供燃料。還有研究顯示，暴露在紫外線中，可以預防近視或降低近視度數。2

波拉克博士跟我分享一個在他實驗室所做的實驗。他讓水流過一條細管，當他把水暴露在紫外光之下，水流過管子的速度增快了五倍。如果你的血液和淋巴液能夠以更快的速度流經窄小的微血管，你將減少出現慢性發炎的情形。當你曬太陽時，粒線體中的細小微管也能受益於這種「急速充電」的效果。

我在第七章談到暴露在足量陽光下，對維持晝夜節律來說也有其必要性，如此一來，才能擁有好的睡眠品質。當你暴露在日光中，身體會製造血清素這種「感覺良好」的神經傳導物質，你的身體會將血清素分解成褪黑激素，後者是能讓你入睡的荷爾蒙。如果你在白天沒有接觸到足夠的自然陽光，就不會有足夠的褪黑激素讓你晚上能睡好。你知道，睡不好可是讓你幾乎什麼都做不好的根本原因。

最早真正對垃圾光線（可能會阻礙表現的人工光線）提出警告人之一是T．S．韋利（T. S. Wiley），這名作家比其他人早了十五年發現陽光與黑暗對人類健康的重要性。此後，開始有科學家因生理時鐘生物學方面的研究而獲頒諾貝爾獎，幾位健康領域的思想領袖也加入行列，一同肩負起利用光線與黑暗改善我們生物系統的使命。

其中最知名的可能是約瑟．摩卡拉（Joseph Mercola）醫師了，這位整骨醫師經營網路上流量最大的健康網站已有二十年之久，許多他所提供的建議都讓他走在時代最前線。你料想得到，身為一位打破常規的顛覆傳統者，他飽受抨擊，即便有多次證明他是對的。我除了在節目中訪問他，透過私交，我知道他是個身體力行理念的人。為了維持生物系統，摩卡拉醫師每天花九十分鐘在海邊散步，大多是光著腳而且沒有穿上衣，以便從海洋獲得電子、光子和負離子，從海鳥身上獲得微生物，而最重要的是暴露在紫外線B光（UVB）之下。這麼做讓他過去幾年來沒有服用任何營養補充品，就讓體內維持高濃度的維生素D。每天九十分鐘對多數人來說都辦不到，但你儘量在大自然中走個幾分鐘，還是可以從中受惠。

我們的身體透過陽光接觸到足量紫外線B光時，可以製造所需的所有維生素D。然而根據摩卡拉醫師的估計，現今有百分之八十五的人口維生素D不足，這與眾多健康問題都有關連，包括癌症、糖尿病、骨質疏鬆症、類風溼性關節炎、發炎性腸道疾病、多發性硬化症、心血管疾病、高膽固醇、神經系統失調、腎衰竭、生殖系統疾病、肌肉無力、肥胖、皮膚疾患，甚至是齲齒。

維生素D如此重要還有一個原因：缺乏維生素D可能導致睡眠障礙。事實上，睡眠障礙之所以盛行，有部分就是因為民眾普遍缺乏維生素D。[3] 如果你無法搬到佛羅里達，每天像摩卡拉醫師一樣在海灘漫步超過一小時，我建議你吃些像鮭魚、蛋黃和鮪魚等富含維生素D的食物，同時服用營養補充品。此外，如果你像我一樣住在屬於北方氣候的地方，也要透過陽光或日曬燈接觸一些紫外線B光。服用營養補充品之前先做血液檢驗，確保你的維生素D攝取量適當。正如維生素D太少對身體有害，太多也不行。維生素D會暫時讓身體停止製造褪黑激素，因此請在早上服用，而不是你想上床睡覺之前。

請你千萬不要服用維生素D3，除非你也有在服用維生素K2。新的研究指出，服用維生素D3時，如果飲食中沒有足夠的維生素K2，幾十年下來可能會讓組織鈣化，有些既成維生素A（不只是β胡蘿蔔素）能有助於平衡這兩者的比例。

對人的心理健康與整體快樂程度來說，曬太陽不可或缺。你可能很熟悉憂鬱症中最普遍的一種類型，也就是在天色較暗的幾個月會突然出現症狀。就臨床診斷來說，這種情形稱為「季節性情緒失調」（SAD），症狀從缺乏動機、難以維持專注，到出現典型的憂鬱症症狀。受SAD所苦的人通常會發現症狀始於秋天（該時節白晝越來越短），而到了春天就會好轉（白晝越來越長）。此外，地點顯然也有影響——比起那些離赤道更近的人，住得離赤道較遠的人，SAD發病率更高。佛羅里達州的居民只有百分之一左右患有SAD，而罹患這種疾病的阿拉斯加居民則有百分之九。[4]

我認為在許多並未患有典型SAD的人當中，冬季時的表現與整體健康程度也會受到負面影響，尤其是在北緯地區。如果你想對自己所做的事更在行，但一年當中卻有幾個月比較沒有活力，這可會是個大問題！

幾十年來，治療季節性憂鬱症最有效也最受歡迎的方法，一直都是光療法。這種療法與抗憂鬱藥物一樣有效，有些研究甚至指出，採用這種療法能更快得到成效。[5]最有效的光療法就只是每天走到戶外，將雙眼與皮膚暴露在自然陽光下二十分鐘。如果你想盡可能獲得最多的維生素D，只要在氣溫與當地法規的允許範圍內，暴露出越多肌膚越好。

如果要設定大腦中睡覺與清醒的時鐘，不要戴太陽眼鏡，也不要直視太陽。光譜中適當的光線會在你身處的環境四處反射。就算你沒有受季節性憂鬱症所苦，曬太陽也能讓心情變好、有助於入眠、在細胞中打造出更多有益健康的EZ水——而且還是免費的。

如果你無法暴露在自然光線下，試著找到室內全光譜燈，它至少可以發出兩千五百勒克司的光，但不要使用LED燈。把燈裝在與視線同高的位置，調整角度讓燈不要照到你的直接視野區域，就像不要直視太陽一樣，請勿直視這種燈。你想讓眼睛接觸光線，可不是要生煎你的視網膜。根據燈光的強度，先從每天只曝曬五或十分鐘開始，逐次拉長時間，最多不要超過六十分鐘。請確定你有按照製造商的指示去做。保護你的眼睛不要照射到過量的紫外線。

自二〇〇七年起，我就使用光療法來讓我的表現升級，也確實奏效了。協助我弄清楚作法人之一是史帝夫・福克斯（Steven Fowkes），這位生化學家是最早整合了聰明藥相關研究並分享成果的專家之一。他創辦的電子報《聰明藥新聞》雖然現在已不再發行，卻是我們經歷益智劑革命的最初開端。如果沒有史帝夫的努力成果，我不會擁有矽谷的職業生涯。史帝夫早在其他人開始關注該議題的二十年前就有所發現了。

史帝夫協助我微調我的光療法，而這個療法提升了我的認知功能，也讓我明顯睡得更好。他表示，如果你想讓作息正常，讓自己的生物節律與光暗循環同步一致，就應該在早上接觸紅光，模擬身處日出時的情境。接著，在中午及一天中的多數時候，接觸的光必須逐漸偏藍，而在準備睡覺前，則讓光又逐漸轉紅。這個過程是在複製日出日落的自然循環，儘管由於藍色LED燈的強度，這種燈不是獲得白天藍光的一個好方法。

如果你過得生活白天黑夜的自然循環不一致，也就是你必須熬夜或太早（日出之前）起床，就可以使用光療法，慢慢把自己調回與白天黑夜循環一致的作息。舉例來說，如果你比自己生物系統設定的理想時間還早起床，醒來後的第一件事就應該去接觸紅光。在床的上方設置一些紅燈，掀開棉被，打開紅光，讓身體暴露在紅光子與紅外線光子之中，這麼做能活化粒線體、改善血液循環、明顯提升活力。到了晚上，屬於LED燈泡光譜一部分的藍光會抑制身體分泌褪黑激素，因此，把家裡晚上的燈光調暗，也避免接觸電子螢幕散發出來的光。

曬太陽有助於身體製造維生素D和EZ水，並能設定晝夜節律，提升你的表現。到戶外走走是你務必要進行的事，也帶領我們進入下一個法則。

行動項目

- 選擇未接觸到嘉磷賽的有機食物。
- 曝曬足夠的太陽——每天二十分鐘，不要擦防曬油，也不要帶任何一種眼鏡（眼鏡會阻擋陽光中的紫外線光線）。曬太陽期間聽聽播客節目、散散步、打個電話，或是靜坐冥想，拿這段投資的時間去獲得更高的報酬。
- 考慮服用維生素D、K2、A的營養補充品。請確定先做檢驗，你才知道應該攝取的適當劑量。野生鮭魚和蛋黃是提供維生素D的很好營養來源，但這兩者所含的量都比不上營養補充品。
- 如果你住的地方冬天很昏暗，隆冬期間，花一週的時間待在陽光普照的地方。
- 如果你在冬季感覺較沒有活力，就算只是稍微少了一點活力，請考慮採用光療法。

◎推薦你聽

- Stephanie Seneff, "Glyphosate Toxicity, Lower Cholesterol Naturally & Get Off Statins," *Bulletproof Radio*, episode 238
- Joseph Mercola, "The Real Dangers of Electric Devices and EMFs," *Bulletproof Radio*, episode 424
- Steven Fowkes, "Hacking Your pH, LED Lighting, and Smart Drugs," Part 1, *Bulletproof Radio*, episode 94

◎推薦你看

- T. S. Wiley with Bent Formby, *Lights Out: Sleep, Sugar, and Survival*
- Joseph Mercola, *Effortless Healing: 9 Simple Ways to Sidestep Illness, Shed Excess Weight, and Help Your Body Fix Itself*

法則四十三：沐浴在森林，而非浴缸

我們社會對潔淨的執著，會導致腸道生物的多樣性大幅降低，對我們的整體健康與快樂程度產生負面影響。始終保持百分之百的清潔衛生既沒必要，也未必健康。要擁有最理想的健康與快樂，只要把自己弄得髒兮兮、沐浴在大自然、保持適度乾淨就行了。

瑪雅・施翠特—克萊恩（Maya Shetreat-Klein）醫師是神經學家與藥草學家，她著有《大地療癒力：用真正「土生土長」的食物養出健康的孩子》（*The Dirt Cure: Healthy Food, Healthy Gut, Happy Child*）一書，書裡描述一種整合式的精神療法可以治療不分老少的健康問題。我之所以覺得她的研究格外有趣，是因為施翠特—克萊恩醫師不只是一名神經學家，還身兼藥草學家與城市農夫，也和原住民社群合作了許多重要研究。

施翠特—克萊恩醫師想改變一般人對泥土和細菌的看法。她表示，暴露在細菌的影響下，會讓整個身體狀況為之一變，從腸道的成長發展到免疫系統的發展變化，還有健康的大腦功能。我們的文化對保持衛生這件事很執著，這導致我們相信身上越乾淨越好，弄得髒兮兮是件壞事。結果，我們使用抗生素、工廠式農場製造的食品、抗菌清潔劑，過度消毒了我們的生活與身體。

這些因素全部加起來，只會讓我們變得更不健康、更不快樂。施翠特—克萊恩醫師說，要重拾健康，第一步就是改變我們對泥土的看法。多數細菌都沒有好壞之分，少數幾種確實有害，但身體免疫系統——包含腸道微生物——的強度，才會決定其所面臨的威脅有多嚴重。那麼，判斷腸道是否健康的依據是什麼？微生物的生物多樣性就是終極目標。當各式各樣群系的細菌生活在你體內，牠們會保持腸道內的平衡，不會讓任何一種細菌生長得一發不可收拾。你永遠也沒辦法完全擺脫有害的有機體，牠們一直存在於體內，包括了寄生蟲和病毒。但只要你同時擁有種類繁多的其他有機體，這些有害的有機體就能以協同方式共存，抑制彼此的生長。

改善腸道微生物生物多樣性的最佳方式，就是接觸年代古老的優質泥巴，尤其是包含了可以真的讓你更快樂的有機體之土壤。就如同許多有益健康的研究，科學家也是偶然才發現這件事。二〇〇四年，倫敦皇家馬斯登醫院（Royal Marsden Hospital）的腫瘤學家瑪麗・歐布萊恩（Mary O.Brien）醫師將一種名為「牝牛分枝桿菌」的土壤細菌注射到肺癌患者體內，想知道是否能延長他們的壽命。實驗結果失敗了，不過這麼做，確實大幅改善了病患的生活品質。病患接受這種細菌的注射後更加快樂，展現更多活力，認知功能也提升了。

幾年後，布里斯托大學的神經科學家將同一種細菌注射到老鼠身上，發現細菌活化了老鼠大腦中的多組神經元，而這些神經元負責製造的是血清素。結果，大腦中的血清素濃度提高到與抗憂鬱藥物效果的同等程度。因此，比起服用藥物，讓身體產生眾所皆知也經充分證實的副作用，是有可能藉由照料自己體內的有機花園而達到類似的成效。有這麼好的事，也算我一份吧。

科學家目前正研究是否能在人體身上重現同樣的結果，以及是否能使用土壤細菌來治療憂鬱症，甚至是PTSD。在他們找到資金並且克服雙盲研究所需的繁瑣程序前，我要先冒著浪費時間的風險去玩泥巴。

我們喜歡像小孩子一樣玩泥巴是有原因的：我們出於本能就受玩泥巴這件事吸引，因為這麼做讓我們感覺良好。我們天生就想弄得髒兮兮。嬰兒時期，我們就在地上到處爬，經常把手和腳放進嘴巴裡。我們這麼做，其實就是在這段關鍵的成長期，一而再再而三為體內的微生物播種。

施翠特—克萊恩醫師說，這只是人類自然而然實踐藥草醫學的方式之一。我們都知道在大自然中散步會讓我們感覺良好。收到花也是，施翠特—克萊恩醫師表示，這又是藥草醫學的另一種形式。文化告訴我們，送花的時機是當我們很快樂、當我們愛著對方、當我們想恭喜對方，或當對方很難過或剛失去重要的人。我們之所以送花，是因為這麼做，能讓我們在身心方面的感受都獲得改善。把具有生命的植物從室外帶進家裡可以轉換心情，或許伴隨花而來的大量土壤細菌也是原因之一。

另一項根據藥草醫學的文化行為，是日本習俗的**森林浴**。根據這項傳統，民眾會讓自己沉浸在森林之美中。這個概念在一九八〇年代發展成形，當時許多日本人從鄉間搬往更都會的地區，因此他們覺得需要回歸大地懷抱，沐浴其中，吸收一些城市沒有的東西。而這成了日本醫學的重點療法。

森林浴不只能改善腸道生物群系，漫步在自然中也是毋須費力的身體活動，光是這麼做，就可以改善情緒、減少壓力激素的分泌、延長壽命。[6]但做森林浴之所以可以減壓，不只是因為在其中活動了筋骨。研究顯示，做森林浴的人的平均唾液皮質醇濃度，比在城市裡健行的人降低百分之十二到十三，意味著自然本身就能降低壓力激素。森林浴也可以減少交感神經活動、降低血壓與心跳率。[7]

森林浴也能提高免疫力。這有一部分可能是因為人花時間待在大自然裡，會讓體內的生物多樣性更豐富。此外，許多常綠樹會釋放一種芬芳的化合物，稱為芬多精，它能增加自然殺手細胞（NK細胞）的數量，這種細胞是免疫系統用來對抗病毒與疾病的主要防衛手段。長期暴露在壓力激素下，NK細胞會受到抑制，可能導致免疫系統衰弱，甚至出現癌症。不過，NK細胞的活動力在做過森林浴後會提升，讓身體接觸更多芬多精也會提高其活動力。至於對認知功能方面的影響，森林浴能改善心情、提升心智表現與創意問題解決的表現。[8]有些以常綠樹製成的精油可能也含有這類化合物。

《防彈電台》的一名來賓是柴克・布希（Zach Bush）醫師，他的職涯始於腫瘤研究。當他發現土壤中微生物的分子看起來很像自己正在研究的化療化學物質時，腦中靈光一現。他發覺土壤微生物會與粒線體和細胞 DNA 直接交流，因此他轉換研究跑道，開始研究這個現象。

訪談期間，布希醫師建議我們都應該花時間待在各式各樣的自然環境，然後深呼吸。我們的鼻竇會從自然環境中接收微生物，而體內的微生物多樣性，則讓我們能迅速恢復精力。他養成一種習慣：經常前往沙漠和雨林旅行，以及任何他找得到的不尋常自然環境，作為提高腸道細菌多樣性的方法。他也打造了一款由古老土壤細菌製成的營養補充品，這種細菌含有他所發現的化合物，產品名為「復原」（Restore）。我現在都特別留意要在充滿未受人為干擾的土壤微生物的環境中深呼吸，這種活動叫「健行」，而健行在許多方面上勝過了使用跑步機。

就算你住在都市環境，還是有辦法因置身大自然而獲得好處。花一點時間待在公園、嘗試做做堆肥、養一隻能陪你在戶外一起跑步的狗，或者花更多時間陪其他人，以提高你腸道的生物多樣性。保持乾淨並洗手是對的，但請大幅減少抗菌劑和乾洗手液的使用，改用一般肥皂。

基本上，保持適度的乾淨就好，並且鼓勵你的小孩把自己弄得髒兮兮。有機會的話，盡可能讓他們滾下山坡、到戶外玩。跟他們一起去戶外玩耍，之後用肥皂清洗全身。這些事做起來其實相當容易，就像所有最厲害的顛覆傳統法則一樣。

行動項目

- 讓小孩去玩泥巴吧！你能加入的話更好。
- 每週一次在大自然中散散步。讓你的社群加入你的行列，提高報酬（帶朋友一起去！）。
- 別使用抗菌清潔劑和漂白劑。
- 在家中擺放盆栽（包含土壤！），以獲得來白土壤細菌的益處。

◎推薦你聽

- “Talking Dirty About Spiritual Plants and Microbial Biodiversity,” *Bulletproof Radio*, episode 426
- Evan Brand, “Forest Bathing, Repairing Your Vision & Adaptogens,” *Bulletproof Radio*, episode 268
- Zach Bush, “Eat Dirt: The Secret to a Healthy Microbiome,” *Bulletproof Radio*, episode 458

◎推薦你看

- Maya Shetreat-Klein, *The Dirt Cure: Healthy Food, Healthy Gut, Happy Child*（瑪雅．施翠特—克萊恩，《大地療癒力：用真正「土生土長」的食物養出健康的孩子》，平安文化出版）

15 用感激之情重塑大腦

本書中幾乎所有法則都擁有的一項共通點，就是讓你的原始防禦系統感到安全，使你脫離戰或逃的壓力狀態，這也正是全球卓越的成功人士得以改變世界的力量。要確保身體知道你現在安全無虞的絕佳方式，就是**培養感激之情**。各領域的頂尖人士持續做著深受關注的事、他們擁有權力，也利用權力為人服務，他們都知道心存感激不單令人感到愉快，如果希冀擁有足夠精力去做他們的工作，同時享受人生，心存感激更是不可或缺的。

當人生一帆風順，你很容易心存感謝，但要感激一切，甚至包括讓你感到痛苦的創傷、挫折和障礙，並不容易。然而，正如成功人士所證實的，感激一切是必要之舉。他們沒有犯下自憐的錯誤，或編造情況對自己不利的藉口，而是在人生最黑暗的時刻，努力看出其中的美好之處。許多我訪問過的人都說，如果他們沒有找到辦法，沒能夠對自己曾經歷過的掙扎痛苦表示感謝，他們今日就不會如此快樂或成功了。這點也適用在我身上。

我很感激自己曾住在滿是黴菌毒素的屋子，這件事徹底刺激了我的生物系統。我感激自己失去了所有的錢，因此得繼續努力工作。如果我沒有經歷過這些痛苦與艱難，就不會學到寶貴的教訓，促使我建立防彈公司，分享所學的一切，讓大眾知道要如何產生比自己想像中更多的精力。我花了很大的功夫才讓自己擁有這樣的感覺，因為當初我對所身處的情境的自然反應就是「氣炸了」。但是這番努力讓我每天都看到成果，因為我再也不用背負著怒氣的重擔。

如果你跳過本書其他章節，只讀這一章的內容，你還是能獲得領先的優勢——心存感激就是這麼重要。懂得感激也是你能學習培養的技巧之一，經常表達感謝之情，感激就會在神經系統烙下永不磨滅的痕跡，讓你更容易正向思考。這表示，越常表達感謝，就越能自動自發地採取積極態度，而非負面態度。基本上，**當你表達感激之情，人生就更輕鬆不費力**。你越傾向正向思考，就越能克服你的基本本能，讓寶貴的精力為你帶來顯著的改變，也許也能為他人帶來重大的影響。

法則四十四：感激比恐懼更強大

你必須克服毫無用處的恐懼，才能發揮卓越的表現。努力鼓起勇氣也能做到這點，但會需要花很多精力才能繼續保持。把勇氣留待真正需要賭上性命的時候再用吧，其他時候則利用感激之情，關掉細胞層面感受到的恐懼。免於恐懼就能擁有快樂，而快樂可以讓你無論選擇做什麼，都能拿出最佳的表現。

教會我許多事的來賓中，最令人印象深刻的就是史帝芬．伯格斯（Stephen Porges）博士，他是印第安納大學的校級特聘科學家，在該校主持金賽研究所（Kinsey Institute）的「性創傷研究聯盟」。

一九九四年，伯格斯博士提出「多元迷走理論」，讓整個醫學界從此改觀。這個理論把自律神經系統與社會行為做了連結，為行為問題和精神異常提供了生理學方面的解釋。他的研究成果深深改變了科學家研究心理健康這個主題的角度，也指出壓力具有可以讓所有人都受益的功能。

迷走神經又稱「遊走神經」，它始於腦幹，遍布全身，連接大腦和胃、消化道，以及肺、心臟、脾臟、腸道、肝臟和腎臟。迷走神經的主要功能是監控體內發生的一切，將資訊回報給大腦。它是副交感神經系統的重要中樞，也負責讓受到戰或逃反應而興奮起來的身體能平靜下來。迷走神經的活動強度又稱為「迷走神經張力」，當迷走神經張力變高，你在經歷片刻壓力後就可以迅速放鬆，而如果迷走神經張力低，情況就會相反，可能讓你長期處於戰或逃狀態。

顯然，如果能覆寫體內的預設程式設計，經歷片刻壓力後能迅速平靜下來，是很重要的一件事。幸運的是，據伯格斯博士所言，每個人都有辦法改善自己的迷走神經張力。

強化迷走神經張力的方法之一，是透過人際互動來達成。身為哺乳動物的我們並非獨自演化，而是以群體為單位共同演化。因此，我們以前受益於他人給予的幫助，現在也仍需要他人的協助。照顧他人並不是單向的無私之舉，而是一種雙向的舉動，或至少應該要如此。幫助他人時，我們自然會感覺良好，不過前提是這些人很樂意接受幫助。小孩和狗兒是最佳的範例，他們都需要有人關懷，也對我們的照顧給予親切的回應，這會讓我們感覺良好，想繼續照顧下去。

另一個會對迷走神經張力產生影響的人類體驗，就是擁有感激之情。伯格斯博士解釋，當你心懷感恩，神經系統會沉浸在滿是安全感的信號中。從演化角度來看這點很有道理，因為有老虎追著你跑時，你內心不會充滿感激。但如果你想體會感激之情，光是少了老虎並不夠。伯格斯博士提醒我們，排除威脅並不等同獲得安全感，你的身體需要接收到你真的**安全**的信號，才能讓你產生感激之情。他指出，有個勉強算是決策過程的程序，將決定身體如何回應所感受到的危險。你不會意識到這個過程，因為它隱身在背景之中，而不同的情況也會活化不同的迷走神經分支。

當你接觸到令人驚恐的刺激，身體會先透過社交溝通做出反應，包括口頭語言、肢體語言、聲音語調，以及其他非語言線索。[1] 如果刺激太過強烈，導致的反應不足以令你感到安心，你的大腦就會活化壓力激素，也就是激發戰或逃反應。如果你的迷走神經張力運作不良，無法使神經活動回歸基準，你可能會完全動彈不得，無法採取任何行動。伯格斯博士指出，這種情況常見於創傷或受虐之後的倖存者。

當你知道自己的恐懼毫無理性可言，就可以利用安全信號讓自己不再感到恐慌，也讓身體不會進入完完全全的戰或逃狀態：有一種安全信號就是運用撫慰人心的聲音，這是內建在體內的現象。

想想年幼的小孩，他們聽到有節奏起伏又安撫人心的語氣時，很明顯會平靜下來。父母經常憑直覺以這種語調與孩子說話，不過，改變說話的語氣這個方法，也適用在成人身上。無論是面對面教授或錄製音檔的引導式靜坐，無不採取一種緩慢而有節奏的說話方式，把這種聲音當作放鬆的暗示，會比用一般的交談的語氣更能迅速哄誘你的大腦進入放鬆狀態。（我在《防彈電台》中的語速不快是有原因的！）從這點可以看出，如果你覺得壓力很大，即使討伐體制樂團（Rage Against the Machine）的強烈搖滾曲風很振奮人心，可能也不適合你，反倒是令人放鬆的音樂會讓你的神經系統獲得更多好處。

在腦中啟動安全信號的另一種方法，是想像自己的快樂之地。我知道這聽起來很老套，但真的有用！要有效做到這點，你必須在平靜的時候決定一個「安全之地」或「快樂之地」。閉上眼睛想像一個你能夠完全感到放鬆、滿足和平靜的環境，盡可能模擬越多感官資訊和細節越好，包括視覺、嗅覺、聽覺方面的感受。請經常練習這個視覺化的想像。如此一來，當你開始感到害怕或生氣，不必花太多力氣就能喚起你的「安全之地」。你需要時，它就在那裡。我的安全之地看起來可能看起來像（也可能不像）一個蝙蝠洞。

教會我關於感激之情的頂尖專家是伊麗莎・艾波博士，本書先前提到她是加州大學舊金山分校的教授，專門研究壓力是如何透過端粒／端粒酶系統影響人的生物老化，以及靜坐類型如何緩衝壓力的影響，並且促進身心健康。

艾波博士跟我分享她與哥倫比亞大學粒線體研究學者馬丁・皮卡德（Martin Picard）博士進行的研究。他們檢視受試者的血液，藉此判斷粒線體酵素的活性高低，這些化學物質在製造細胞用的能量上扮演了重要角色。他們發現成群結隊的照顧者——就像小孩患有慢性疾病的一群媽媽——酵素活性較低。然而在這樣的群體中，有些值得注意的例外。

為了瞭解造成差異的原因，研究人逐一記錄受試者的日常生活，並詢問他們以下問題：從你醒來的那一刻起，你對那一天有多期待？你對那一天有多擔心？你有多快樂？你感受到的壓力和焦慮感有多大？他們研究的不只是受試者的情感與情緒，還有他們如何評估即將發生在自己身上的好事或壞事。

換句話說，他們是被困在總是預期會出現威脅的循環當中，還是體會到希望與感激之情？他們在早上檢測了受試者的粒線體酵素，然後，在他們經歷片刻壓力後也進行檢測，到了晚上再檢測一次。最後發現，擁有最多粒線體酵素的人，起床後和睡覺前都具有較高的正向情感，尤其是在就寢時間的前後。受試者的粒線體運作得多好，取決於他們的情緒恢復狀況，以及他們是否仍深受整天下來遇到哪些事的殘存影響。

為了協助病患改善情緒，不要一起床就預期會出現壓力，艾波博士建議，**晚上睡覺前想一件令他們感激的事**。這個簡單的感恩練習很可能會提升受試者的粒線體酵素活性，讓他們感到更快樂。

雖然不難理解，如果你的小孩正在生病，你難免會害怕出現最糟的情形，艾波博士解釋，但是其實許多人都在沒有意識的情況下預期壓力會出現。問題在於：你是不是整天隨時想著這個你自以為的危險或威脅，甚至不斷反覆思考？你是不是在壓力出現前，就預期它會發生，而把自己置於戰或逃狀態？還是你讓自己擁有感激之情，沉浸在安全信號之中？要判斷你是否整天都花在預期威脅會出現，一個簡單的方法就是**留意自己晚上的感覺如何**。在晚上，你的心情非常重要，因為它反映了你從壓力中復原得有多好。你晚上下班回到家，以及上床睡覺前，情緒的正向程度有多高？

幾年前，我在防彈公司發起實際表達感謝的活動。我們每週開行政團隊會議時，每位團隊成員會分享自己感激的事。有時候這會讓工作大有進展。不過，我最常聽到令大家感謝的事，是與家人相處的時光、參與的志工計畫，或者也許是海鷹隊贏了。懷著感激的心情進行會議，將有助於更強而有力的人際互動，也能在團隊成員間建立連結，我將此事視為我能提供給這些人的幫助，而他們都抱持著如此熱情，擁護著公司的使命：協助他人運用身為人類所具備的無窮潛力。

我是如此看重感激之情，因此我永遠不吝於向我的防彈團隊表達謝意。從我的小孩學會說話以來，每晚上床睡覺前，我都會請他們講一件「善意之舉」，也就是他們當天對別人的幫助。他們回想自己做的某件好事，迷走神經張力就會提高。之後，我們會進行每晚的感恩慣例：我和拉娜請他們說出三件自己很感激的事。有時只是微不足道的小事，例如晚餐可以吃到草飼牛的肋眼牛排。（我愛死了有自己熱愛美食的孩子！）但有時會是挺深奧的事。有一次，我才五歲的兒子臉上帶著奇怪的表情說：「爸比，我很感謝有大霹靂，因為如果沒有大霹靂，就什麼也不存在了。」接著，他翻過身去，在神經系統平靜下來、粒線體全力運作的情況下快樂地入睡。這種方法對大人也有效，你不妨試試看。

行動項目

- 在問題發生前就預期會出現問題（憂心忡忡），會讓自己處於充滿壓力的狀態，別再這麼做了。當你感覺自己正在這麼做，努力前往你的「快樂之地」。
- 每天都為某個人做一件好事，來改善你的迷走神經張力。
- 每晚上床睡覺前，想想你很感激的三件事，促進粒線體酵素活性。事實上，現在就可以試試，感受一下這麼做對你的神經系統有何影響。如果你能找出身體哪個部分感受到強烈的感激之情，將會是額外的獎勵。

- 如果你想關掉自己或他人身上的戰或逃反應，請以平靜且撫慰人心的聲音說話。
- 當你需要活力時，聽聽充滿活力的音樂——但如果你已經備感壓力，那就找點帶有平靜嗓音的音樂來聽。

◎推薦你聽

- Stephen Porges, “The Polyvagal Theory & the Vagal Nerve,” *Bulletproof Radio*, episode 264
- Elissa Epel, “Age Backwards by Hacking Your Telomeres with Stress,” *Bulletproof Radio*, episode 436

◎推薦你看

- Stephen W. Porges, *The Pocket Guide to the Polyvagal Theory: The Transformative Power of*

Feeling Safe

- Elizabeth Blackburn and Elissa Epel, *The Telomere Effect: A Revolutionary Approach to Living Younger, Healthier, Longer*（伊莉莎白・布雷克本與伊麗莎・艾波，《端粒效應：諾貝爾獎得主破解老化之祕，傳授真正有效的逆齡養生術》，天下文化出版）

法則四十五：從故事中脫困，才是真正的原諒

「擁有感激之情」，這件事本身就能改善你的表現。不過，表現水準最高的人都曉得，感激之情也是通往原諒的道路。當你懂得原諒，便是在重新設定你的神經系統，使其不再對過往的創傷、痛苦或遭受忽視的回憶自動做出反應。想要原諒，必須辨識出你告訴自己的虛假故事，然後想辦法讓自己表達感激之情，甚至連你所經歷過最糟的事也要表示感謝。你不需要開口說你很抱歉，才能原諒。懂得原諒是最強大的人類表現升級法，當你用等同於實踐人生使命的強烈情感去給予原諒，將活得比以往更有活力、更為快樂。

在我逐漸變得防彈的過程中，曾經花上一些時間待在「發汗小屋」（sweat lodge）完成阿貝托・維洛多為期一週的進階薩滿靜坐訓練。那次體驗是由一位上了年紀卻強壯有力的美洲原住民日舞舞者主導，我很榮幸能與一個十二人的小團體共享那次體驗。

訓練中有個極為不快樂的女人，以她的狀況來看，即便身處該地就已經是難以置信的好運了。她一直叨念著諸如「我已經跌到谷底，情況不可能更糟了」之類的話，當她有機會開口向大地提出請求，她說：「我只希望我有足夠的精力捱過一整天。」我很震驚看到她居然如此相信自己所說的故事，於是我脫口問她：「妳為什麼不至少要求可以有足夠的精力手舞足蹈度過一整天？」我把自己的輕率發言歸咎於當時熱到不行的高溫，但這件事提供了關於相信自身故事的一個重要教訓。

負責掌管發汗小屋的睿智老者看著她說：「妳正遭受的困擾就叫『自憐』。我們知道如何解決，」說完他在滾燙的石頭上倒下更多的水。確實，這個女人有很多可以感激的事物：她還能站著；她能負擔得起這種昂貴的體驗，還有機會向阿貝托．維洛多這樣出色的顛覆傳統者學習，並在學習結束後參與神聖的儀式。

這是關於「**重新框架**」的概念。我們每個人都擁有可以感到自憐的事，也有可以覺得感激的事。你要專注在哪種事情上？即便你現在真的過得很辛苦，或者你一直以來都過得很辛苦，你還是能找到某件值得感激的事。當我覺得一切都很糟時，我向來會感激自己還擁有兩條完好無缺的腿。因為情況總可能更糟，而現在我還能站著。你擁有這本書，也擁有從上百名高水準表現人士身上學習的美妙機會，你有辦法應付的。你不是**不夠好**——你已經**遠比**好還要更好了。

就某種程度上來說，感激之情之所以強大，是因為它能讓你脫離自己所描繪的自憐故事。想像一下，有人超了你的車。出現這種情形時，多數時候我們想都沒想立刻告訴自己一個故事：那傢伙自以為比我厲害，真是個混蛋！但如果你把故事重新改寫呢？想像這個人正趕著上醫院去見他垂死母親的最後一面。在這種情況下，你難道不會感激自己讓他們先行一步嗎？

就算是某些遭人忽視的小事，只要你能抱持感激之情，就能打開通往原諒的那扇門。當然，上述故事都沒有根據，你永遠不會知道為什麼那個人要超你的車，但你可以選擇一個讓你能覺得感激並原諒的故事，也可以選擇讓你繼續生氣的故事。那個超車者根本不會知道這兩者的差別。不管你怎麼告訴自己對方這麼做的原因，那個人的人生都不會改變。原諒的重點就在於讓你不再懷抱對他人的怨恨，你該在意的是更要緊的事。

我們很多人這麼做的時候，都犯下事情只做一半的錯誤。有人超了我們的車，然後我們決定原諒這個人，卻沒有編造出讓我們覺得感激的故事。換句話說：**他超我的車，因為他自以為比我要厲害，但我原諒他了！**這是往對的方向踏出的一步，但這麼做的結果只是一種認知程度的原諒，既無法影響腦波或神經系統，也無法讓你體驗感激之情帶來的好處。**想著原諒**與**感覺到原諒之情**是兩回事。也就是說，你很

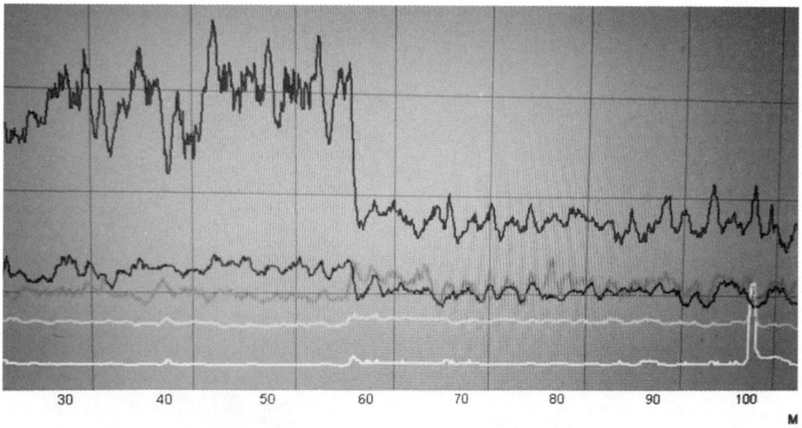

「禪修四十年」神經回饋擴增重置療法顯示，
在高階主管進行認知增強訓練期間，原諒與感激對腦波所產生的影響。

容易假裝自己不在乎某個混蛋如何對待你，但如果這件事暗中從你體內吸走活力，你最終還是會付出代價。

另一方面，即便是為你生命帶來不好影響的混蛋，懂得原諒對方也可以讓你感到更快樂。臉皮厚不太幫得上忙，因為這種個性會迫使你一直承受打擊、阻礙你擁有正面情緒，而要培養並維持厚臉皮的個性也要花費很多力氣。然而，當你能學會對混蛋表示感激與同情時，對方的一舉一動就會像船過水無痕般，不會耗費你一絲一毫的精力——這就叫「原諒」。當然，比起你忽視那個混蛋，當你向對方展現真正的感激之情，搞不好還會更激怒對方。而比起那個混蛋原先的混帳行徑所花的力氣，抓狂只會讓他耗費更多精力。暗自討厭任何人，絕不可能讓你改善自己或他們的生活。

我多次訪問以《一週工作四小時》聞名的作者提姆·費里斯，有一次我問他，對於那些想讓自己表現得更好的人，他會提供哪三項建議。他引用了B·J·米勒（B. J. Miller）這位安寧緩和醫療醫師（也是三重截肢者）的話：「別相信你想的每件事。」提姆表示，一般人開始質疑起自己根深柢固的信念和基本假設時，往往會發現自己大錯特錯。他就曾在人生中體驗到這點。而作為對米勒那句建議的回應，他開始告訴自己：**別讓自己退縮到故事裡**。當你感到恐慌或感到壓抑，退縮到關於你或這個世界的有害故事中，就永遠沒辦法翻身了。

雖然我從許多靈性導師與個人發展專家身上學到，要用正面方式表達你所肯定的事——專注在做某件事，而非**不**做某件事——但提姆說，**別讓自己退縮到故事裡**，對他來說非常有用。那就像他以一個停止標誌中斷了自欺的行為。這讓他能以沒有被激發反應的態度，看清位於他前方的東西，而且不受創傷或過往的情緒包袱所影響。如果要用正面肯定的方式來表達，那就是「看清一切真正的模樣，生活在那樣的世界裡。」兩者你都能做到！

比方說，當你覺得電話另一端的人非常唐突無禮，不要認為對方跟你有深仇大恨，想毀了你的好心情。也許他只是餓了，也許她需要去上個廁所，但她老闆卻要等下個鐘頭過完才肯讓她休息。選擇一個正向的故事，讓你能感激也因此能原諒稍微受到冒犯，但如果你退縮到助長自憐情緒的故事中，可就不會喜歡自己的人生了。

也許不會有人比東尼．羅賓斯更精通將自憐重新框架為感激的技巧了，他是聞名全球的勵志演說家、個人理財大師，他的著作多次登上《紐約時報》暢銷書榜。在《防彈電台》中，東尼、彼得．戴曼迪斯、行銷大師喬．波利許（Joe Polish）一同討論了東尼的故事，以及他多麼相信天底下沒有哪件事是不可能達成的。

「不可能，」東尼說，「不是一個事實，而是看法。」嚴格來說，任何事都不可能達成，直到某個人做到了。即便是在科學領域，許多曾顯示出不可能的事，之後都被證實是可能的，因此東尼表示，每當事業沒有成長或者某件事沒有成功，不是因為不可能做到，而是因為這人描繪出的故事說明了自己的策略為何沒有奏效。正如東尼說的：「如果你能直接與訴說自己極限所在的故事離婚，而與自己擁有無限潛力的真相結婚，那就能改寫遊戲規則了。」親自見過東尼也與他同台，我可以向你保證，絕對沒有人比他更徹底實踐這個座右銘了。

事實的真相是，**阻礙你的故事，全都是過往創傷所造成的結果**，而這些創傷來自神經系統認為你受到嚴重的威脅。創傷會存留體內，故事之所以存在，是因為身體要用一種原始方式確保你不會再次因為同樣的情況而受害。要從這些故事中脫困，方法就是擁有感激之情，並且給予真正的原諒，同時看清一切事物的真正樣貌。

行動項目

- 想想發生在你身上最糟的事，並想出你從這件事中獲得的一個好處：

  ____

- 哪一個自我設限的故事，是你百分之百相信它符合你本身或世界的實際真相？

  ____

- 你可以想像某一個讓這個故事不成真的可能嗎，至少想這麼一次？如果答案是肯定的，那就別再相信這個故事了。如果答案是不行，那就繼續找下去，或是徵詢好友的意見。自我設限的故事絕對不會是真實的。
- 逐項列出令你懷恨在心的人或事：

  ______、______、______

  ______、______、______

, ______ , ______
, ______ , ______
______

- 這些怨恨正耗費你的精力、造成你的痛苦，更對對方完全不會產生影響。請為清單上的每個人尋求內心的感激與原諒之情，見證限制著自己的這些人事物逐項消失。

◎推薦你聽

- Alberto Villoldo, "Brain Hacking & One Spirit Medicine," *Bulletproof Radio*, episode 220
- Gabrielle Bernstein, "Detox Your Thoughts to Supercharge Your Life," *Bulletproof Radio*, episode 455
- "Address Invisible Patterns, Find Joy in Solving Problems & Other Lessons with the Founder of TOMS Shoes," *Bulletproof Radio*, episode 442
- "Mashup of the Titans" with Tim Ferriss, Parts 1 and 2, *Bulletproof Radio*, episodes 370 and 371
- Tim Ferriss, "The Tim Ferriss Experiment," *Bulletproof Radio*, episode 215
- Tony Robbins and Peter Diamandis, "Special Podcast, Live from the Genius Network," *Bulletproof Radio*, episode 306

◎推薦你看

- Tony Robbins, *Awaken the Giant Within: How to Take Immediate Control of Your Mental, Emotional, Physical and Financial Destiny!*（安東尼・羅賓，《喚醒心中的巨人》，中國生產力中心出版）
- Peter H. Diamandis and Steven Kotler, *Abundance: The Future Is Better than You Think*（彼得・戴曼迪斯與史蒂芬・科特勒，《富足：解決人類重大生存難題的科技創新》，商周出版）

法則四十六：善用各種方法培養感激之情

別對「感激」這件事抱持著僥倖心態。利用簡單又有效的方法，讓感激之情融入日常生活，就像你培養運動或吃健康食物的習慣。感激之情是一種肌肉，你得好好鍛鍊它。

U・J・蘭姆達斯（UJ Ramdas）是一位認知科學背景出身的創業家與行為改變專家。他也是經認證的催眠師，熱衷於結合實用心理學與商業，打造出更美好的世界。他讓許多向他諮詢的客戶脫胎換骨。不過，我之所想與蘭姆達斯談談，是因為他研究的是感激之情，以及如何建立培養更多感激之情的習慣。蘭姆達斯提到，你必須在認知與生理方面都覺得感激，才能使其發揮作用，這表示你除了想到，也要感覺到才行。當這兩個要素並存，你就可以強效地重塑思維。

多年來，蘭姆達斯每晚都有一個習慣，讓他能夠體會感恩的力量。每天晚上他都會寫日誌，回顧當天發生的好事。不過，當他投入研究時發現，當我們早上做的第一件事就是自問對什麼事心存感激，感激之情帶來的效果會更強大。於是他改成每天早上做這項例行公事，其中包含向自我提問，並寫下三個問題的答案：我感激什麼事？我可以做什麼事讓今天變得很棒？我今天想成為怎樣的人？

蘭姆達斯每天早上做的第一件事就是回答這些問題，以發揮「初始效應」，也就是讓一起床做的事大幅影響接下來一整天的結果。第二和第三個問題會事先讓大腦做好準備，預期將出現哪些正面行動與結果，因而增強感激之情。例如，當我們認為自己即將去看場最愛的電影時，腦內啡的濃度會自動升高，因此「預期」是健康與快樂的驚人來源，前提是你預期的是正面事物。

蘭姆達斯沒有就此不做晚上的功課，而是在上床睡覺前，回顧當天發生在他身上的三件好事。他表示，當我們寫下某件感激的事，我們會睡得更好、擁有更好的休息品質、與親朋好友享有更親密的關係，也更渴望為他人做善事。

然後，蘭姆達斯會自問：「我原本還可以做哪件事，讓今天變得更好？」這讓他保持一種持續改進的心態。蘭姆達斯實在太熱衷於這些感恩習慣，他為此設計了一種稱為「五分鐘日誌」的筆記本，簡短的記錄工作，讓一般人都很容易每天實踐寫日誌的習慣。

蘭姆達斯表示，這個簡單的作法可以讓你更快恢復精力，提升前額葉皮質的活化，有助於處於壓力時保持冷靜專注，而非陷入恐慌，因為這些習慣能改善迷走神經張力。同等重要的是，這些感恩習慣也會帶來其他正向的改變。

二〇〇三年，在一項以「感激」為主題的開創性研究中，科學家羅伯特．艾蒙斯（Robert Emmons）請受試者寫下五件使他們感激的事，每週只需寫一次。兩週後，進行這項活動的受試者比起（未告知要這麼做的）對照組，每週多做了一個半小時的運動，也回報說，他們與家人、朋友和同事間產生了一種互惠感，進一步促使他們做出更多善舉。換句話說，這些人想為生命中的他人做好事，因為他們很感激有後者。

眾所皆知，東尼．羅賓斯花了多大的力氣幫助別人，因此他有個人的感恩習慣極為合理。東尼說，他只花三分鐘思考他所感激的三件事，並且以非常詳盡的感官細節描述每件事。舉例來說，東尼不會想「我很感謝有那部雲霄飛車」，而是在腦海勾勒出自己坐在前座，感覺超越了極限，完全身處於感激的情緒之中。他也會設法確保這三件事中至少有一件是很普通的小事，比如吹過他臉上的微風，或是他小孩臉上的微笑，藉此訓練自己對生命中的小事抱持感激之情。

如此想像三分鐘之後，東尼會用三分鐘祈禱，想像生命、上帝或能量進入他的身體，治癒各處肌肉與神經，增強他的熱情、愛、慷慨、創造力和幽默感。然後他想像正在處理的問題迎刃而解，當他充分感覺一切的美好之後，他會想像環繞在自己、親密家人和朋友周圍的一圈能量，接著將能量繼續擴展到自己的客戶，想像他們獲得痊癒、得其所望、過著應有的生活。

最後，東尼會想三個對他來說很重要的具體成果，不是思考如何達成目標，而是看見、感覺、體驗這些事已經完成，以及即將帶來的影響。他看到有人的生命因此轉變，體會到他們的喜悅，為此覺得感激。整個練習約莫花上十分鐘，但東尼說，他經常放任自己進行到十五或二十分鐘，因為這麼做實在太愉快了。

如果你想體驗同樣的效果，採用蘭姆達斯的技巧、東尼的技巧，或是我和孩子一起進行的方法。同時加入下列方法的組合：

養成寫感恩日誌的習慣

這大概是最受歡迎的感恩習慣了，有部分要歸功於蘭姆達斯的「五分鐘日誌」（Five Minute Journal）應用程式。寫下感激的事能使其具體化，而當一個習慣需要用到實體物品時，你也會比較容易記得每天都要表示感激。做法很簡單：在早上寫下三件你所感激的事，睡前再寫另外三件。如果覺得太多了，早晚擇一時段書寫即可。

練習正念

放慢生活步調。當你發現自己是匆忙趕著去上班，請有意識地留意這點，然後放輕鬆。晚個幾分鐘不會要你的命。上樓梯時，留意自己所踩踏的每一步。散步時，仔細觀察花草樹木，以及從人行道裂縫中長出來的小草。實際停下腳步，聞聞玫瑰花香。我們四周充滿了極其美好的事物，多數人卻在前往下個目標或盡義務的期間匆匆與其擦身。人生苦短，你理應珍惜生命中的小事。不用急，慢慢來，這麼做能讓你的神經系統沉浸在安全信號中，並得以關掉體內預設的程式，使感激之情發揮力量。

重新思考負面情境

以下是一個古老的寓言。一名農夫的馬兒跑掉了。他的鄰居說：「真倒楣！」農夫說：「也許吧。」隔天馬兒回來了，還帶了更多野馬回來。鄰居說：「太好了！」農夫說：「也許吧。」隔天，一匹馬撞倒農夫的兒子，踩斷他的手臂。鄰居說：「太糟了！」農夫說：「也許吧。」隔天，政府官員來到這座村莊徵兵打仗，農夫兒子手骨折了因此沒有被徵召。「太好了！」鄰居說。農夫說：「也許吧。」

這是個有點蠢的寓言，卻講到一個重點：任何情況都是中立的，你怎麼解讀，才會導致它們有好壞之分。在每件事中找到那一絲絲希望，通常這個希望是每個困境都能讓你學到某件新事物，或者成為一個更堅強更快振作的人。如果你還沒準備好，別逼迫自己一定要擁有某種感受。這裡談的不是隨時都要感到快樂又積極正面，有些情況就是很討人厭，因此，可以讓自己感覺負面情緒也很重要。只是同時你也必須培養凡事看得到正面的習慣。

主動表示感謝

一整天都要尋找機會來表示感激。當你這天過得很糟，或者發現自己沉溺在負面情緒，這個方法特別有用。這不是要你裝裝樣子或欺騙自己，而是要你主動尋找生命中確實覺得感激的事物。剛開始進行時，可能只是感謝像每天早上喝了一杯（奶油口味！）咖啡、自己身體很健康，或是自己還有一雙能動的腿之類的這種事。

裝滿感恩罐

這是寫日誌習慣的另一種版本，但多了一點巧思。挑一個大玻璃罐或金魚缸，請全家人（或你自己）寫下每天感激的事，再將紙片丟進魚缸。當魚缸慢慢裝滿，就能實際呈現出自己必須覺得感激的所有事物。

向你所愛的人表達感激

與家人共進晚餐時，彼此分享感激的事，這是你能採取的很棒的習慣，特別是如果你有小孩的話。如果你願意，可以加入一些基本規則。首先，你提到的每件事都不該與先前重複；第二，這件事應該與當天發生的事有關；第三，這件事應該不同於當晚其他人所分享的感激之事。這麼做能培養創造力，使人專心投入。以正面的方式回顧每一天，可以帶來非常具有成效的好處。由於表達感激通常也有助於睡眠，所以晚上很適合做這件事。無論是一群朋友或室友，或是一家人，找時間彼此分享感激的事，如此一來你不只能受益於正向思考的習慣，也能與你所愛的人建立更親密的關係。

進行感恩散步之旅

去散散步（如果同時曬到了太陽，就當作額外的獎勵），仔細留意看到與體驗到的一切。注意所有美好的事物，以及每踏出一步腳底給你的感受，這能讓你靜下心來培養感激之情。專注感受這種心情在你體內創造的感覺，好好享受一番。

寫感謝信

寫一封表達愛與感謝的信，給那些一直以來或多或少影響了你的人生的人。這些人可能是父母、某位朋友、某個形塑你人生的老師，或任何你想感謝的人。跟他們說說他們為你所做的事。這麼做的額外獎勵，是能與你在乎的人加深彼此的關係。

同時展現感激與原諒之情

你可能肩負著許多來自怒氣與受傷的壓力，甚至連自己也沒有察覺。要同時展現感激與原諒之情，請寫下某件令你感覺受傷的事，或者也許坦承一些令自己生氣或感到痛苦的事。感受那種負面情緒，針對導致這種情緒出現的情況，想出它為你帶來了什麼好處，或是如何造就今日的你，然後放掉那些負面感覺。原諒之情能大幅提升 α 腦波，這種腦波與平靜、專注的心理狀態有關。我保證，花更多時間處於這種狀態，將會顛覆你的一切。

行動項目

- 在這個法則中，哪三個感激工具最吸引你？

- 現在就實際試試！

◎推薦你聽

- UJ Ramdas, "Success and Gratitude," *Bulletproof Radio*, episode 80
- Tony Robbins and Peter Diamandis, "Special Podcast, Live from the Genius Network," *Bulletproof Radio*, episode 306

後記

過去的幾年來，我訪問過上百位為生命帶來意義與影響力的人，他們有不少人試圖反客為主，向我請教我認為最重要的三項建議。我向來都忍住不提供答案，直到此刻，因為那些訪談——如同本書——的焦點不在我身上。本書重點濃縮自優秀專家與思想領袖的新知，分享給許多在乎到願意將這些新知應用在生活中的人。我就是其中之一！

我很不想這麼說，就因為某個成功人士採用了某方法，所以你也應該照做。每個人各具特色，適用於某人——甚至是我——的方法，未必適用於你。但是當你分析資料，找出**什麼才是最重要的事**，而非某人是如何做到的，你就可以明智地選擇優先要做的事。而比起決定優先事項，找到達成目標的工具只是枝微末節罷了。

但現在，在收集完資料並重溫訪談內容之後，我很高興與你分享我認為最重要的三件事。這些不是訣竅或祕訣，而是一個羅盤方位，希望你能用來搭配任何適合**你**的方法，朝正確的方向邁進。

我的第一個答案是一件深深改變了我人生的事。我教會了自己的孩子，也教會了防彈公司團隊，更教會了參與「禪修四十年」課程的高階主管。這件事就是**感激的力量**。每天，我只要告訴我的妻兒我很感激的三件事，便徹底改變了我的態度，讓我擁有更多精力運用在所有努力的目標上。我很肯定，如果我沒有讓表達感激變成一種不容妥協的習慣，今日我就不會成為一位好父親、好丈夫，以及成功的執行長。

前文提到，要體會感激之情的力量，必須找到對一切抱持感激的心態，這些事甚至包括了你所遭遇的最大障礙與失敗。為了教導我的孩子讚頌失敗，讓他們不會對失敗滿懷恐懼，在每晚舉出三件感激之事時，我會納入一件自覺感謝的失敗，這麼做有助於我原諒、放下，繼續為了努力顛覆一切而挑戰自我的極限。

我的第二個最重要建議是，瞭解你**體內系統**的配置，以及你擁有一個粒線體網絡系統，它想讓你按以下順序做三件事：逃離、躲避或殺掉可怕的東西，有什麼東西就吃什麼，以及繁衍後代。

一旦你認清體內有個內建智慧，它的行動速度比你思考的速度還快，還促使你優先考慮做三件事（而非其他事），你所感受到的羞恥感與罪惡感就會大幅減少。如果你栽在這三件事中任何一項，沒有關係，這只是一種本能。現在站起來，試著去做這些事，但這次主導權握在你手裡，而不是你體內的原始意識。當你瞭解到這種程度，你就可以把精力花在激勵你的事情上，而非讓你感到衰弱的事。對許多顛覆傳統者來說，包括我在內，這些事包含了我所熱衷的使命。

最後，我想讓你知道，你的身體不太聽你的話，唯一的例外是當感激與愛出現的時候。幸運的是，它會聽從你所處的環境。這聽起來可能很嚇人，但這點其實能讓你擁有很大的控制權，畢竟決定要吃什麼、睡得如何、如何移動、呼吸的空氣、接觸到的光線，都取決於你。上述一切至關重要，它們都是維持你這個人的一部分基礎，也將決定你有多聰明、多迅速、多快樂。如果你能巧妙操縱這些變數使其對你有利，便可以獲得比你想像中更多的意志力與復原力。

當然，所有這三項建議都會互相影響。當環境能給予你的生物系統支持，而你也能利用感恩習慣讓身體沉浸在安全信號中，你便能獲得足夠的精力，超越那個體內想讓你一心專注在自身生存的機制。另一方面，專注在感激之情，可以協助身體應付充滿壓力的環境。就像本書中的任一法則，你在生活中某方面所獲得的好處將會出現加乘效果，因為它們也影響到生活的其他層面。當你看出哪些改變帶來了最大的好處，就可以依此來判斷優先做什麼事。

「打破規則」也是顛覆傳統者會做的事，因此我要加上第四個答案。這個答案與我公司和我自身的使命密不可分，也就是協助大眾**妥善運用身為人類所擁有的無窮潛力**。第四件最重要的事就是，瞭解你擁有無窮潛力，而當你找到對的方法運用潛力，就能達成不可能的事。我吃足苦頭才體會到一點：每當我自認為到達極限時，都會發現我錯了，我的目光仍然放得不夠遠。所以，把目光放得更遠吧！

現在輪到你了。你現在收獲了百位極具影響力的人所提供的建議，瞭解是什麼讓他們更強健、更有創意、更快恢復精力，這些都是能夠改變人生的資訊。但如果你沒有採取行動，就什麼也不會改變。那麼，你首先會做什麼？你最希望這件事為你帶來什麼影響？你又如何利用所獲得的精力來顛覆**自己**的一切？

致謝

也許最適合一本書結尾的方式，就是表達感激的段落。既然你已經讀到本書的最末，就知道感激之情對自身的快樂與表現有多重要了。這並不表示要寫致謝詞很容易，因為我有太多人要感謝。我很感激那些下載數不清《防彈電台》節目的聽眾，尤其是許多聽眾在路上看到我，還願意花時間停下腳步，告訴我這個節目為他們的生活帶來怎樣的改變。正是這個原因，讓我每週做兩次訪問，週週持續下去，也因為有這樣的互動，才促使我決定寫下本書。

感謝為本書的寫作計畫提供支持的團隊，包括我所信賴的寫作搭檔裘蒂・利普（Jodi Lipper）、負責數據資料統計分析的馬修・史沃普（Matthew Swope）、哈潑威芙出版社（Harper Wave）的編輯總監茱莉・威爾（Julie Will），以及最厲害的經紀人瑟蕾絲特・范恩（Celeste Fine）。也謝謝《防彈電台》的執行製作人瑟琳娜・謝爾（Selina Shearer），持續安排著改變世界的來賓上節目。

我也要感謝我的助理安妮・塔奇恩（Anie Tazian）、凱莉・哈里斯（Kaylee Harris）、貝芙・漢普森（Bev Hampson），她們創造了奇蹟式的行程安排，在我的行事曆上空出時間，讓我能夠寫作本書，同時幫我處理許多其他工作，沒有她們的幫忙，不會有這本書的誕生。

談到時間，感謝我美麗的妻子拉娜醫師和我的孩子安娜與艾倫，謝謝你們在我寫作到深夜的日子，讓我睡到很晚才起床，也謝謝你們理解一旦動筆，寫書就是一項必須完成的任務。沒有你們展現的愛與靈活應變，這本書不會誕生，我希望花在寫作而沒有陪你們玩的時間，可以對這個世界造成影響，進而讓你們過得更好。

當一間公司努力要打亂由少數大型企業主導食品產業的現象，擔任執行長是一份全職工作，只有在防彈公司團隊可靠無比的支持下，我才能寫作本書。他們在我把重心放到寫作期間，依然持續專注在協助顧客，我為此謝謝你們，也感謝你們每天都把從不衰退的活力用於改變大家的人生。

我要特別感謝J・J・維珍、喬・波利許、傑・亞伯拉罕、傑克・坎菲爾、丹・蘇利文、麥克・柯尼斯（Mike Koenigs）、貝瑞・莫葛蘭醫師、麥可・溫茲（Michael Wentz）、彼得・戴曼迪斯、納維恩・杰恩、克雷格・韓德利（Craig Handley）、亞曼醫師、博瑪特醫師、海曼醫師、肯・魯特科瓦斯基（Ken Rutkowski），謝謝你們一路以來給予的建議與友誼。

我要特別感謝「禪修四十年」的德魯・皮爾森（Drew Pierson）醫師，他為我量身打造了神經回饋治療計畫，也感謝馬修・庫克醫師與哈利・艾德爾森醫師提供的幹細胞療法！

在《防彈電台》節目中進行的每次訪談與對話，都讓我增廣見聞，由於目前已經完成了五百集，在此逐一列出每個人的姓名沒有什麼意義。但是，我要特別感謝本書所有提到的來賓，包括J・J・維珍、傑克・坎菲爾、史都・佛里曼、托尼・斯塔布爾拜恩、布蘭登・布查德、羅伯・葛林、維申・拉克亞尼、羅伯特・庫柏、蓋比・伯恩斯坦、丹・赫利、提姆・費里斯、史蒂夫・法克斯、丹尼斯・麥肯納、瑞克・德布林、安珀・里昂、派屈克・麥基翁、布蘭登・羅斯、拉維・梅塔、布魯斯・立普頓、蔣甲、納維恩・杰恩、舒伯・喬賀瑞、伊莎貝拉・溫茲醫師、馬克・貝爾、更波禪師、佩德蘭・修賈、哈爾・埃爾羅德、約翰・葛瑞博士、克里斯多福・萊恩、艾蜜莉・摩斯、喬琳・布萊頓醫師、保羅・扎克、伊萊・布洛克、娜塔莉女王、傑佛瑞・米勒（Geoffrey Miller）、比爾・哈里斯、普賈・拉克施敏醫師、麥可・布勞斯醫師、強納森・威瑟醫師、約翰・羅曼尼耶羅（John Romaniello）、菲利浦・衛斯特布魯克、丹・列文多瓦斯基、德懷特・詹寧斯醫師、雅莉安娜・哈芬登、凱利・史達雷、B・J・貝克、道格・麥克葛夫（Doug McGuff）醫師、查爾斯・波利金、馬克・希森、比爾・席爾斯醫師、馬克・迪范、凱瑟琳・迪范（Catherine Divine）、馬提亞斯・里賓、吉姆・奎克、史坦尼斯拉弗・葛羅夫、大衛・博瑪特、阿貝托・維洛多、丹尼爾・亞曼、傑洛德・波拉克、辛西雅・帕斯奎亞—賈西亞、馬克・大衛（Marc David）、巴瑞・席爾斯、凱特・香那翰醫師、馬克・海曼、妮娜・泰柯茲、比爾・安德魯斯、凱特・洛姆布魯醫師、威廉・J・威爾許博士、威廉・戴維斯醫師、羅恩・翰林海克醫師、馬修・庫克醫師、哈利・艾德爾森醫師、艾美・基倫醫師、傑・亞伯拉罕、約書亞・菲爾茲・密爾本、詹姆斯・阿圖徹、東尼・羅賓斯、彼得・戴曼迪斯、J・P・席爾斯、克里斯多福・萊恩、埃絲特・沛瑞爾、貝瑞・莫葛蘭醫師、丹・哈里斯、文恩・霍夫、丹尼爾・維塔利斯、柴克・布希、史黛芬妮・賽內夫博士、約瑟・摩卡拉醫師、伊凡・布蘭德（Evan Brand）、瑪雅・施翠特—克萊恩醫師、史帝芬・伯格斯、伊麗莎・艾波博士、伊莉莎白・布雷克本博士、史蒂芬・科特勒、U・J・蘭姆達斯。

我也要感謝咖啡因、尼古丁、阿尼西坦、莫待芬寧、Unfair Advantage、Smart Mode、

KetoPrime、紅光，以及所有的益智劑，這些都在本書逐漸成形時，為我的腦袋提供了源源不絕的動力。最後感謝我的粒線體（這些小壞蛋！），謝謝你們按照了我的命令行事（起碼多數時候是如此）！

附註

一、專注在弱點上，只會變得更弱

1. Shai Danziger, Jonathan Levav, and Liora Avnaim-Pesso, "Extraneous Factors in Judicial Decisions," *Proceedings of the National Academy of Sciences of the United States of America* 18, no. 17 (April 26, 2011): 6889–92; http://www.pnas.org/content/108/17/6889.full.pdf.

二、養成變得更聰明的習慣

1. Peter Schulman, "Applying Learned Optimism to Increase Sales Productivity," *Journal of Personal Selling & Sales Management* 19, no. 1 (1999): 31–37; http://www.tandfonline.com/doi/abs/10.1080/08853134.1999.1075 4157.
2. Susanne M. Jaeggi, Martin Buschkuehl, John Jonides, and Walter J. Perrig, "Improving Fluid Intelligence with Training on Working Memory," *Proceedings of the National Academy of Sciences of the United States of America* 105, no. 19 (May 13, 2008): 6829–33; http://www.pnas.org/content/105/19/6829.abstract.

三、跳脫大腦之外，才能窺探內部

1. https://www.goodreads.com/quotes/542554-taking-lsd-was-a-profound-experience-one-of-the-most; http://

healthland.time.com/2011/10/06/jobs-had-lsd-we-have-the-iphone/

2. Enzo Tagliazucchi, Leor Roseman, Mendel Kaelen, et al., "Increased Global Functional Connectivity Correlates with LSD-Induced Ego Dissolution," *Current Biology* 26, no. 8 (April 25, 2018): 1043–50; https://www.cell.com/current-biology/fulltext/S0960-9822(16)30062-8.

3. Daniel Wacker, Sheng Wang, John D. McCoy, et al., "Crystal Structure of an LSD-Bound Human Serotonin Receptor," *Cell* 168, no. 3 (January 26, 2017): 377–89; https://www.cell.com/cell/fulltext/S0092-8674(16)31749-4.

4. D.W. Lachenmeier and J. Rehm, Comparative risk assessment of alcohol, tobacco, cannabis and other illicit drugs using the margin of exposure approach, *Scientific Reports*. 2015; 5:8126. doi:10.1038/srep08126.

5. David Baumeister, Georgina Barnes, Giovanni Giaroli, and Derek Tracy, "Classical Hallucinogens as Antidepressants? A Review of Pharmacodynamics and Putative Clinical Roles," *Therapeutic Advances in Psychopharmacology* 4, no. 4 (August 2014): 156–69; https://www.ncbi.nlm.nih.gov/pmc/articles/PMC4104707/. Briony J. Catlow, Shijie Song, Daniel A. Paredes, et al., "Effects of Psilocybin on Hippocampal Neurogenesis and Extinction of Trace Fear Conditioning," *Experimental Brain Research* 228, no. 4 (August 2013): 481–91; https://link.springer.com/article/10.1007/s00221-013-3579-0.

6. David A. Martin, Danuta Marona-Lewicka, David E. Nichols, and Charles D. Nichols, "Chronic LSD Alters Gene Expression Profiles in the mPFC Relevant to Schizophrenia," *Neuropharmacology* 83 (August 2014): 1–8; https://www.sciencedirect.com/science/article/pii/S00283908 14001037?via%3Dihub.

7. Peter Gasser, Katharina Kirchner, and Torsten Passle, "LSD-Assisted Psychotherapy for Anxiety

Associated with a Life-Threatening Disease: A Qualitative Study of Acute and Sustained Subjective Effects," *Journal of Psychopharmacology* 29, no. 1 (January 1, 2015): 57–68; http://www.maps.org/research-archive/lsd/Gasser2014-JOP-LSD-assisted-psychotherapy-followup.pdf. Peter Gasser, Dominique Holstein, Yvonne Michel, et al., "Safety and Efficacy of Lysergic Acid Diethylamide-Assisted Psychotherapy for Anxiety Associated with Life-Threatening Diseases," *The Journal of Nervous and Mental Disease* 202, no. 7 (July 2014): 513–520; http://www.ncbi.nlm.nih.gov/pmc/articles/PMC4086777/.

8. Teri S. Krebs and Pål-Ørjan Johansen, "Lysergic Acid Diethylamide (LSD) for Alcoholism: Meta-analysis of Randomized Controlled Trials," *Journal of Psychopharmacology* 26, no. 7 (July 1, 2012): 994–1002; http://jop.sagepub.com/content/26/7/994.

9. R. Andrew Sewell, John H. Halpern, and Harrison G. Pope Jr., "Response of Cluster Headache to Psilocybin and LSD," *Neurology* 77 (June 2006): 1920–22; http://www.maps.org/research-archive/w3pb/2006/2006_Sewell_22779_1.pdf.

10. Tania Reyes-Izquierdo, Ruby Argumedo, Cynthia Shu, et al., "Stimulatory Effect of Whole Coffee Fruit Concentrate Powder on Plasma Levels of Total and Exosomal Brain-Derived Neurotrophic Factor in Healthy Subjects: An Acute Within-Subject Clinical Study," *Food and Nutrition Sciences* 4, no. 9 (September 2013): 984–90; https://www.scirp.org/journal/Paper Information.aspx?PaperID=36447.

11. M. P. Gimpl, I. Gormezano, and J. A. Harvey, "Effects of LSD on Learning as Measured by Classical Conditioning of the Rabbit Nictating Membrane Response," *The Journal of Pharmacology and Experimental Therapeutics* 208, no. 2 (February 1979): 330–34; http://jpet.aspetjournals.org/content/208/2/330.long.

12. Robert C. Spencer, David M. Devilbiss, and Craig W. Berridge, "The Cognition-Enhancing Effects of Psychostimulants Involve Direct Action in the Prefrontal Cortex," *Biological Psychiatry* 77, no. 11 (June 15, 2015): 940–50; https://www.biologicalpsychiatryjournal.com/article/S0006-3223(14)00712-4/fulltext.

13. Kenta Kimura, Makoto Ozeki, Lekh Raj Juneja, and Hideki Ohira, "l-Theanine Reduces Psychological and Physiological Stress Responses," *Biological Psychology* 74, no. 1 (January 2007): 39–45; https://www.sciencedirect.com/science/article/pii/S0301051106001451?via%3Dihub.

14. Scott H. Kollins, "A Qualitative Review of Issues Arising in the Use of Psychostimulant Medications in Patients with ADHD and Comorbid Substance Use Disorders," *Current Medical Research and Opinion* 24 (April 1, 2008): 1345–57; https://www.tandfonline.com/doi/abs/10.1185/03007 9908X280707.

15. Irena P. Ilieva, Cayce J. Hook, and Martha J. Farah, "Prescription Stimulants. Effects on Healthy Inhibitory Control, Working Memory, and Episodic Memory: A Meta-analysis," *Journal of Cognitive Neuroscience* 27, no. 6 (June 2015): 1069–89; https://www.mitpressjournals.org/doi/abs/10.1162/jocn_a_00776?url_ver=Z39.88-2003&rfr_id=ori%3Arid%3Acrossref.org &rfr_dat=cr_pub%3Dpubmed.

16. Anna C. Nobre, Anling Rao, and Gail N. Owen, "L-Theanine, a Natural Constituent in Tea, and Its Effect on Mental State," *Asia Pacific Journal of Clinical Nutrition* 17 suppl. 1 (2008): 167–68; http://apjcn.nhri.org.tw/server/APJCN/17%20Suppl%201//167.pdf.

17. "Review of 'Smart Drug. Shows Modafinil Does Enhance Cognition," University of Oxford, August 20, 2015; http://www.ox.ac.uk/news/2015-08-20-review-%E2%80%98smart-drug%E2%80%99-shows-modafinil-does-enhance-cognition.

18. Jared W. Young, "Dopamine D1 and D2 Receptor Family Contributions to Modafinil-Induced

Wakefulness," *The Journal of Neuroscience* 29, no. 9 (March 4, 2009): 2663–65, http://www.jneurosci.org/content/29/9/2663.

19. Oliver Tucha and Klaus W. Lange, "Effects of Nicotine Chewing Gum on a Real-Life Motor Task: A Kinematic Analysis of Handwriting Movements in Smokers and Non-smokers," *Psychopharmacology* 173, nos. 1–2 (April 2004): 49–56; https://link.springer.com/article/10.1007%2Fs00213-003-1690-9. R. J. West and M. J. Jarvis, "Effects of Nicotine on Finger Tapping Rate in Non-smokers," *Pharmacology Biochemistry and Behavior* 25, no. 4 (October 1986): 727–31; https://www.sciencedirect.com/science/article/pii/0091305786903771?via%3Dihub.

20. Sarah Phillips and Pauline Fox, "An Investigation into the Effects of Nicotine Gum on Short-Term Memory," *Psychopharmacology* 140, no. 4 (December 1998): 429–33; https://link.springer.com/article/10.1007%2Fs002130050786. F. Joseph McClernon, David G. Gilbert, and Robert Radtke, "Effects of Transdermal Nicotine on Lateralized Identification and Memory Interference," *Human Psychopharmacology: Clinical and Experimental* 18, no. 5 (July 2003): 339–43; https://onlinelibrary.wiley.com/doi/abs/10.1002/hup.488. D. V. Poltavski and T. Petros, "Effects of Transdermal Nicotine on Prose Memory and Attention in Smokers and Nonsmokers," *Physiology & Behavior* 83, no. 5 (January 17, 2005): 833–43; https://www.sciencedirect.com/science/article/abs/pii/S00319384040 04548.

21. Johathan Foulds, John Stapleton, John Swettenham, et al., "Cognitive Performance Effects of Subcutaneous Nicotine in Smokers and NeverSmokers," *Psychopharmacology* 127 (1996): 31–38; https://www.gwern.net/docs/nicotine/1996-foulds.pdf.

22. William K. K. Wu and Chi Hin Cho, "The Pharmacological Actions of Nicotine on the Gastrointestinal Tract," *Journal of Pharmacological Sciences* 94 (2004): 348–58; https://www.jstage.jst.go.jp/article/

jphs/94/4/94_4_348/_pdf. Rebecca Davis, Wasia Rizwani, Sarmistha Banerjee, et al., "Nicotine Promotes Tumor Growth and Metastasis in Mouse Models of Lung Cancer," *PLOS One* 4, no. 10 (October 2009); https://www.ncbi.nlm.nih.gov/pmc/articles/PMC2759510/pdf/pone.0007524.pdf; Helen Pui Shan Wong, Le Yu, Emily Kai Yee Lam, et al., "Nicotine Promotes Colon Tumor Growth and Angiogenesis through -Adrenergic Activation," *Toxological Sciences* 97, no. 2 (June 1, 2007): 279–87; http://toxsci.oxfordjournals.org/content/97/2/279.html.

23. Katherine S. Pollard, Sofie R. Salama, Nelle Lambert, et al., "An RNA Gene Expressed During Cortical Development Evolved Rapidly in Humans," *Nature* 443, no. 7108 (September 14, 2006): 167–72; https://www.nature.com/articles/nature05113.

24. According to Teresa Valero, "Mitochondrial Biogenesis: Pharmacological Approaches," *Current Pharmaceutical Design* 20, no. 35 (2009): 5507–09; http://www.eurekaselect.com/124512/article, "Mitochondrial biogenesis is therefore defined as the process via which cells increase their individual mitochondrial mass.... This work reviews different strategies to enhance mitochondrial bioenergetics in order to ameliorate the neurodegenerative process, with an emphasis on clinical trials reports that indicate their potential. Among them creatine, Coenzyme Q10 and mitochondrial targeted antioxidants/peptides are reported to have the most remarkable effects in clinical trials." According to Fabian Sanchis-Gomar, Jose Luis García-Giménez, Mari Carmen Gómez-Cabrera, and Federico V. Pallardó, "Mitochondrial Biogenesis in Health and Disease. Molecular and Therapeutic Approaches," *Current Pharmaceutical Design* 20, no. 35 (2009): 5619–33; http://www.eurekaselect.com/120757/article: "Mitochondrial biogenesis (MB) is the essential mechanism by which cells control the number of mitochondria." See also Gerald W. Dorn, Rick B. Vega, and Daniel P. Kelly, "Mitochondrial Biogenesis and Dynamics in the Developing and Diseased

Heart," *Genes & Development* 29 (2015): 1981–91; http://genesdev.cshlp.org/content/29/19/1981.long.

25. Florian Koppelstaetter, Christian Michael Siedentopf, Thorsten Poeppel, et al., "Influence of Caffeine Excess on Activation Patterns in Verbal Working Memory," scientific poster, RSNA Annual Meeting 2005, Chicago, Illinois, December 1, 2005; http://archive.rsna.org/2005/4418422.html.

26. Flávia de L. Osório, Rafael F. Sanches, Ligia R. Macedo, et al., "Antidepressant Effects of a Single Dose of Ayahuasca in Patients with Recurrent Depression: A Preliminary Report," *Revista Brasileira de Psiquiatria* 37, no. 1 (January–March 2015): 13–20; http://www.scielo.br/scielo.php?script=sci_arttext&pid=S1516-44462015000100013&lng=en&nrm=iso.

27. Gerald Thomas, Philippe Lucas, N. Rielle Capler, et al., "Ayahuasca-Assisted Therapy for Addiction: Results from a Preliminary Observational Study in Canada," *Current Drug Abuse Reviews* 6, no. 1 (March 2013): 30–42; http://www.maps.org/research-archive/ayahuasca/Thomas_et_al_CDAR.pdf.

28. James C. Callaway, Mauno M. Airaksinen, Dennis J. McKenna, et al., "Platelet Serotoin Uptake Sites Increased in Drinkers of *Ayahuasca*," *Psychopharmacology* 116, no. 3 (November 1994): 385–87; https://link.springer.com/article/10.1007/BF02245347.

29. Ibid.

四、瓦解恐懼

1. M. C. Brower and B. H. Price, "Neuropsychiatry of Frontal Lobe Dysfunction in Violent and Criminal Behaviour: A Critical Review," *Journal of Neurology, Neurosurgery, & Psychiatry* 71, no. 6 (2001): 720–26;

http://jnnp.bmj.com/content/jnnp/71/6/720.full.pdf.

五、就連蝙蝠俠，也有蝙蝠洞

1. Aaron Lerner, Patricia Jeremias, and Torsten Matthias, "The World Incidence and Prevalence of Autoimmune Diseases Is Increasing," *International Journal of Celiac Disease* 3, no. 5 (2015): 151–55; http://pubs.sciepub.com/ijcd/3/4/8/.

六、性是一種變化狀態

1. Ed Yong, "Shedding Light on Sex and Violence in the Brain," *Discover*, February 9, 2011; http://blogs.discovermagazine.com/notrocketscience/2011/02/09/shedding-light-on-sex-and-violence-in-the-brain/#.WgSzGY Zrw6g.
2. Eliana Dockterman, "World Cup: The Crazy Rules Some Teams Have About Pre-game Sex," *Time*, June 18, 2014; http://time.com/2894263/world-cup-sex-soccer/.
3. Madeline Vann, "1 in 4 Men over 30 Has Low Testosterone," ABC News, September 13, 2007; http://abcnews.go.com/Health/Healthday/story?id=4508669&page=1.
4. Tillmann H. C. Krüger, Uwe Hartmann, and Manfred Schedlowski, "Prolactinergic and Dopaminergic Mechanisms Underlying Sexual Arousal and Orgasm in Humans," *World Journal of Urology* 23, no. 2 (July 2005): 130–38; https://link.springer.com/article/10.1007%2Fs00345-004-0496-7.
5. Michael S. Exton, Tillman H. C. Krüger, Norbert Bursch, et al., "Endocrine Response to Masturbation-

Induced Orgasm in Healthy Men Following a 3-Week Sexual Abstinence," *World Journal of Urology* 19, no. 5 (November 2001): 377–82; https://link.springer.com/article/10.1007/s003450100222.

6. James M. Dabbs Jr. and Suzanne Mohammed, "Male and Female Salivary Testosterone Concentrations Before and After Sexual Activity," *Physiology & Behavior* 52, no. 1 (July 1992): 195–97; https://www.sciencedirect.com/science/article/abs/pii/0031938492904539.

7. Umit Sayin, "Altered States of Consciousness Occurring During Expanded Sexual Response in the Human Female: Preliminary Definitions," *NeuroQuantology* 9, no. 4 (December 2011); https://www.neuroquantology.com/index.php/journal/article/view/486.

8. Sari M. Van Anders, Lori Brotto, Janine Farrell, and Morag Yule, "Associations Among Physiological and Subjective Sexual Response, Sexual Desire, and Salivary Steroid Hormones in Healthy Premenopausal Women," *The Journal of Sexual Medicine* 6, no. 3 (March 2009): 739–51; https://www.jsm.jsexmed.org/article/S1743-6095(15)32435-8/fulltext.

9. Navneet Magon and Sanjay Kalra, "The Orgasmic History of Oxytocin: Love, Lust, and Labor," *Indian Journal of Endocrinology and Metabolism* 15 suppl. 3 (September 2011): S156–61; https://www.ncbi.nlm.nih.gov/pmc/articles/PMC3183515/.

10. Margaret M. McCarthy, "Estrogen Modulation of Oxytocin and Its Relation to Behavior," *Advances in Experimental Medicine and Biology* 395 (1995): 235–45; https://www.researchgate.net/publication/14488327_Estrogen_modulation_of_oxytocin_and_its_relation_to_behavior.

11. Cindy M. Meston and Penny F. Frolich, "Update on Female Sexual Function," *Current Opinion in Urology* 11, no. 6 (November 2001): 603–09; https://journals.lww.com/co-urology/pages/articleviewer.aspx?year=2

001&issue=11000&article=00008&type=abstract.

12. Case Western Reserve University, "Empathy Represses Analytic Thought, and Vice Versa: Brain Physiology Limits Simultaneous Use of Both Networks," ScienceDaily, October 30, 2012, https://www.sciencedaily.com/releases/2012/10/121030161416.htm.

13. Daniel L. Hilton, Jr., "Pornography Addiction—A Supranormal Stimulus Considered in the Context of Neuroplasticity," *Socioaffective Neuroscience & Psychology* 3 (July 19, 2013); https://www.ncbi.nlm.nih.gov/pmc/articles/PMC3960020/.

14. Aline Wéry and J. Billieux, "Online Sexual Activities: An Exploratory Study of Problematic and Non-problematic Usage Patterns in a Sample of Men," *Computers in Human Behavior* 56 (March 2016): 257–66; http://www.sciencedirect.com/science/article/pii/S0747563215302612.

15. Simone Kühn and Jürgen Gallinat, "Brain Structure and Functional Connectivity Associated with Pornography Consumption: The Brain on Porn," *JAMA Psychiatry* 71, no. 7 (2014): 827–34; https://jamanetwork.com/journals/jamapsychiatry/fullarticle/1874574.

16. Valerie Voon, Thomas B. Mole, Paula Banca, et al., "Neural Correlates of Sexual Cue Reactivity in Individuals with and Without Compulsive Sexual Behaviours," *PLOS One*, July 11, 2014; http://journals.plos.org/plosone/article?id=10.1371/journal.pone.0102419.

17. Norman Doidge, "Brain Scans of Porn Addicts: What.s Wrong with This Picture?," *The Guardian*, September 26, 2013; https://www.theguardian.com/commentisfree/2013/sep/26/brain-scans-porn-addicts-sexual-tastes.

七、找到你的夜間精神動物

1. Scott LaFee, "Woman.s Study Finds Longevity Means Getting Just Enough Sleep," UC San Diego, September 30, 2010; http://ucsdnews.ucsd.edu/archive/newsrel/health/09-30sleep.asp.
2. R. J. Reiter, "The Melatonin Rhythm: Both a Clock and a Calendar," *Experientia* 49, no. 8 (August 1993): 654–64; https://link.springer.com/article/10.1007/BF01923947.
3. Toru Takumi, Kouji Taguchi, Shigeru Miyake, et al., "A Light-Independent Oscillatory Gene mPer3 in Mouse SCN and OVLT," *The EMBO Journal* 17, no. 16 (August 17, 1998): 4753–59; http://emboj.embopress.org/content/17/16/4753.long.
4. Ariel Van Brummelen, "How Blind People Detect Light," *Scientific American*, May 1, 2014; https://www.scientificamerican.com/article/how-blind-people-detect-light/.
5. Micha T. Maeder, Otto D. Schoch, and Hans Rickli, "A Clinical Approach to Obstructive Sleep Apnea as a Risk Factor for Cardiovascular Disease," *Vascular Health and Risk Management* 12 (2016): 85–103; https://www.dovepress.com/a-clinical-approach-to-obstructive-sleep-apnea-as-a-risk-factor-for-ca-peer-reviewed-article-VHRM.
6. Michael Tetley, "Instinctive Sleeping and Resting Postures: An Anthropological and Zoological Approach to Treatment of Low Back and Joint Pain," *The British Medical Journal* 321, no. 7276 (December 23, 2000): 1616–18; https://www.bmj.com/content/321/7276/1616.long.
7. Sydney Ross Singer, "Rest in Peace: How the Way You Sleep Can Be Killing You," Academia.edu, February 1, 2015; http://www.academia.edu/10739979/Rest_in_Peace_How_the_way_you_sleep_can_be_killing_you.

八、朝獵物擲石，別窮追不捨

1. Liana S. Rosenthal and E. Ray Dorsey, "The Benefits of Exercise in Parkinson Disease," *JAMA Neurology* 70, no. 2 (February 2013): 156–57; https://jamanetwork.com/journals/jamaneurology/article-abstract/1389387.

2. Hayriye Çakir-Atabek, Süleyman Demir, Raziye D. Pinarbaşili, and Nihat Gündüz, "Effects of Different Resistance Training Intensity on Indices of Oxidative Stress," *Journal of Strength and Conditioning Research* 24, no. 9 (September 2010): 2491–98; https://insights.ovid.com/pubmed?pmid=20802287.

3. Ebrahim A. Shojaei, Adalat Farajov, and Afshar Jafari, "Effect of Moderate Aerobic Cycling on Some Systemic Inflammatory Markers in Healthy Active Collegiate Men," *International Journal of General Medicine* 4 (January 24, 2011): 79–84; https://www.dovepress.com/effect-of-moderate-aerobic-cycling-on-some-systemic-inflammatory-marke-peer-reviewed-article-IJGM.

4. Bharat B. Aggarwal, Shishir Shishodia, Santosh K. Sandur, et al., "Inflammation and Cancer: How Hot Is the Link?," *Biochemical Pharmacology* 72, no. 11 (November 30, 2006): 1605–21; https://www.sciencedirect.com/science/article/abs/pii/S0006295206003893. Dario Giugliano, Antonio Ceriello, and Katherine Esposito, "The Effects of Diet on Inflammation: Emphasis on the Metabolic Syndrome," *Journal of the American College of Cardiology* 48, no. 4 (August 15, 2006): 677–85; https://www.sciencedirect.com/science/article/pii/S0735109706013350?via%3Dihub.

5. Farnaz Seifi-skishahr, Arsalan Damirchi, Manoochehr Farjaminezhad, and Parvin Babaei, "Physical Training Status Determines Oxidative Stress and Redox Changes in Response to an Acute Aerobic Exercise," *Biochemistry Research International* 2016, 9 pages; https://www.hindawi.com/journals/

bri/2016/3757623/.

6. Lanay M. Mudd, Willa Fornetti, and James M. Pivarnik, "Bone Mineral Density in Collegiate Female Athletes: Comparisons Among Sports," *Journal of Athletic Training* 42, no. 3 (July–September 2007): 403–08; https://www.ncbi.nlm.nih.gov/pmc/articles/PMC1978462/.
7. "Preserve Your Muscle Mass," Harvard Men.s Health Watch, February 2016; https://www.health.harvard.edu/staying-healthy/preserve-your-muscle-mass.

九、吃下什麼就得到什麼

1. Begoña Cerdá, Margarita Pérez, Jennifer D. Pérez-Santiago, et al., "Gut Microbiota Modification: Another Piece in the Puzzle of the Benefits of Physical Exercise in Health?," *Frontiers in Physiology* 7 (February 18, 2016): 51. https://www.frontiersin.org/articles/10.3389/fphys.2016.00051/full.
2. Mehrbod Estaki, Jason Pither, Peter Baumeister, et al., "Cardiorespiratory Fitness as a Predictor of Intestinal Microbial Diversity and Distinct Metagenomic Functions," *Microbiome* 4 (2016): 42; https://microbiomejournal.biomedcentral.com/articles/10.1186/s40168-016-0189-7.
3. Tian-Xing Liu, Hai-Tao Niu, and Shu-Yang Zhang, "Intestinal Microbiota Metabolism and Atherosclerosis," *Chinese Medical Journal* 128, no. 20 (2015): 2805–11; http://www.cmj.org/article.asp?issn=0366-6999;year=2015;volume=128;issue=20;spage=2805;epage=2811;aulast=Liu.

十、為了未來，現在就駭入自己

1. “Temperature Rhythms Keep Body Clocks in Sync,” ScienceDaily, October 15, 2010; https://www.sciencedaily.com/releases/2010/10/101014144314.htm.

十一、有錢不會變得快樂，但變得快樂可能會有錢

1. Daniel Kahneman and Angus Deaton, “High income improves evaluation of life but not emotional well-being,” *Proceedings of the National Academy of Sciences of the United States of America* 107, no. 38 (September 21, 2010): 16489–93; http://www.pnas.org/content/107/38/16489.
2. Shawn Achor, “Positive Intelligence,” *Harvard Business Review*, January–February 2012; https://hbr.org/2012/01/positive-intelligence. Sonja Lyubomirsky, Laura King, and Ed Diener, “The Benefits of Frequent Positive Affect: Does Happiness Lead to Success?,” *Psychological Bulletin* 131, no. 6 (November 2005): 803–55; https://www.apa.org/pubs/journals/releases/bul-1316803.pdf.
3. Michael Como, “Do Happier People Make More Money? An Empirical Study of the Effect of a Person.s Happiness on Their Income,” *The Park Place Economist* 19, no. 1 (2011); https://www.iwu.edu/economics/PPE19/1Como.pdf.

十二、你擁有的社群，就是你所處的環境

1. “Genes Play a Role in Empathy,” *ScienceDaily*, March 12, 2018; https://www.sciencedaily.com/releases/2018/03/180312085124.htm.

2. Mackenzie Hepker, "Effect of Oxytocin Administration on Mirror Neuron Activation," *Sound Ideas*, University of Puget Sound, Summer 2013; https://soundideas.pugetsound.edu/cgi/viewcontent.cgi?article=1267&context=summer_research.

3. Kathy Caprino, "Is Empathy Dead? How Your Lack of Empathy Damages Your Reputation and Impact as a Leader," *Forbes*, June 8, 2016; https://www.forbes.com/sites/kathycaprino/2016/06/08/is-empathy-dead-how-your-lack-of-empathy-damages-your-reputation-and-impact-as-a-leader/#429c3d353167.

4. James H. Fowler and Nicholas A. Christakis, "Dynamic Spread of Happiness in a Large Social Network: Longitudinal Analysis over 20 Years in the Framingham Heart Study," *The British Medical Journal* 337 (December 4, 2008): a2338; https://www.bmj.com/content/337/bmj.a2338.

5. Ed Diener and Martin E. P. Seligman, "Very Happy People," *Psychological Science* 13, no. 1 (January 1, 2002): 81–84; http://journals.sagepub.com/doi/abs/10.1111/1467-9280.00415#articleCitationDownloadContainer.

6. "Are We Happy Yet?," Pew Research Center, February 13, 2006; http://www.pewsocialtrends.org/2006/02/13/are-we-happy-yet/.

十三、重設體內的程式設計

1. Michael A. Tansey, "Wechsler (WISC-R) Changes Following Treatment of Learning Disabilities via EEG Biofeedback Training in a Private Practice Setting," *Australian Journal of Psychology* 43, no. 3 (December 1991): 147–53; https://onlinelibrary.wiley.com/doi/abs/10.1080/00049539108260139, reported improvements averaging 19.75 points on the WISC-R Full Scale IQ score for twenty-four children with

“neurological or perceptual impairments or attention deficit disorder.” Using a random assignment wait list control design, Michael Linden, Thomas Habib, and Vesna Radojevic, “A Controlled Study of the Effects of EEG Biofeedback on Cognition and Behavior of Children with Attention Deficit Disorder and Learning Disabilities,” *Biofeedback and Self-regulation* 21, no. 1 (March 1996): 35–49; https://link.springer.com/article/10.1007/BF02214148, reported that the eighteen participants who received EEG biofeedback showed a statistically significant gain of 9 points on the K-Bit IQ Composite. Joel F. Lubar, Michie Odle Swartwood, Jeffery N. Swartwood, and Phyllis H. O.Donnell, “Evaluation of the Effectiveness of EEG Neurofeedback Training for ADHD in a Clinical Setting as Measured by Changes in T.O.V.A. Scores, Behavioral Ratings, and WISC-R Performance,” *Biofeedback and Self-regulation* 20, no. 1 (March 1995): 83–99; https://link.springer.com/article/10.1007/BF01712768, reported gains averaging 9.7 points for twenty-three children. Siegfried Othmer, Susan F. Othmer, and David A. Kaiser, “EEG Biofeedback: Training for AD/HD and Related Disruptive Behavior Disorders,” in *Understanding, Diagnosing, and Treating AD/HD in Children and Adolescents*, ed. James A. Incorvaia, Bonnie S. Mark-Goldstein, and Donald Tessmer (Northvale, NJ: Aronson, 1999), 235–96, reported an average gain of

十四、在陽光下弄得髒兮兮

1. Laken C. Woods, Gregory W. Berbusse, and Kari Naylor, “Microtubules Are Essential for Mitochondrial Dynamics—Fission, Fusion, and Motility—in *Dictyostelium discoideum*,” *Frontiers in Cell and Developmental Biology* 4 (2016): 19; https://www.ncbi.nlm.nih.gov/pmc/articles/PMC4801864/.
2. Hidemasa Torii, Toshihide Kurihara, Yuko Seko, et al., “Violet Light Exposure Can Be a Preventive Strategy Against Myopia Progression,” *EBioMedicine* 15 (2017): 210–19; https://www.ebiomedicine.com/

article/S23 52-3964(16)30586-2/fulltext.

3. S. C. Gominak and W. E. Stumpf, "The World Epidemic of Sleep Disorders Is Linked to Vitamin D Deficiency," *Medical Hypotheses* 79, no. 2 (August 2012): 132–35; https://www.medical-hypotheses.com/article/S03 06-9877(12)00150-8/fulltext.

4. Sherri Melrose, "Seasonal Affective Disorder: An Overview of Assessment and Treatment Approaches," *Depression Research and Treatment*, 2015, 6 pages; https://www.hindawi.com/journals/drt/2015/178564/.

5. Raymond W. Lam, Anthony J. Levitt, Robert D. Levitan, et al., "The CanSAD Study: A Randomized Controlled Trial of the Effectiveness of Light Therapy and Fluoxetine in Patients With Winter Seasonal Affective Disorder," *The American Journal of Psychiatry* 163, no. 5 (May 2006): 805–12; https://ajp.psychiatryonline.org/doi/abs/10.1176/ajp.2006.163.5.805.

6. Sokichi Sakuragi and Yoshiki Sugiyama, "Effects of Daily Walking on Subjective Symptoms, Mood and Autonomic Nervous Function," *Journal of Physiological Anthropology* 25, no. 4 (2006): 281–89; https://www.jstage.jst.go.jp/article/jpa2/25/4/25_4_281/_article.

7. Ibid.

8. Marc G. Berman, Ethan Kross, Katherine M. Krpan, et al., "Interacting with Nature Improves Cognition and Affect for Individuals with Depression," *Journal of Affective Disorders* 140, no. 3 (November 2012): 300–05; http://www.natureandforesttherapy.org/uploads/8/1/4/4/8144400/nature_improves_mood_and_cognition_in_depressive_patients.pdf.

十五、用感激之情重塑大腦

1. Stephen W. Porges, "The Polyvagal Theory: New Insights into Adaptive Reactions of the Autonomic Nervous System," *Cleveland Clinic Journal of Medicine* 76 suppl. 2 (2009): S86–90; https://www.ncbi.nlm.nih.gov/pmc/articles/PMC3108032/.

國家圖書館出版品預行編目

防彈成功法則 / 戴夫 . 亞斯普雷 (Dave Asprey) 著 ; 王婉卉譯 . -- 一版 . -- 新北市 : 木馬文化出版 : 遠足文化發行 , 2019.10
面 ; 公分
譯 自 : Game changers : what leaders, innovators, and mavericks do to win at life
ISBN 978-986-359-728-5(平裝)

1. 成功法 2. 快樂 3. 生活指導

177.2 108015474

防彈成功法則

46個觀念改寫世界規則，由內而外升級身心狀態，讓你更迅捷、更聰明、更快樂

Game Changers: What Leaders, Innovators, and Mavericks Do to Win at Life

---

作　　者：戴夫・亞斯普雷（Dave Asprey ）
譯　　者：王婉卉
社　　長：陳蕙慧
責任編輯：李嘉琪
封面設計：蔡佳豪
內頁排版：陳佩君
行銷企劃：李逸文、尹子麟

讀書共和國集團社長：郭重興
發行人兼出版總監：曾大福
出　　版：木馬文化事業股份有限公司
發　　行：遠足文化事業股份有限公司
地　　址：231新北市新店區民權路108-2號9樓
電　　話：(02) 2218-1417
傳　　真：(02) 2218-1009
Email：service@bookrep.com.tw
郵撥帳號：19588272木馬文化事業股份有限公司
客服專線：0800221029
法律顧問：華洋國際專利商標事務所　蘇文生律師
印　　刷：呈靖彩藝有限公司
初　　版：2019年10月
定　　價：420元
ISBN：978-986-359-728-5
木馬臉書粉絲團：http://www.facebook.com/ecusbook
木馬部落格：http://blog.roodo.com/ecus2005